ヨーロッパ国際関係史
繁栄と凋落, そして再生

渡邊啓貴［編］

はじめに

　本書は，ヨーロッパ国際関係の変遷を近代西欧国家体系にまで遡って考察したものである。

　日本から見て国際関係の現実がアメリカを1つの大きな軸とすることは，何人も否定しえないことである。しかし，一部の人たちが言うように，はたしてアメリカの政策だけをフォローしていて，日本外交が主体的かつ均衡的なスタンスをとりうるといえるだろうか。日米間のバイラテラル（2国間）な枠組みでの関係だけで政策の成否を斟酌し，その理由づけは特殊日本的な解釈を前提として行われる。これが暗黙裡に常態となっているということこそ，今日の日本外交の不幸を生み出しているのではあるまいか。

　2001年9月11日に発生したアメリカでの同時多発テロをめぐる日本の議論は，そのことを如実に物語っていた。日米同盟の中での議論と国際貢献のための議論がほとんど無自覚的に同一視され，ヨーロッパの対米支援の話も，そうした中でのご都合主義的な説明要因の1つでしかなかった。アメリカの最も重要なパートナーであるヨーロッパの現実に対して本気で理解しようという姿勢はなかった。そこには，大西洋同盟をめぐる米欧関係の親和力と軍事外交関係の現実への理解は，ほとんど見られなかった。真の意味での同盟の議論も，集団的自衛権の議論も，結局は，正面から議論されたとはいえなかった。つまり，グローバリズムといいつつ，はたして真に国際的な文脈において，私たちは日本の外交を議論しようとしているといえるであろうか。本書は，まずそうした日本の知的状況への疑問を背景にしている。

本書の目的は、歴史を通して国際社会におけるヨーロッパのよりリアルな姿を描写することにある。「ヨーロッパ」という言葉を使いながら、日本ではどれくらいヨーロッパの現実について、国際社会の構造の中で理解されているといえるであろうか。心地よく抽象化された、そしてその多くは古き良き時代に範を求めたステレオタイプの膨張したヨーロッパに対するイメージが、そのままわれわれに精神的満腹感を与えているのではなかろうか。

　1995年にフランス大統領に就任したシラクが核実験再開を宣言した折には、日本でも政党・市民団体による激しい抗議が展開された。米欧のマスメディアでもそれは大きく取り上げられ、唯一の被爆国である日本の厳しい批判を当然視する向きもあった。しかし、その折にフランスの有力日刊紙の一面に掲載された記事は、日本人である筆者にとって苦々しい思いを抱かせるものであった。

　日本人、それも特に多くの知識人は、ヨーロッパを文学や思想を通して研究することで理解し、ヨーロッパ社会を理想化する傾向がある。したがって、日本の反核騒ぎも、「喉元(のどもと)過ぎれば熱さを忘れる」のたとえに似て一時的なものにすぎない。静観していれば、いずれ騒ぎも収まるからあわてる必要はない、というのがその記事の趣旨であった。周知のように、その年こそフランス産ワインの輸入は大幅に減少したが、翌年からは例年並みに戻った。そして、いつの間にか日本贔屓(ひいき)として知られるシラク大統領の早期訪日の実現が、両国の外交当局の重要課題となっていたのである。

　開国以来、日本の近代化は「西欧（欧米）化」そのものであったため、今日にいたるも私たちはその呪縛から逃れているとは言いがたい。このいわば西欧コンプレックスは、一面では過剰な欧米文化（「欧」と「米」は厳密には1つのものとして扱いえないが）の称賛となり、

他方では極端な対抗意識となって表現された。そこには大いなる誤解が横たわっている。

　欧米流の文化・生活様式の表層的な導入は，ある意味で世界における現代日本文化のあり方をいびつなものにした。その一方で，日本文化とその思考様式がはたして欧米社会で真の意味での「市民権」を得ているかというと，これには疑問がある。日本論がもてはやされた時期もあったが，それはあくまでも時代の潮流に翻弄(ほんろう)される移ろいやすいトピックにすぎなかった。

　それだけに，ヨーロッパをリアルに理解しようという姿勢と，その上でヨーロッパと正面から良くも悪くも「対決しよう」という姿勢が，今日においてこそ必要とされているのではなかろうか。狭い視野と行動範囲に自ら撤退することで安穏を貪ることはもはや許されない時代が，とっくに来ているのである。抑制のきいた，均衡的な内外に対する認識が必要になっているのである。アジアの側から見ると，近代以後の国際社会の論理・構造は欧米主導である。しかし，日本が経済大国と評価され，そして冷戦が終結した今日，わが国はもはや，「弱者」として情状酌量を期待できる国際的甘えの構造の中には置かれていない。日米という箱庭の中で限られた役割を与えられて世界を安閑と眺めてはいられなくなったのである。日米関係を１つの基本的な軸としながらも，しっかりと根を張った，多角的で自律した視野の下での外交が求められている。

　本書は，有斐閣京都編集室の青海泰司さんが２年ほど前に編者に持ってこられたお話がきっかけとなっている。第二次世界大戦以後のヨーロッパを中心とした国際関係史の執筆を考えていた編者は，そのご提案に喜んで乗せていただいた。

しかし，本書のように多数の国にまたがる国際関係の歴史を，時代を区切ってとはいえこの程度の人数でまとめあげるというのは，普通に考えると離れ業のようなものである。幸い，お願いした共著者の方々は容易に気持ちを通じ合わせられる方ばかりだったので，分担や内容調整は予想以上にスムーズに進んだ。もちろん，時代区分や解釈をめぐる点では議論も大分あったが，全体としては楽しく協力しあえる仕事であった。

　また，いくつかの柱については編者の方で一応の提案を行ったが，基本的には各章の内容は，それぞれの執筆分担者の関心や研究アプローチの仕方にまかされている。そうした点では，いずれも割合に自由に執筆した。それだけに，読者の中にはそれぞれの時代や事件をめぐって異なる解釈が随分あるものと思われる。その意味では，本書自体が1つの実験だとお考えいただければ幸いである。また，本書全体の整合性や統合性についての不備が顕著であるとしたら，それはもっぱら編者の責任であることを，あらかじめお断りしておく。

　最後に，編者の心理を見透かしたかのように，硬軟両様で原稿の仕上がりを激励された編集者・青海さんの手腕には，感服するとともに謝辞を捧げたい。青海さんの情熱と粘り強さが，本書をこのようなスピードで世に問うことができた第1の前提条件だったと思っている。

2002年3月10日

渡邊　啓貴

[第4刷〔補訂〕にあたって]
　　初版第1刷刊行後のEUやNATOの拡大にともない，第6章の末尾に［追記］を加えるとともに，巻末の関連年表に項目を追加するなど，最小限の補訂を施した。　　　　　　　　　　　　（2005年1月31日）

執筆者紹介(執筆順)

渡邊 啓貴(わたなべ　ひろたか)　〔編者。序章，第1章，第6章2・3担当〕

1954年，福岡県に生まれる。

1978年，東京外国語大学外国語学部フランス語学科卒業。1980年，東京外国語大学大学院地域研究科修士課程修了。1983年，慶應義塾大学大学院法学研究科博士課程修了。1986年，パリ第一大学大学院国際関係史研究科博士課程修了（DEA）。（財）世界経済調査会研究員，京都外国語大学助教授，パリ高等研究大学院客員教授，ジョージ・ワシントン大学シグール研究センター客員研究員などを経て，

現　在，東京外国語大学教授（フランス政治外交論，ヨーロッパ国際関係史専攻）。

著作に，『ミッテラン時代のフランス』（芦書房，1991年，第9回渋沢・クローデル賞受賞），『フランス現代史――英雄の時代から保革共存へ』（中公新書，1998年），『ポスト帝国――二つの普遍主義の衝突』（駿河台出版社，2006年）など。

細谷 雄一(ほそや　ゆういち)　〔第2章，第3章担当〕

1971年，千葉県に生まれる。

1994年，立教大学法学部卒業。1996年，英国バーミンガム大学大学院国際学研究科修士課程修了。2000年，慶應義塾大学大学院法学研究科博士課程修了。北海道大学大学院法学研究科専任講師，敬愛大学国際学部専任講師を経て，

現　在，慶應義塾大学法学部専任講師（国際政治史，国際関係論専攻）。博士（法学）。

著作に，『戦後国際秩序とイギリス外交――戦後ヨーロッパの形成　1945年～1951年』（創文社，2001年，サントリー学芸賞受賞），『外交による平和――アンソニー・イーデンと二十世紀の国際政治』（有斐閣，2005年），『大英帝国の外交官』（筑摩書房，2005年）など。

岩間 陽子（いわま ようこ） 〔第4章, 第6章1担当〕

1964年, 兵庫県に生まれる。

1986年, 京都大学法学部卒業。1989-91年, ベルリン自由大学留学。1994年, 京都大学大学院法学研究科博士課程修了。京都大学法学部助手, 在ドイツ日本国大使館専門調査員などを経て,

現　在, 政策研究大学院大学助教授（国際政治学, ドイツ政治外交史専攻）。法学博士。

著作に, 『ドイツ再軍備』（中公叢書, 1993年），「欧州における協調的枠組みのあり方——コソボ危機から考える」（『外交フォーラム』第135号, 1999年11月），「ヨーロッパ分断の暫定的受容——一九六〇年代」（臼井実稲子編『ヨーロッパ国際体系の史的展開』南窓社, 2000年）など。

広瀬 佳一（ひろせ よしかず） 〔第5章, 第6章4担当〕

1960年, 東京都に生まれる。

1983年, 筑波大学人間学類卒業。1989年, 筑波大学大学院社会科学研究科博士課程修了。在オーストリア日本国大使館専門調査員, 山梨学院大学法学部助教授などを経て,

現　在, 防衛大学校人文社会科学群国際関係学科教授（国際政治史, ヨーロッパ安全保障論専攻）。法学博士。

著作に, 『ポーランドをめぐる政治力学——冷戦への序章 1939-1945』（勁草書房, 1993年），『ヨーロッパ分断 1943——大国の思惑, 小国の構想』（中公新書, 1994年），『ヨーロッパ変革の国際関係——「冷たい平和」への危機』（勁草書房, 1995年）など。

ヨーロッパ国際関係史：目　次

はじめに ………………………………………………………………… i

序章　ヨーロッパ国際関係史の視点　　1

ヨーロッパ国際関係史のダイナミズム　2　　3つの視点　2　　繁栄と凋落，そして再生——本書の構成　5

第1章　ヨーロッパの繁栄と凋落　　9
●国際関係の論理と構造

1　西欧国家体系の誕生と育成 …………………………………10
三十年戦争の勃発　10　　戦争の本質　11　　ウェストファリア体制　13　　覇権サイクル　15　　資本主義世界システム　16

2　絶対君主主義国家間の覇権争い ……………………………17
オランダの興隆と蘭英戦争　17　　ルイ14世の戦争　19　　イギリスの覇権国への道標　21　　北欧のサブシステムとロシアの台頭　23

3　18世紀のヨーロッパ国際関係 ………………………………24
バランス・オブ・パワー　24　　プロシアの台頭　27　　イギリスの平和　30　　周辺地域での大国間の補償　31

4　ヨーロッパの栄光——ヨーロッパの協調とナショナリズム ……33
新たな世界観の誕生と革命戦争　33　　「会議は踊る。されど進まず」　36　　「ヨーロッパの協調」　39　　象徴としての「ヨーロッパ文明」と統合　40　　5国同盟による脆弱

vii

な平和 43　正統主義の終焉 45　資本主義の発達とヨーロッパ統合 47　「ヨーロッパの協調」の変容 49　イタリア，ドイツ国民国家の統一 51　ビスマルク外交のシステム 52　ヨーロッパ帝国主義 54　世界強国への道 56　ドイツ列強関係調整の失敗 58

5 両大戦間期の国際関係 …………………………………61
サライェヴォの銃声 61　第一次世界大戦の展開 62　ヴェルサイユ体制の成立 64　イデオロギー国家の誕生 67　理想主義と現実主義の妥協——相対的安定期 68　西欧の没落とヨーロッパ統合 70　ドイツ賠償問題と相対的安定期の崩壊 71　パワー・ポリティクスへの回帰 73　大国の協調による「ヨーロッパの平和」 75　第二次世界大戦の勃発と展開 76

第2章　分断された平和　　83

1 戦後ヨーロッパの形成 …………………………………84
チャーチルの夢と悪夢 84　戦後構想の萌芽と国際協調の現実 85　第二次世界大戦の終結 88　ポツダム首脳会談と戦後処理問題 90　「1946年」パリ講和会議 94

2 冷戦体制とヨーロッパ分断 …………………………………96
ヨーロッパ冷戦の起源 96　マーシャル・プランとヨーロッパ分断 100　冷戦の危機とベルリン封鎖 103　大西洋同盟の形成 104　ドイツ再軍備問題 106　「NATO体制」の確立 109

3 ヨーロッパ分断の安定と矛盾 …………………………………111
スターリン死後のヨーロッパ 111　ジュネーブ首脳会談と協調の模索 114　共産主義体制の動揺 116　フルシチョフとベルリン危機の挑戦 118

第 3 章　ヨーロッパの復興と自立　125

1　帝国の喪失 …………………………………………………… 126
　植民地問題をめぐる国際政治　126　　西欧植民地協力と「第三勢力」構想　127　　脱植民地化の苦悩　129　　スエズ危機とその後　131

2　ヨーロッパ統合の理想と現実 ……………………………… 134
　ヨーロッパ統合の起源　134　　シューマン・プランとフランス　138　　プレヴァン・プランとジャン・モネの挑戦　141　　政治統合計画の挫折　142　　メッシーナ会議とECの成立　143　　マクミランとド=ゴール　147　　迷走するヨーロッパ統合　149

3　米欧関係の新展開 …………………………………………… 151
　核兵器問題と大西洋同盟の動揺　151　　ド=ゴールの同盟戦略　153　　仏独関係の発展　154　　MLF構想をめぐる交渉　156　　同盟の中での自立　158

第 4 章　多極化する世界の中のヨーロッパ　163

1　1968年 ………………………………………………………… 164
　ヨーロッパ国際政治の変容　164　　米ソ2極の揺らぎ　166　　西ヨーロッパの学生運動　169　　仏五月革命とド=ゴール退陣　170　　世代交代の年　172

2　世界経済の多極化とヨーロッパ統合 ……………………… 174
　ECの第1次拡大　174　　通貨協力の発足　178　　政治・外交協力の模索　183

3　安全保障の多極化とヨーロッパのデタント ……………… 185
　米ソのデタントの確立　185　　ヨーロッパのデタントの開

始 187　ソ連・東欧との交流再開 192　ヨーロッパの全体性の復活 197　ヨーロッパ・アイデンティティの再生 204

第5章　「新冷戦」から冷戦終焉へ　209

●ヨーロッパの復権をめざして

1　米ソ「新冷戦」　210
ソ連の新たな膨脹 210　ヨーロッパにおけるINF問題 211　レーガンの対ソ政策 215　「帝国」支配の動揺 217

2　ヨーロッパ・デタントの継続　221
デタントをめぐる米欧の乖離 221　西独・東独関係──「小デタント」の展開 223　ソ連・東欧ブロックの弛緩 226　「中欧」の復権を求めて 229

3　ソ連・東欧ブロック崩壊の始まり　231
ゴルバチョフ登場 231　ゴルバチョフ最後の攻勢 234　東欧における波紋 238　西欧統合の進展 241

4　冷戦の終焉　242
東欧社会主義体制の崩壊 242　ソ連邦解体 247　ヨーロッパ新秩序への胎動 250

第6章　ポスト冷戦のヨーロッパ新秩序　253

1　統一ドイツ　254
「ドイツ問題の最終的解決」 254　「条約共同体」から「10項目提案」へ 255　東ドイツの崩壊 256　通貨同盟の発足 257　ドイツ統一の国際的側面 259　新しいドイツ外交 261

2 「ポスト冷戦期」のヨーロッパの安全保障
——OSCE, NATO, WEU ………………………… 264

15年ぶりに開催された CSCE 264　　OSCE への発展 266　　NATO の新たな役割 267　　相互補完的ヨーロッパ安全保障体制の模索 270

3 ヨーロッパ統合プロセスの発展 ………………………… 272

1992年のヨーロッパ市場統合 272　　EU 条約 274　　経済通貨統合の前進 275　　拡大にともなう機構改革 278　　政治統合の発展 281　　欧州共通防衛政策への躍進 282

4 NATO の東方拡大 ………………………………………… 284

ヨーロッパの一体性回復への道 284　　中・東欧諸国による NATO 加盟の論理 287　　NATO 東方拡大へのアメリカの政策と PfP 289　　ボスニア紛争のインパクト 292　　ヨーロッパ新秩序構築へ 294

文献案内　299
関連年表　311
事項索引　317
人名索引　325

■ *Column*
① ヨーロッパにおける勢力均衡の歴史的安定要因　26
② 帝国主義の諸議論　58
③ ヤルタ会談における協調と対立　86
④ ハロルド・ニコルソンと2つのパリ講和会議　94
⑤ 冷戦はいつ始まったのか？　98
⑥ ヨーロッパ統合の流れ　136
⑦ 1968年　166
⑧ MBFRとCFE　198
⑨「ベルリンの壁」崩壊　244

■ 図表一覧

図 1-1　1815年のヨーロッパ　38

図 1-2　第一次世界大戦後のヨーロッパ　65

図 2-1　冷戦体制下のヨーロッパ　92

図 2-2　分割占領下のドイツ　110

図 3-1　EU拡大の歩み　139

図 4-1　東ドイツから西ドイツへの訪問件数（1962-89年）　190

図 4-2　西ドイツから東ドイツへの推定訪問件数（1967-89年）
　191

図 4-3　西側諸国の共産圏との貿易額　202

図 5-1　INFの射程　213

図 5-2　1980年代のヨーロッパ　248

図 5-3　ソ連解体後のヨーロッパ（1993年）　249

図 6-1　EU加盟国とユーロ参加国　277

図 6-2　ヨーロッパの重層的安全保障構造（2002年3月現在）
　291

表 1-1　世界貿易の各国別分布状況　32

表 1-2　世界貿易における4大国　33

表 1-3　植　民　地　54

表 1-4　英独貿易競争　56

表 1-5　1913年の仏独金融競争　57

表 3-1　主要な植民地の独立（1945-80年）　128

表 3-2　軍拡競争——米ソの核弾頭数（1945-90年）　152

表 4-1　ソ連・東欧諸国のハードカレンシー（硬貨）の負債
　203

※ 引用文献は,各章末の引用文献欄に一括して掲げ,本文中には著者名または編者名と刊行年のみを,( )に入れて記した。
　翻訳文献については,刊行年として翻訳書の刊行年を記した。
《例》
　(渡邊,1998)
　　渡邊啓貴,1998『フランス現代史――英雄の時代から保革共存へ』中公新書。
　(ジロー,1998)
　　ジロー,ルネ／渡邊啓貴・濱口學・柳田陽子・篠永宣孝訳,1998『国際関係史 1871～1914年――ヨーロッパ外交,民族と帝国主義』未來社。
※ さらに読み進みたい人のために,巻末に文献案内欄を設けた。
※ ヨーロッパ国際関係史の大きな流れがつかめるよう,巻末に関連年表を設けた。
※ 巻末に事項索引と人名索引を設けた。人名索引では,日本人・中国人以外の人名には欧文原綴りも記した。

序章　ヨーロッパ国際関係史の視点

↑ニコラス・ド・フェルによる「ヨーロッパ図」（1699年。京都外国語大学付属図書館所蔵）

　アメリカの1国覇権主義の時代とも呼ばれるポスト冷戦の時代は，同盟諸国にとって自らの新たな役割を模索する時代でもある。そうした中でバランスよく世界の秩序を把握し，主体的な協力姿勢を実現していくことは，21世紀の私たちに託された課題であろう。ともすればアメリカ中心に偏りがちな国際秩序観から離れ，ヨーロッパを中心とした国際関係史をいま改めて問い直してみる意味は，そこにある。

ヨーロッパ国際関係史のダイナミズム

本書は、複雑に利害関係が錯綜するヨーロッパの現実を歴史的背景から問い直してみよう、という試みである。近代以後のヨーロッパ国際関係史の展開において各国は、いかに国益と国際秩序の維持とのバランスに苦慮し、失敗と成功を繰り返してきたのか。そして、その解決のための共通理念として出てきたのが、「ヨーロッパ」という内に向けた求心力であり、またヨーロッパの外に対する競争意識である。

しかし、本書は単なる歴史知識の整理が目的なのではない。ヨーロッパ諸国間の丁々発止の外交的駆け引きに、実はヨーロッパ外交がもつダイナミズムが澎湃としているからである。平和な「1つのヨーロッパ」をめざした運動という「善なる概念」だけでは、今日のヨーロッパ統合の躍進はどうしても説明できないであろう。日本におけるヨーロッパ統合研究が、広い意味での制度的分析以外のところでは光彩をいま一つ放たない原因はそこにある。

たとえば、1980年代半ばからのヨーロッパ統合プロセスの急速かつ多分野に及ぶ発展は、先進工業社会が70年代以来、解決を持ち越した諸問題を、1国主義を超えて「国境を越えたリストラ」を断行する中で推し進めようという試みとも言える。しかもそれは、相当に強引かつ楽観主義的な政治主導による合意形成によっている。大きな見通しの下に、局面局面で統合のための積極的な解決策を暫時的に推し進め、制度化のプロセスは現実的に従う。それはきわめて動態的なプロセスである。

3つの視点

国際関係史の泰斗、故ルネ・ジローは、代表的な著作『国際関係史 1871〜1914』（ジロー、1998）において、「歴史がトータルでしかありえない分野があ

るとするなら，それはまさに国際関係史の分野である。国際関係史は必然的に多くの人文科学の交差点に位置している」と語っている。それは，多様な学問領域を縦横に駆使した分析による全体史的なアプローチを必要とする，ということである。特に，この分野のフランスにおける先駆者ピエール・ルヌーバンの有名な表現によれば，「深層の力(フォルス・プロフォンド)」を理解することが重要である。すなわち，地理的条件，人口動態，経済的金融的利益，集合心性(マンタリテ・コンクティブ)の特徴，情緒的傾向などがこれにあたる。

　本書には，必ずしも上に述べた諸要素が整合的にまんべんなく分析枠組みとして折り込まれているわけではない。しかし，時々の全体のシステムや個人・集団の心的傾向などにも，できるだけ言及するように努めた。

　4人の執筆者全員の共通の執筆上の柱としては，共属意識としての「ヨーロッパ」，西欧国家体系の実態と行動様式，階統的(ハイアラーキカル)国際関係の構造，という3つの視点を提示したい。これらは，時間を超えて現代にまで貫くヨーロッパ国際関係構造の大きな系になっている。そして，この3つを系として，主に政治・軍事・経済領域での国際関係の展開を説明する。

　第1には，「ヨーロッパ」という，1つの文化的精神的求心力である。

　「ヨーロッパ」という名称の語源は，紀元前8世紀のギリシャ詩人ヘシオドスの『神統記』に出てくる大洋神オケアノスの娘の1人エウロペにちなんでおり，これが文献上最初の使用例と言われる。しかし，ローマ時代・中世を通じて「ヨーロッパ」という名称はほとんど使われず，「キリスト教世界」（*Christianitas*）が定着していた。

　意識としての「ヨーロッパ」は，外敵の存在＝異質な世界の存在

意識と切り離せない。732年にポワティエでイスラム勢力を撃退したチャールズ・マルテルの軍隊は「ヨーロッパ人の軍隊」と呼ばれ、800年にローマ的・キリスト教的世界帝国（西ローマ帝国の復興）を成立させたカール大帝は「ヨーロッパの父」と呼ばれた。

「ヨーロッパ」が定着していくのは、アメリカ大陸の発見などのいわゆる「大航海の時代」のころであった。1453年には、オスマン=トルコの攻勢によってコンスタンティノープルが陥落し、ヨーロッパは「アジア」に対抗する意識を強めざるをえなかった。15世紀半ばに在位した教皇ピウス2世はヨーロッパという言葉を強調したが、その本意はオスマン=トルコ帝国の脅威に対抗した諸国の結集にあった。ここでは、キリスト教世界とヨーロッパは同一のものとして扱われ、キリスト教世界というまとまりは、こうしてヨーロッパという1つの概念に席を譲っていくようになる。地理上の発見と外敵の存在がその背景にあった。

第2に、ヨーロッパ国際体系の行動様式である。

同じレベルの複数の国家が権謀術数渦巻く中で均衡をとりつつ平和の状態を維持したのが、いわゆる西欧国家体系であった。今日では、多くの国はもはや王国ではなく、宮廷外交は字義通りには存在しない。しかし、外交当局者の丁々発止の駆け引きや言動には、今なお伝統的な西欧国家体系下の外交が生きている。

西欧各国首脳によって1991年12月にオランダのマーストリヒトで開催された欧州理事会（首脳会議）をはじめとして、2000年12月のニース欧州理事会など最近でもしばしば見られる首脳レベルでの権謀術数は、往時のヨーロッパにおける会議外交を髣髴とさせる。そこには、ヨーロッパの伝統的外交交渉における駆け引きや、各国指導者が共通に了解する行動規範を見出すことができる。各国は自己

の利益を徹底的に主張しつつも，ある国を完全に弱体化させ，西欧全体の安定を破壊することは回避する。17世紀に始まる西欧国家体系の行動様式は，今日でも各国指導者の意識の中で脈々と生き続けている。

第3に，ハイアラーキーな国際関係構造である。

第1章で論じるように，大国概念が明確になるのは19世紀初頭のウィーン会議においてであった。ここでは，小国の意見は無視され，会議はもっぱら大国の主導によった。2度にわたって締結されたショーモン条約は，イギリス，ロシア，プロシア，オーストリアの4大国（のちにフランスが加わって5大国）による重要問題の決定を約しており，定期的な会議によって大国が紛争解決をはかるという「ヨーロッパの協調(コンサート・オブ・ヨーロップ)」が，その後，制度化されていった。西欧列強間の均衡と抑制による，ヨーロッパの平和が意図されていたのである。

そこには，ハイアラーキーな国際関係の構造があった。言い換えると，ある種の中心―周辺的な関係の構造である。そして，それを基礎に国際秩序の安定が模索された。ヨーロッパ統合の拡大は，今日，こうした文脈でも考える必要がある。

繁栄と凋落，そして再生――本書の構成

以上のようないくつか軸を頼りに，17世紀以後のヨーロッパ国際関係を叙述していこうというのが本書の趣旨である。そして，中心は第二次世界大戦終了以後の時代である。

第二次世界大戦までの歴史は，第一次世界大戦までのヨーロッパが文字通り産業革命と市民革命の2つの革命を経た近代社会のリーダーであり，やがて帝国主義時代として近代物質文明を振りかざして世界を席巻した時代であった。そして，その奢(おご)りは，歴史に培わ

れたヨーロッパ国際秩序の維持のための叡智を忘れさせ、ついに自らの破局を導くことになったのである。20世紀の前半とは、ヨーロッパがまさに繁栄の頂から転げ落ちていった時代であった。

その凋落_{ちょうらく}はアメリカの超大国化と裏腹であったし、同時に米ソ対立という、およそヨーロッパ的ではない「イデオロギー対立」の前に明らかであった。それが20世紀末まで続いた。しかし、その間ヨーロッパは眠ってしまったわけではなかった。両超大国を前にして次第に力と自信を回復させたヨーロッパは、その再生の徴候を明らかにしていった。今度は、それはアメリカの相対的な衰退と並行していたのである。1950年代後半の欧州経済共同体（EEC）の成立はその表れであったが、ピークが訪れたのは70年代半ばのヘルシンキ会議のことであった。多極化の波の中で、ヨーロッパが真に自立したアクター（行為主体）になったかに見えたのであった。

しかし、それはソ連軍のアフガニスタン侵攻によって見事に潰え、ゴルバチョフが政権を奪取したのちのソ連の改革を口火として、その後、数年にして「冷戦」はついに終結した。新しく、かつ大胆な前進を進めようとしているのが、今日のヨーロッパの模索なのである。

第1章（渡邊啓貴担当）は、本書のいわば「前史」となる。ウェストファリア体制から第二次世界大戦までの時代を、クロノロジカルに叙述している。同時に、ヨーロッパの国際関係史のダイナミズムを理解する上で必要だと思われる国際関係の構造や概念に関する説明も行った。そのことで読者に一応の枠組みを提示し、その後の叙述の中に継続する流れや一貫性を理解してもらうことができればと考えたからである。

また、本書全体を通して、為政者をはじめとする人々の思想や行

動にも，紙幅の限られた中ではあるが，触れるように努めた。それぞれの時代の風潮や臨場感を伝えるためである。もちろん，このような共著であるので，そうした意図がどこまで成功しているのかは読者の判断を仰ぐしかない。

　第2章以降が，本書のいわば「本編」である。第2章（細谷雄一担当）では，まさにヨーロッパが戦後の冷戦の中で，次第に抜き差しならぬ硬直した東西対立の構造に組み込まれていくようすが，臨場感をもって描かれている。第3章（細谷担当）では，冷戦の進行とともに，他方では戦前までの帝国主義時代の遺制に足をすくわれ，帝国の殻から脱皮して新らしい道を模索するようすや，そうした中にヨーロッパ再生のきっかけとして欧州統合が位置づけられていったことが説明されている。

　第4章（岩間陽子担当）は，編者なりの言葉で言えば，緊張緩和＝「第1次冷戦の終結」の時期に先進国型国民国家が変容していった時期にあたる。1970年代には冷戦が緩み，国際関係構造の性格そのものが大きく変わった。戦略兵器制限交渉（SALT）をはじめとする一連の軍縮の傾向は，国際関係におけるいわば「パワー」の質的変化を誘い，非軍事的要素の重要性に人々が刮目するようになった。そうした傾向は国際的には多極化をもたらし，経済復興の実績に支えられたヨーロッパの地位の向上を明白にした。他方で，西欧型国民国家は共通の難題に直面して，主権の中で共有したり融合したりする部分を増やしていった。そうした変化は当然に価値観の変容も不可避であり，フランスで起こった五月危機（五月革命）はその先駆であった。

　第5章（広瀬佳一担当）では，そうしたデタント（緊張緩和）の気運にもかかわらず，米ソの冷戦がソ連軍のアフガニスタン侵攻によ

って再び戻ってきたが、いったん禁断の果実の味を覚えたものがそれを忘れることは容易ではなかった。ゴルバチョフ・ソ連大統領の誕生は1つの契機となった。この章の担当者がポーランドを専門にすることから、中・東欧を中心に展開していった冷戦の終結のプロセスが描かれている。

第6章は、3人（渡邊、広瀬、岩間）で分担執筆した。ドイツの事情をやや強調したのは、経済ばかりでなく、いろんな面でのドイツの突出が今後も認められるであろうと考えたからである。欧州連合（EU）の拡大と深化、そして北大西洋条約機構（NATO）の変質と拡大はリンクした動きであるが、いずれにせよ今後のヨーロッパのキー・イシューとなることには変わりはない。

● 引用文献 ●

ジロー、ルネ／渡邊啓貴・濱口學・柳田陽子・篠永宣孝訳、1998『国際関係史 1871～1914年——ヨーロッパ外交、民族と帝国主義』未來社。

第1章 ヨーロッパの繁栄と凋落

● 国際関係の論理と構造

🔼 パリ講和会議に出席した4人の指導者　左からオルランド伊首相，ロイド=ジョージ英首相，クレマンソー仏首相，ウィルソン米大統領（1919年1月。写真提供：AP/WWP）

ウェストファリア会議に始まる西欧国家体系の下では，英仏西墺蘭に加えて新興プロシア，ロシアが「大国の興亡」を展開した。他方で，小国は大国諸国の従属的関係から脱しようとして，次第に抵抗力を強めたが，それを支えたのは近代的理念であり，ナショナリズムの勃興であった。広範な分野をめぐってヨーロッパの深層に迫りながら，第二次大戦までの国際関係構造の展開を考察する。

1 西欧国家体系の誕生と育成

三十年戦争の勃発　三十年戦争（1618-48年）は，神聖ローマ帝国内の1地方の宗教戦争から始まって，大国の利害が微妙に錯綜する国際紛争へと発展した。

三十年戦争の直接の契機は，1618年5月のベーメン新教徒貴族の反政府暴動であった。前年以来，新任の国王（のちの皇帝フェルディナント2世）の露骨な反宗教改革政策に対して，ベーメンの新教貴族たちが首都プラハの王城に押し寄せたのであった。

戦争の背景には，ドイツにおける複雑な宗教事情があった。当時ドイツでは，新教（プロテスタント）2派（ルター派とカルヴィン派）と旧教（カトリック）が，三つどもえの争いをしていた。17世紀初めにはヨーロッパの他の国々では宗教戦争はほぼ終わっていたが，300を超える自由市や封建諸侯が群雄割拠するドイツでは，国ごとに宗派は細かく分かれ，対立していた。中でもバイエルンを中心とする旧教同盟（リガ）と，ファルツを盟主とする新教同盟（ユニオン）との対立は顕著であった。

1620年のワイセンブルクの戦いでベーメン軍が潰滅していったん終息しかけたこの国内戦争を再発させ，国際戦争化させたのは，25年のクリスティアン4世（デンマーク＝ノルウェー連合王国）のドイツ侵入であった。この介入の理由は，一言でいえば，クリスティアン4世の新教諸侯国への野心であったが，同時にハプスブルク家に対抗しようとする英仏蘭3国の援助を受けたものでもあった。しかしデンマーク軍は，26年8月ルッターの戦いで猛将ティリーに率い

られたリガの軍隊に完敗した上，傭兵隊長ワレンシュタインが率いる神聖ローマ皇帝軍にも追われた。29年5月，デンマークはドイツから締め出されてしまった（リューベック講和条約）。

　1630年夏ごろには，プロテスタントのグスタフ・アドルフ国王（スウェーデン）が，ドイツの新教徒救済のために北ドイツに進出した。グスタフ・アドルフはフランスから資金援助を受ける約束を取り付けたが，それは旧教国であるにもかかわらず新教国を支援した，フランスの宰相リシュリューのハプスブルク家に対抗するための権謀術数のなせる技であった。

　新式の火打石銃などによる小銃と軽い鉄の大砲を装備した機動性の高いスウェーデン軍は，1631年9月にブライテンフェルト（ライプチッヒ近郊）の戦いでティリーを打ち負かし，翌年にはミュンヘンにまで南下していった。しかし，その年11月のリュッツェンの戦いで，不運にもアドルフは陣中で小銃兵の銃弾に倒れて落命した。国王を失ったスウェーデン軍は34年，皇帝フェルディナント2世の軍隊とのネルトリンゲンの戦いで一敗地にまみれ，35年5月にプラハで講和条約を結んだ。

　ここにいたって，ついにフランスは戦争への介入を決意した。それまで外国勢力を支援する形で三十年戦争に間接的に関与してきたフランスにとって，「隠れた戦争（guerre couverte）」から「露な戦争（guerre ouverte）」への政策の大転換であった。1635年5月，フランスはスペインに宣戦した。

戦争の本質

　三十年戦争の実態は，そこに明らかであった。当初の宗教戦争は，1635年の講和によってドイツ国内の戦争としての意味を失い，その後はヨーロッパの覇権を争うハプスブルク家（オーストリア，スペイン）とブルボン家

（フランス）という2大旧教勢力間の対立劇が，赤裸々な姿で現れたのであった。ルイ13世の絶大な信頼を受けたリシュリュー宰相は，国内の新教徒を弾圧する一方で，ハプスブルクに対抗してドイツの新教徒，デンマーク，スウェーデンを支援してきた。

　この時代の戦争は，技術水準や軍隊の性格から間欠的に続く，長期に及ぶ戦争であった。数トンの重量の大砲を馬が縦一列になって引かねばならないことは，軍隊の機動性を低くした。戦闘は天然条件に大きく左右され，冬の間は戦闘は行われなかった。軍隊には将官や兵士の家族，下僕，それに商売女までついていった。戦争の帰趨がなかなか決まらなかったのも，こうした戦争自体の性格からきていた。戦争は果てしなく続いたのである。

　加えて，当時の軍隊の多くは傭兵であった。戦争をたつきとし，食い物とする，いわば「戦争企業家」の活躍する舞台でもあった。当初は新教側に与したが，それにうま味がないとわかるや皇帝側についたマンスフェルト伯エルンスト，「神の味方にして坊主の敵」と自称したブランシュヴァイク公クリスティアンなどがそうであり，中でもリガの不敗の司令官ティリー将軍や皇帝軍総司令官フリートラント公ワレンシュタインは，その最右翼であった。ティリーは北ドイツで未曾有の略奪を働き，新教都市マグデブルクでは市民3万人を虐殺した。ワレンシュタインはボヘミアの貧乏貴族出身で，プラハの戦いののちには大領主となったが，この軍隊も他の傭兵軍同様に新教都市で簒奪の限りをつくし，権勢を誇った。

　この時代の戦争には，王家の私的戦争の色彩が濃かった。近代国家の制度が形成されつつあるとはいえ，言うまでもなく近代的国民＝市民は存在せず，また中央集権的に完備された常備軍も十分ではなかった。

ウェストファリア体制

人々は長い戦争に倦み疲れ、ドイツでは人口が1600万人から600万人に減少し、村落の6分の5が破壊された。南ドイツの銀山は閉鎖され、ハンザ同盟諸都市もさびれた。戦争の終結は、フランスとスウェーデンの意思にかかっていた。そして、さしもの両国も戦いに疲弊し、和平への進展が見られた。1641年末に、講和会議がウェストファリア公国にあるミュンスターとオスナブリュックという2つの場所で開催されることが決定した。この地方が選択されたのは、パリとストックホルムからそれぞれ等距離に位置していたためである。そして、席次争いをしないように両国代表は同席しないことが定められ、ミュンスターにはフランス代表が出席し、オスナブリュックにはスウェーデンが出席した。

ウェストファリア講和条約は、第1に、神聖ローマ皇帝とフランス、スウェーデン、また個々の帝国等族間の領土問題に関する取り決めから成っていた。神聖ローマ帝国とハプスブルク家は、フランスとスウェーデンに対して大幅な領土補償を行う結果となった。第2に、旧教と新教2派の同等の権利が確認されたことによって、宗教対立が130年ぶりに終結した、第3に、三百数十に及ぶ神聖ローマ帝国内の諸侯は立法・課税など自らの領内での実権を強化した。ドイツの分裂は決定的となり、この条約は「ドイツ帝国の死亡診断書」とも呼ばれた。第4に、オランダとスイスの独立が承認されたことによって、ヨーロッパ国際関係の構造変動が明らかとなった。オランダの独立は、「太陽の没することなき帝国」と呼ばれたスペイン帝国の没落を明白に刻印したからである。

この会議の特徴は、シューマンが「列強間の大戦争の後で武力の審判の結果をヨーロッパ公法の中に書き入れる、大規模な平和取り

決めとして最初のもの」(シューマン, 1973) と指摘したように, ヨーロッパで初めての大規模な国際会議であった。会議の実際の交渉は1645年6月に始まった。また, ミュンスターの場合には仲介者は文書で意見交換しており, 実質的には, その内容はパリにおいて非公式チャネルを通して決定されたといわれる。国家間の外交儀礼がまだ確立していないために, 時間がかかったのである。その意味では, 近代国際関係が成立する以前の過渡期の会議であった。

その一方で, この最後の宗教戦争を終結させたウェストファリア条約は, 国際政治学の上ではヨーロッパ国家体系の開始を意味した。すなわち, それまでのローマ法皇の精神的権威を統一原理とする支配に代わって, 主権国家による現世的国家利益の概念に支えられたヨーロッパ国際秩序が成立したのである。

ここでいう主権国家とは, 絶対主義国家のことである。その主権とは, 最高裁判権, 立法権, 外交権 (参戦権・条約締結権), 常設軍, 度量衡制定権, 貨幣鋳造権, 徴税権などで, 今日われわれが国家として独立していることを示す諸々の権利である。そうした国家は, 常備軍, 官僚制度, 国民経済などに代表される中央集権化された常設の統治機構を整備している。これが近代国家である。今日のEU (欧州連合) 統合は, こうした主権がまさに「共有」されるプロセスである。

こうした意味において, 絶対主義国家は近代国家であるといえよう。その行動規範は合理的で, 国家利益を最優先した。そこでは恣意的な神による教えではなく, 近代的国際法の原理が法解釈の基準となる。新教と旧教の対立に疲れた人々にとっては, 「神の法」ではなく, 「自然法」に基づく国家間の権利や義務の関係を明確にするための国際社会のルールづくりこそが重要であった。同時に, 長

い戦乱に辟易した人々に，傷病兵の処遇，略奪の禁止などのための国際取り決めの必要性を痛感させた。オランダの神童の誉れ高いグロティウスが『戦争と平和の法』で訴えた国際法の成立の背景は，そうしたところにある。

そして，法的平等の下に各国の主権が尊重され，多国間外交が営まれたが，その原理は，ヨーロッパ諸国の連帯と相互依存の意識に支えられた勢力均衡（バランス・オブ・パワー）の原理であった。列強間の共同体的連帯と平和解決が模索されたのである。しかし，国際体系とは言っても，現代と比べるならば，明確な原則や効率的な統治システム，あるいは国際紛争解決機構が存在したわけではなかった。

覇権サイクル　有名なモデルスキーの100年覇権（ヘゲモニー）サイクル論では，およそ100年の周期で，16世紀から20世紀までに5つの覇権国（ヘゲモン）がそれぞれの周期を支配した。第1波はポルトガル，第2波はポルトガルを併合して権勢を誇ったスペインから独立を達成したオランダ，第3波は蘭英戦争を勝ち抜いて海上覇権を確立したイギリス，第4波もナポレオン戦争後の混乱した大陸から超然として国力を増強したイギリス（イギリスの平和（パクス・ブリタニカ）），第5波の20世紀はアメリカが覇権国となった時代であった。

それぞれの覇権時代には「挑戦国」があり，覇権を争そう「世界戦争」が起こった。それに勝利した覇権国とは，「他国の対外行動を規制し，時代の政治・経済のルール作りをする国」である。単に軍事力の優越を意味するものではなく，その時代のいわばパラダイム（規範）やシステムの発明をともなっていた。オランダの覇権時代には公海原則・自由貿易・株式会社のはしりとしての東インド会社，証券取引所などが，イギリスの覇権時代には産業革命，世界貿易の管理，英国銀行，国債発行などが時代を動かす推進力となった。

ヨーロッパ絶対王政時代の第1の特徴は，従来の「ハプスブルク（オーストリア）対ブルボン（フランス）」という伝統的な西欧国際政治における対立軸に加えて，オランダを制して強大な海軍力と経済力を背景に国際社会に登場したイギリスとフランスとの競争関係にあった。大きな戦争の同盟関係構造では，両国の直接・間接的な競合関係が，植民地にまで及ぶ範囲で一貫した軸となっていた（第2次百年戦争，1689-1756年）。

　第2に，それぞれの戦争をめぐっては，フランスの覇権政策に対する諸国連合の反撃が特徴であった。第3は，スペイン継承戦争（1701-13年）の結果としてのスペイン帝国の解体，そして第4は，18世紀的勢力均衡が生み出されたことである（モデルスキー，1991）。

資本主義世界システム　また，ヨーロッパ経済が急速に活性化した「長期の16世紀」（15世紀半ばから17世紀半ばまで）以後の農業資本主義市場経済システムの拡大を「中心対周辺」構造において理論的に説明した，ウォーラースティンの「世界システム論」は有名である。ウォーラースティンは，3つの世界システムを想定する。第1は，「政治的に単一の統一体」（一元化された統治制度）を形成する「世界帝国」である。中国，エジプト，ローマなどの古代帝国が想定されるが，そこでは支配者と被支配者との関係が存在し，強制収奪による経済的不平等関係が前提となっている。第2の「世界政府」は，国際共産主義運動がめざす，いわば理想の体制で，現実ではない。第3の「世界経済」が，ウォーラースティンの中心的関心である。政治的単位（国民国家）はそれぞれが分立して存在するが，経済的には市場関係を通して世界（ヨーロッパ）は一体化している。各自にとっての極大利潤を目標とした，世界分業体制＝資本主義市場経済システムを意味する。

そして，世界資本主義システムは，その「中心」を構成する先進資本主義諸国，「周縁（辺境）」と呼ばれるモノカルチャーで強制的労働形態をとる前近代資本主義のまったく未発達な社会，そして「半周縁（半辺境）」として前2者の中間的な段階にある諸国という，3層構造で説明される。ウォーラースティンは「長期の16世紀」を近代（農本）資本主義の萌芽期と見て，そこから19世紀初めのウィーン会議終了期までをシステムの確立期，さらにその後の1917年のロシア革命までを再編成期，そしてそれ以後の再確立・革命的緊張期に区分した。

この命題の妥当性については大いに議論の余地があるが，市場システムの中心と辺境の間の資本や商品の流れは，それぞれの時代の強国（ここではとくに経済的パワー）とそれを取り巻く各国の関係の中で決定される。それはまた，資本主義的市場システムの拡大を通した西欧の経済統合の1モデルでもある（ウォーラーステイン，1981）。

2 絶対君主主義国家間の覇権争い

オランダの興隆と蘭英戦争

オランニェ公ウィレムの下でスペインに対して1581年に独立宣言を行った北部ネーデルラント7州（ユトレヒト同盟，オランダ共和国）は，ウェストファリア条約で独立を内外に認められた。16世紀末から17世紀半ばにかけて，オランダは世界を相手に交易を展開して繁栄を謳歌していた。1602年には，オランダ各都市の東インドとの交易会社を合体して，近代株式会社の起源となり，オランダの富の源泉「巨大な乳牛」と呼ばれた東インド会社が設立された。強

力な海軍力を背景に，バタビア（ジャカルタ）を東洋貿易の根拠地とした上に，さらに東インドばかりか北海，バルト海，地中海も手中にし，「オランダの奇跡」を実現させた。両替業務の独占権を持ち，支払い業務も兼ねたアムステルダム銀行の国際的信用は高かった。景気の過熱は一種のバブル経済状態を生み，1630年代にチューリップの球根が投機対象となってその価格が高騰した事件は有名である。

オランダの興隆は，15世紀末から繁栄した南部ネーデルラント諸都市と同様に，基本的には中継貿易の拠点としてのものであった。オランダの繁栄と衰退の要因もそこにあった。オランダは，見るべき自国生産業の育成を怠ったために，絶対王権の下で重商主義の下に富国強兵をめざしたイギリスやフランスの前に，後退していかねばならなかった。

1651年のイギリスの航海条例（イギリスへの輸入制限）は，オランダの締め出しを露にしたものであった。加えてイギリスは，オランダへの羊毛の輸出も停止した。これは，明らかにオランダに対するイギリスの挑戦であった。こうして翌年5月，英蘭両国海軍がドーバー海峡で衝突し，第1次蘭英戦争が勃発した。この戦争は，艦船の規模や艦砲の性能からいってイギリスの方が圧倒的に有利であった。この戦争は本格的な近代海軍による最初の海戦でもあった。

この国難に際して，胆力と叡智をもって指導力を発揮したのが，商業ブルジョワジーを中心とする共和派に支えられた，弱冠25歳のホラント州首相ヤン・デ゠ウィットだった。膠着状態の戦争は，ようやく講和に成功した。

その後，1665年3月にイギリスが航海条例を更新したことから，第2次蘭英戦争が起こった。デ゠ウィットの海軍増強策とデ゠ロイテ

ル提督の戦術が功を奏し，67年，今度はオランダ艦隊がテムズ川を遡って造船所や艦船を破壊した。しかし，フランスに共通の脅威を抱いた英蘭両国は67年7月にブレダの和約を結び，ニューアムステルダム（ニューヨーク）はイギリス領となった。

1672年には第3次蘭英戦争が始まった。デ＝ロイテル率いるオランダ海軍は優勢に戦いを進めたが，陸上では十数万人のフランス軍隊の侵略（後述。オランダ侵略戦争）によって形勢は不利であった。これを挽回したのは総督オランニェ家ウィレム3世であり，この時オランニェ派の怨嗟の的となっていたデ＝ウィット兄弟は惨殺された。

しかし，スペインやドイツ皇帝がオランダを支持したため，1673年末にフランス軍はオランダで撃退された。オランニェ家の総督職世襲が決定し，74年2月には英国王チャールズ2世はオランダと個別講和条約（ウェストミンスター条約）を結ぶにいたった。その後，チャールズ2世は国教会派議会の圧力を受けてオランダに急速に接近し，77年秋にはウィレム3世と英国王弟ヨーク公の娘で新教徒のメアリが婚姻を結んだ。そして88年の名誉革命時に，ウィレム3世は英国王となった。

ルイ14世の戦争

英仏は1657年に英仏攻守同盟を締結し，それを背景としてフランスのルイ14世はスペインと戦った。その後，この戦争を終わらせた59年ピレネー条約によって，フランスはスペインとの国境，ライン川流域，ネーデルラントの重要な戦略地点を獲得し，スペイン優位の時代を終わらせた。その後ルイ14世は，ネーデルラント戦争（帰属戦争，1661-68年），オランダ侵略戦争（1672-78年），九年戦争（ファルツ継承戦争，1689-97年），スペイン継承戦争などの戦争を行った。「朕は国家なり」とい

う言葉で有名となった「太陽王」の時代は，戦いの世紀でもあった。均整がとれて威厳と気品を兼ね備え，真理，公正，秩序，合理性を愛した国王は，戦争に「栄光」を求め，「主権者に最もふさわしい仕事」を見たのであった。

ネーデルラント戦争は，フェリペ4世没後のスペイン王位継承にかかわる領土帰属の争いであった。フェリペ4世の嫡子で病身のカルロス2世がわずか4歳で即位したが，これを不満としたルイ14世はティレンヌ元帥率いるフランス軍を南ネーデルラントに侵入させ，スペインと戦端を開いた。

フランドルの大部分がフランスに占領されたことに脅威を感じたヤン・デ=ウィット率いるオランダは，1668年1月，イギリスを抱き込み，さらにスウェーデンも含めて反仏的な「ハーグ3国同盟」を結成した。この同盟の強い圧力の結果，同年8月，フランスはアーヘンの和約を結び，ルイ14世の野望はリール市など要衝の都市を獲得するにとどまった。他方，同年2月にポルトガルのスペインからの独立が承認された。

ハーグ3国同盟によって苦杯をなめたルイ14世は，1672年春，オランダとの関税戦争をきっかけとして，十数万に及ぶフランス軍をオランダに侵略させた。しかし，第3次蘭英戦争の和解が成立したため，イギリスから軍事援助の約束を取り付けていたフランスは危機に陥ってしまった。78年8月のナイメーヘン講和条約では，フランス側は関税廃止を約束させられたが，他方でスペインの犠牲の下にネーデルラントなどの土地を獲得した。

ルイ14世は1680年から翌年にかけて，「王冠へのレユニオン（再統合）」と称して，領有状態が複雑をきわめていたドイツとの国境地帯を統合しようとした。それは，シャルルマーニュ（カール大

帝)の正統な後継者としてのルイ14世の自負であったが，当然周辺諸国の反発をかった。83年10月にはスペインが対仏戦争を開始した。翌年8月には，フランスとの20年間の和平を約したレーゲンスブルクでの休戦条約が結ばれた。

ルイ14世は，1685年3月にはファルツ選挙侯のお家断絶に乗じて，王弟妃の継承権を主張してその領土の一部を要求した。88年10月にフランスはヨーロッパ連合諸国（アウグスブルク同盟）の機先を制して，ファルツを攻めた。この戦争は全欧州を巻き込んで長期化の様相を呈した。しかし，92年5月，ラ・オーグ岬で英蘭連合艦隊がフランス海軍に壊滅的な打撃を与えた。97年9月には，ライスワイクでフランスと蘭英の間に講和条約が成立し，フランスの国境はナイメーヘン条約当時の国境に戻された。

この戦争は，ルイ14世の大陸での覇権政策の最初の挫折であった。ヨーロッパ諸国に包囲され，イギリス海軍に対して劣勢を余儀なくされたフランスの経済的疲弊は著しかった。

イギリスの覇権国への道標

18世紀初頭の大戦争でその後のヨーロッパ国際関係の構造を決定的にしたのが，ルイ14世の最後の戦争であるスペイン継承戦争であった。

1700年11月にスペイン帝国のカルロス2世が没し，その遺言状に「分割されざるスペイン帝国」の継承者としてルイ14世の孫であるアンジェー公フィリップが指名されていた。神聖ローマ皇帝レオポルド1世はただちにフランスと国交を断絶したが，ルイ14世は皇位を継承したこの新しいスペイン皇帝（フェリペ5世）のフランス王位要求権をさらに主張し，スペイン植民地におけるフランス商人の諸特権を認めさせた。ここにいたって蘭英共にフランスに反発し，

翌年9月には、ハプスブルク家とハーグ同盟を結成して、1702年5月、フランスとスペインに対して宣戦布告した。この戦争は、性質上ネーデルラント戦争とファルツ継承戦争（九年戦争）の延長にあったので、一連の戦争は「二十五年戦争」とも呼ばれた。

当時の国際関係の基本はハプスブルク対ブルボンであったが、スペイン系ハプスブルクの凋落の一方で、オーストリア系ハプスブルクはオスマン=トルコとの戦いを経て皇帝レオポルド1世後、勢力拡張の兆しを見せていた。オスマン=トルコは17世紀後半にはハンガリーに攻めこみ、ウィーンを包囲した（1683年7月）。しかし、2カ月後の9月のカーレンベルク大会戦でオーストリアはオスマン軍を撃破し、99年1月のカルロヴィッツ講和条約では、オスマン=トルコは大幅な譲歩をオーストリアはじめヨーロッパ諸国にしなければならなかったのである。

スペイン継承戦争は、ヨーロッパ全体を戦場とする未曾有の大戦争となった。地中海や南ドイツでフランス軍は劣勢に立たされていた。しかし、戦争が長期化する中でイギリスで平和の気運が高まっていたこともあって、1711年10月、ハプスブルクの強大化を恐れたイギリスはフランスとの和平交渉に入り、オランダ、オーストリアもそれに歩調を合わせた。

1713年に結ばれたユトレヒト条約は、①フェリペ5世のスペイン皇位継承を承認（フランス王位の継承は不承認）、②オーストリアはスペイン領ネーデルラントとイタリアのスペイン諸属領（ミラノ、ナポリ、サルディニア）を獲得、③イギリスに対してスペイン植民地における最恵国待遇を供与、④イギリスは、フランスからハドソン湾、アカディア、ニューファンドランド（カナダへの通路）、またスペインからはジブラルタル、ミノルカ（地中海への通路）などの海外拠点

を獲得することなどを承認した。この条約の最大の利益者は，言うまでもなくイギリスであった。スペインの海外市場をめぐるオランダとの通商競争に決定的な勝利を得たのであり，そのことはイギリスの海外政策に絶対的優位をもたらした。同時に，スペイン帝国の解体が最終的に確認された。

この条約の国際政治学的意味は，勢力均衡を国際秩序の原理として確立させたことであり，予備交渉では，公式に勢力均衡の重要性に言及されていた。それはフランスの覇権を抑制することによって成立した。イギリスの外交官ボーリングブロックが条約締結にあたってフランス，スペインに両国合併を放棄する宣言を行わせたのは，ヨーロッパ列強間の勢力均衡を維持するためであった。

北欧のサブシステムとロシアの台頭

17世紀初頭以来のバルト海をめぐる争いに勝利したのは，軍事大国スウェーデンであった。スウェーデンはポーランド，デンマークなどを圧倒し，オランダ，イギリス，それに1618年にプロイセン公国を打ち立てて上昇気運に乗るブランデンブルク・ホーエンツォレルン家に対抗した。他方，ピョートル大帝はロシアの勢力拡大を画して，新都ペテルブルクを建設し，工業化を進め，バルト海への進出をねらっていた。この皇帝は，子ども時代から戦争ごっこに興じ，長じて西欧諸国を視察した折には造船所でハンマーを振ったという勇ましい一面を持つ一方，西欧近代文明を信奉して外科医・歯科医の資格も持っていた。

バルト海をめぐって覇権を争うスウェーデンとロシアの衝突は緒戦はスウェーデンの優勢で進められ，スウェーデンはエストニアに上陸した。1700年のナルヴァの戦いではロシア軍はその3分の1を失い，翌年のリヴォニアの戦いでは，スウェーデン軍はワルシャ

ワ・クラカウにまで進出した。これに対して，ピョートルは軍事力再建に努め，09年にはウクライナのポルダヴァの会戦でスウェーデン国王カール12世を破り，トルコへと潰走させた。激しい戦いを物語るかのように，ピョートルの軍帽と靴は銃弾で打ち抜かれていた。こうして戦闘の中心はバルト海へと移ったが，18年にカールがノルウェー戦線で陣殺され，21年にフィンランドのニスタットで和議が成立した。

　この戦いは「ヨーロッパの転機」とも称され，スウェーデンは属州のほとんどを失い，そのバルト海支配は終焉した。これに反して新興著しいロシアは，リヴォニア，エストニア，イングリア，フィンランド，カレリアの一部を領有し，バルト海に東から圧力をかけることになる。ポーランドはザクセン公が国王に就いたが，実際にはロシアの傀儡（かいらい）で，すでにポーランドの分割が俎上（そじょう）に載せられてもおかしくなかった。ヨーロッパのパワーゲームに，第4の大国ロシアが登場した。

3　18世紀のヨーロッパ国際関係

バランス・オブ・パワー

18世紀には，ヨーロッパ国際政治の構造は15世紀以来のハプスブルク家（オーストリア）対ブルボン家（フランス）の植民地にまで及ぶ競合関係を軸に，イギリスをバランサーとしてプロシア，ロシアの興隆がからむ形で展開した。この時代（1648-1713年）の戦争原因の多くは領土に関係するものであり（24%），ついで通商航海（16%），王位継承（14%）となっているが，1714-1814年の傾向

とそれほど違いはない（それぞれ26%, 14%, 9%）(Holsti, 1991)。19世紀以後になると（1815-1914年），領土・通商航海・王位継承は減少し（14%, 4%, 3%），これに対して民族解放・国家形成や国家の領土保全が戦争の大きな原因となっている。

近代ヨーロッパの国際関係は，微妙な各国間の関係を背景とする勢力均衡(バランス・オブ・パワー)のロジックに支えられてきた。周知のように，勢力均衡は歴史的に古い概念といわれる。しばしば指摘されるのは，古代ギリシャ都市国家時代の都市国家間の関係であり，現実主義（リアリズム）の歴史家ツキディデスが詳細に検討したように，アテネのデロス同盟とスパルタのペロポネソス同盟の対立に収斂(しゅうれん)していった。しかし，イギリスの国際政治学者シーハンは，この時代に勢力均衡の思考は確かにあったが，システムとして確立されていたわけではなかったと指摘する。1500にも及ぶ都市国家群が1つの共通文化規範を持つ「国際社会」は，独立した「国」と「国」との関係とはいえなかった。

ルネサンス期のイタリア都市国家では，勢力均衡はシステムとして理解されていた。15世紀後半のイタリアでは，5つの都市が勢力均衡をとっていた。最強のヴェニスに対抗するためにフィレンツェはミラノ，ナポリと3国同盟を結んだ。実は，リアリストの祖と呼ばれるマキャヴェリは，この同盟の意味も勢力均衡の原則も理解しなかったといわれる。これに対してフィレンツェのルチェレとグィチャルディーニは，イタリアでは勢力均衡によって安定が維持できることを主張したのであった。グィチャルディーニは，「対ヴェニス同盟はヴェニスの力を抑えるためのものである」と指摘し，全体の均衡のためにすべての国が相互監視の状態でイタリア半島の単独支配を阻まねばならない，と明言していた。

Column ① ヨーロッパにおける勢力均衡の歴史的安定要因

第1に、圧倒的に優勢な主権国家が存在せず、3つ以上あるいは5つ以上の同等のパワーによって相対的なバランスを維持する世界構造があった。つまり、ローマ帝国のようなヘゲモン（覇権国家）による一方的な支配ではなく、冷戦期のような同等の勢力による2つのパワー（2つの勢力グループ＝東西ブロック）の対立という衝突しやすい構造でもなく、抑制と均衡のメカニズムが機能しやすい状況が存在した。

第2に、このようなパワーが互いに勢力争いをするとき、致命的な衝突を回避しつつ、勢力拡大がはかれる国際環境が存在した。つまり、辺境地域が存在していた。したがって、経済発展の十分な余地を持ちながら、海外への膨張（すなわち植民地拡大）という安全弁によって決定的対立は回避できた。

18世紀の経験主義哲学者ヒュームは、良識と明確な論法を前提として「国家の独立が覇権国による政治的統一のプロセスよりも重要な目標である」と指摘し、19世紀にはフェヌロンも、勢力均衡を「隣国を強力にしないための行動」と定義した。20世紀初頭に国際法学者ヴァッテルは、「どの国家も絶対的な支配力をもたず、他国を支配することもできないような事態」と考え、第二次世界大戦後のリアリストの代表モーゲンソーは、「数カ国の間でパワーがほぼ平等に配分されている状態」と勢力均衡を定義している。イギリスの高名な国際政治学者ワイトも、勢力均衡の9つの意味の最初に「パワーの平等配分」をあげた。

そうした意味では、第一次世界大戦は、それまでのヨーロッパが少なくとも大戦を回避しつつ、「平和」を維持していた勢力均衡体制論理と手段の破綻を意味した。

第 3 に，技術的には，核兵器に相当するような技術革新は見られず，パワー間に大きな格差や不均衡が存在しなかった。また，指導層に共通の価値観・了解が存在しており，国家目標・手段の点で等質性が相互に期待されていた。

　第 4 に，外交は国内のファナティック（熱狂的）な大衆の民族主義や諸々のイデオロギー的圧力から比較的に自由であるという，国内的に有利な条件が存在した。

　第 5 に，当時強大な勢力を誇ったイギリスが，普段は大陸の動静に関与していなかった。したがって，強大な国力を背景にイギリスが力のバランサーとして存在しえた。

プロシアの台頭

　1720年代には，フランスのルイ15世の王妃問題をめぐってスペインとフランスとの間で対立が起こり，ヨーロッパは 2 つの陣営に分かれた。1725年には，フランス，イギリス，スウェーデン，デンマーク，オランダによるハノーヴァー同盟と，オーストリア，プロシア，ロシア，のちにスペインも加わったウィーン同盟が対峙した。

　この 2 大陣営の冷戦の解消に奔走したのが，フルーリー仏外相であった。1727年 5 月，彼はフランスとスペインの間に和議を成立させ（パリ条約），ヨーロッパに一時的な平和をもたらすことに成功した（フルーリー平和外交）。

　18世紀半ばには，ヨーロッパの新しいパワーとしてプロシアの台頭が顕著であった。1740年10月にカール 6 世が没し，長女マリア＝テレジアがオーストリア皇位についた。カールは男子の嫡子がいないことを憂えて，生前から領土の永久不可分と女子にも相続権を認

める「国家詔書」を発表し，周辺諸国やドイツ諸侯に認めさせていた。しかし，フリードリヒ2世はこれを尊重せず，同年12月に突如オーストリア国庫収入の4分の1を占めた東ドイツの工業地域シレジア地方を侵略した。

　この戦争はまったくの奇襲によって開始され，やがてヨーロッパ全体を戦場に一変させた。1741年9月にはフランス軍とバヴァリア軍がオーストリアに侵入しはじめ，ウィーンは存亡の危機にさらされた。マリア=テレジアは，半歳になったばかりの乳飲み子（ヨゼフ2世）を抱いてハンガリーへと逃れた。若き喪服の女帝は，不法な侵略者に立ち向かうようハンガリー貴族会議で涙ながらに熱弁を振った。静まり返った聴衆の心は，大きく揺れた。同年11月と翌年6月には休戦が成立し，シレジア地方の割譲が決まった。戦争自体は48年のアーヘンの和議まで続いた（オーストリア継承戦争）。

　この背景には，フルーリー以後，フランスが反ハプスブルクの主戦派に回り，スペインと共にプロシアと協定を結んだことがあった。イギリスだけが，フランスに対抗してオーストリアについた。フリードリヒ2世は，フルートを奏で，哲学や文学を愛好し，ドイツ語よりフランス語の方に勝れた文人であった。ヴォルテールを自らのロココ調の宮殿（無憂宮(サンスーシ)）に招き，そして「君主は国家第一の下僕」と啓蒙専制君主を気取った。しかし，その本質はユンカー（専制的な地主貴族）制度に基盤をもつ，まごうことなき絶対専制君主であり，巧妙な国益重視のリアリストであることに変わりはなかった。

　その後，マリア=テレジアはシレジア奪還のためプロシアに備え，プロシアとフランスの離間を謀り，南ネーデルラントの提供などをフランスに約束した。そして，イギリスがフランスと対立するのを

利用して,オーストリアは1756年5月,フランスと防御同盟(第1次ヴェルサイユ条約)を締結することに成功した。この外交を導いたのは,駐仏大使を務め,のちに宰相となったカウニッツ伯であった。彼は,ルイ15世の愛妾ポンパドゥール侯爵夫人の信用を取り付けたのであった。侯爵夫人は尊大にも,ルイ15世治下の時代を「私が支配する時代」といまで言い放った。長年にわたりヨーロッパ国際政治の対立構造の基本となっていた両国間の対立が,ここに解消した(外交革命)。

こうしたオーストリアの動きを見て,プロシアのフリードリヒ大王は機先を制するため,1756年8月末にザクセン侵略を開始した(七年戦争。史上有名な「予防戦争」)。56年末にはロシア゠オーストリア防御同盟が成立したが,他方で,ドイツ諸侯やスウェーデンもプロシアの敵に回った。57年5月には,ついにフランスがオーストリアとの同盟を攻撃同盟に切り替えた(第2次ヴェルサイユ条約)。フリードリヒはベーメン侵略に挫折し,57年6月にはコリンの戦いで最初の敗北を喫した。形勢不利の戦局においてフリードリヒは不眠と消化不良に悩み,首にかけたロケットには服毒自殺のための阿片が忍ばせてあった。さらに,ロシアが東プロシアを占領したのち,59年8月にはプロシアはクーネルスドルフで大敗を喫した。

植民地におけるイギリスとの戦いに敗れたフランスが戦線を離脱したことに加えて,プロシアの窮地を救った決定的要因は,ロシアのエリザベータ女帝の急死とロシア軍の離脱であった。女帝の後継者は,フリードリヒを崇拝するピョートル3世であった。ロシアはプロシアと軍事同盟を結び,逆にオーストリアを攻めた。プロシアはシレジアを奪還した。

1763年2月,七年戦争は終結した。プロシアは,シレジア地方の

領有を認められ，この戦争によって大国の地位を確立するとともに，有名無実化した神聖ローマ帝国内部においてオーストリアとプロシアの二元主義的支配の基礎が成立した（ドイツ2大国の勢力均衡）。

イギリスの平和

七年戦争は，単にヨーロッパの話としては終わらなかった。フランスはアメリカ大陸の植民地を失い，17世紀以来の英仏の植民地争いはイギリスに軍配があがった。オランダに次いでフランスとの覇権争いに勝利したイギリスは，「イギリスの平和(パクス・ブリタニカ)」の時代を謳歌する。

七年戦争初期にはイギリスの地中海基地ミノルカをフランスが奪取し，イギリスは一時的に劣勢に立たされたが，大ピット戦時内閣の指導の下に，その後イギリスは戦局を挽回していった。とくに，59年のラゴス・キブロン湾での勝利によってイギリスの海上覇権は完璧となり，優勢な陸軍を擁しながらも本国と植民地の交通路を遮断されたフランスは，新大陸インドに陸軍を派遣できなかった。

1757年，プラッシーの戦いでイギリス東インド会社傭兵軍を率いるクライブはベンガル太守を倒し，インド南方ではフランス軍を撃破した。60年1月にはラリ・トランダルのフランス軍がワンドウォッシュで敗れ，インドにおけるフランスの敗退は決定的となった。加えて，59年9月にはケベックが陥落し，その1年後にはモントリオールが降伏して，カナダでのフランスのプレゼンス（存在）も失われた。他方，62年1月にイギリスはフランスと同盟を結んだスペインに宣戦し，最大の海軍基地ハバナを陥落させ，さらにフィリピンのマニラを落とした。

1763年2月の「フランス史上，最もみじめな条約の1つ」と呼ばれたパリ条約で，英仏は正式に和約した。フランスはシャンデルナゴル，ポンディシェリーなどのインドの商館，砂糖の主要産地西イ

ンド諸島，ニューファンドランドの鱈(たら)漁場のシェアなどを守ったが，その海外居留植民地のすべてを喪失し，カナダ・ミシシッピ川以東の仏領である広大なルイジアナをイギリスに譲ることになった（ミシシッピ以西ルイジアナはスペインへ）。

イギリスの繁栄の要因としては，大航海時代以来の海軍力（シー・パワー）の優越，いち早く実現した産業革命とその結果としての交通革命，そして大陸諸国の覇権争いから離れて勢力均衡策を維持しつつ柔軟な外交政策を取りえたことなどが指摘できる。とりわけ，オランダの貿易が中継貿易であったのに比べ，イギリスの貿易は確固とした生産基盤をもった貿易であったことが，その後の長い繁栄を支えた。イギリスでは16-17世紀にかけての囲い込み運動による羊毛生産の向上と，技術発展による毛織物工業の飛躍的増進を核として，工場制手工業が国民的規模で発達していた。それに，海外貿易による資本蓄積と自営農民の没落によって工場労働者が大量に発生し，さらに石炭・鉄鉱石という工業資源の豊富さなどが工業化を推し進めた要因であった。

海外植民地争奪戦に勝利したのちの，イギリスの世界貿易シェア拡大は著しかった。18世紀後半には12％で独仏と同等であったが，19世紀後半にかけて25-30％以上の突出した高率を維持していた（表1-1参照）。

周辺地域での大国間の補償

1730年代には，ポーランド継承問題をめぐって，それに介入したオーストリア，ロシアとフランス，スペインなどの諸国が対立した。33年2月にポーランド国王アウグストが没すると，ロシア，オーストリアはザクセン公アウグスト3世を擁立した。それに対してフランスはレシチニスキーを候補とし，ポーランド議会もこれを

表1-1 世界貿易の各国別分布状況

	イギリス	フランス	ドイツ	その他欧州	米国	その他地域
1780年	12%	12%	11%	39%	2%	24%
1800	33	9	10	25	5	17
1820	27	9	11	29	6	19
1840	25	11	8	30	7	20
1860	25	11	9	24	9	21

［出典］ミシェル・ボー／筆宝康之・勝俣誠訳『資本主義の世界史——1500-1995』藤原書店, 1996年, 165頁。

支持した。同年10月にオーストリア，ロシアの軍事的圧力によってアウグスト3世が王位につくと，これに反対するフランスがオーストリアに宣戦したが，35年にウィーンで講和が成立し，結局アウグスト3世がポーランド国王として承認された。

ポーランド分割は，勢力均衡政策の中の「領土的補償」の典型である。すなわち，列強間の角逐を領土面の妥協（多くは割譲）で調整をはかるというものである。

従来，ポーランドはロシアの従属国的地位に甘んじてきた。しかし，ロシアは主にオーストリアとの対立関係のバランスを考え，プロシアをも含めてポーランドの分割に合意した。

1768年に始まった第1次露土戦争において，トルコは劣勢に立った。そこでオーストリアに援助を求め，両国は71年7月に秘密協定を締結した。これを見たロシアは，バルカンで形勢不利になったことを察して，ポーランドを従属国として温存する政策を止め，72年8月，ポーランドの4分の1が3国によって分割された（第1次ポーランド分割）。その後，フランス革命の余波でポーランド国内が混乱しているのに乗じて，93年には第2次分割がプロシアとロシア

表1-2 世界貿易における4大国

	世界貿易		4大国の貿易			4大国の内訳							
						イギリス		ドイツ		フランス		アメリカ	
	総額	増加率(%)	総額	増加率(%)	シェア(%)	総額	シェア(%)	総額	シェア(%)	総額	シェア(%)	総額	シェア(%)
1875	58	—	36.1	—	62	16.5	28.4	6.9	11.8	7.4	12.7	5.3	9.1
1900	104	+79.3	53.9	+49.3	52	21.8	21	12.4	12	8.3	8	11.4	11
1913	200	+92.3	95.9	+77.9	48	35	17.5	25	12.5	15.2	7.6	20.7	10.3

[注] 1) 総額の単位は，10億金フラン。
    2) 増加率は，前回の統計に対するもの。
    3) シェアは，世界貿易に占める比率。
[出典] ジロー，1998, 65頁。

との間で行われた。95年には，コシューシコらポーランド人の反乱に乗じてオーストリアを含む3国によって第3次分割が行われ，ポーランドは領土を喪失した。

4 ヨーロッパの栄光

●ヨーロッパの協調とナショナリズム

新たな世界観の誕生と革命戦争

1789年7月のパリ市民によるバスティーユ牢獄襲撃に始まるフランス革命は，周辺の絶対君主にとっては脅威であった。自由・平等・博愛のスローガンに象徴される理念は，封建的絶対専制支配を根底から否定するものであったからである。とくにオーストリアとプロシアは，事態の推移に神経を尖らせていた。

92年4月にフランス立法議会がオーストリアに宣戦を布告した。7月にはプロシア軍もライン地方に結集し，フランス国境に接近し

た。ジロンド派の議会は,その報を受けて「祖国は危機にあり」と急を告げ,非常事態を宣言し招集を行った。このとき,パリに進軍してきた志願兵がうたった歌が,今日のフランス国歌「ラ・マルセイエーズ」である。革命政府は翌年2月にイギリス,オランダに,3月にはスペインに宣戦を布告したが,これに対して同年3月にはピット英首相(小ピット)の呼びかけで第1次対仏同盟が結成され,フランスは全ヨーロッパを敵とすることになった。

フランスにとって諸列強との戦争は,当初は「防衛戦争」であったが,1792年11月に自由を望む諸国民に友愛と援助を与える法令が制定されたころから,革命の「プロパガンダ(宣伝)戦争」へと性格は変わった。この戦争は革命の輸出を意味し,占領地での土地改革,行政官選挙,アッシニア紙幣流通などの革命政策の実施が決められた。絶対王政諸国間でしばしば行われた,後継者争いや領土や経済覇権の争いという従来の戦争とは異なって,これは世界観をめぐる新しい戦争であった。

とりわけ,1798年の第2次対仏同盟結成を契機に総裁政府を倒して成立したナポレオンの統領政府は,「革命は終わった」と宣言した。ナポレオンは革命の終結を繰り返すと同時に,自らが革命の継承者であり,国内対立の調停者であると説明した。そのことによって自らの支配を正統化しようとし,そして1804年5月には自ら皇帝となった。

しかし,革命の輸出によってヨーロッパ連邦をつくることは,ナポレオン帝国の構築を意味した。小国の分立するイタリアではリグーリア共和国・教皇領をフランス帝国に併合し,皇帝の兄ジョゼフはナポリ王となった。スイス,オランダも併合された。1812年時点での最盛期に,ナポレオンのフランス帝国は130県に膨れ上がっ

ていた。ドイツ，イタリア，スペインには傀儡政権を置き，1804年11月の第3次対仏同盟（1805年成立）諸国とのアウステルリッツの戦い，06年11月のイエナの戦いで勝利したフランスは，プロシア，オーストリアを同盟国にした。

ナポレオンのイギリスに対する野心は，1806年11月の大陸封鎖令に如実に表れていた。イギリス商品をヨーロッパ大陸から締め出し，フランス国内産業の振興をはかることがこの封鎖令のねらいであった。しかし，苦境に陥ったロシアは，大陸封鎖令を破ってイギリスと穀物輸出を継続したため，12年，ついにナポレオンはモスクワ遠征を断行した。だが，営々と続く50万人近くの兵力を誇るナポレオン軍も脱落者が相次ぎ，モスクワにたどり着いたのはわずかに11万人を数えただけであった。「夏将軍」の暑さの中，ロシア軍は撤退し続け，モスクワに火を放った。そして今度は引き揚げていくナポレオン軍に追い討ちをかけ，厳寒の「冬将軍」には，さしものナポレオン軍もなす術はなかった。加えて，寄せ集めの国際軍の指揮・組織統制力は低かった。

ロシア遠征の挫折は，ナポレオン支配下のヨーロッパ諸国で反攻の機運を一気に高めた。「革命の輸出」という大義名分は，人々に自由や平等の理念に基づく旧体制からの解放を煽る結果となった。そして，各地で反攻の狼煙が上がった。プロシアのフィヒテが「ドイツ国民に告ぐ」と檄を飛ばしたのは，象徴的であった。1813年10月，ライプチッヒで13万人のフランス軍は，その倍の兵力を要したプロシア，オーストリア，ロシアの兵と矛を交えたが，ナポレオンは無残にも敗北した。「諸国民の戦争」は，こうして燎原の火のごとくヨーロッパに拡大し，14年3月，ついにパリは陥落した。ナポレオンは退位し，エルバ島に逃れ，権力の帰趨を読むのに俊敏な元

老院はいち早くルイ18世を擁立した。

翌年2月,手勢を率いてエルバ島から脱出したナポレオンは,パリに凱旋した。自由帝政の下に復権したが,ウィーン会議はナポレオンに対抗することを決定し,6月のワーテルローの戦いでナポレオンは敗北して,百日天下は終わった。

> 「会議は踊る。されど進まず」

ウィーン会議に参加した80歳過ぎのリーニュ老公爵の言葉「会議は踊る。されど進まず」は,来る日も来る日も宴会や舞踏会で浮かれ騒いでいるように見えた,会期中のウィーンのようすを風刺したものだった。

実は,会議には開会式はなかった。参加者全員を一同に会した会合は,最終議定書の調印のときに開かれただけであった。そして表向きの華やかさの裏で,主に会議の運営を取り仕切ったのは,英露墺普4大国であった(1815年1月からフランスも加わり,5大国となった)。そして諸大国間の利益が微妙に錯綜する中で,丁々発止のやりとりが,宮廷外交の趣をもって外見には優雅に展開されたのであった。母国語以上にフランス語をよくする,美男の若き復古主義者メッテルニヒ宰相の音頭とりで,会議は華やかに繰り広げられた。

ヨーロッパを席巻したナポレオン戦争終結直後のこの会議には,正式代表としてだけでも26人もの各国の代表が集まった。しかし,すでに1814年3月ショーモン会議において4大国は,もっぱら自分たちで案件の処理を行うことに合意していた。ウィーン会議の形式上の最高機関は,4大国にフランス,スペイン,ポルトガル,スウェーデンを加えた8国委員会であったが,これはわずかに9回開かれただけで,実際には5国委員会が中心であり,それは41回も開かれた。しかも,4大国の中で影響力をもったのは,「ナポレオンを

潰走させた男」アレクサンドル1世のロシアと，トラファルガーの海戦に勝利したイギリスであった。両大国の角逐が19世紀を通してヨーロッパ国際関係の大きな軸となった。それはまたヨーロッパにとどまらず，地中海やアジアにまで及んだ。

ウィーン会議には，ポーランドとザクセンをめぐる2つの大きな争点があった。これらの問題をめぐって4大国が相争そう中，わずかな間隙を縫ってフランスは，「正統主義」の美名の下に大国支配の一角に食い込んだ。オータンの司教でありながら，好色かつ金銭に貪欲な稀代の策士タレーランの活躍は語り継がれている。しかし，タレーランの正統主義外交が説得力をもったのは，すでにパリ条約によってフランスの国境が確定し，ブルボン朝が復活していたからであり，列国はフランスを敵視するというよりも，むしろ自国の利益に固執して対立しあっていた状況があったからである（キッシンジャー，1979）。とはいえ，タレーランは権力の帰趨を見極め泳ぎ抜いていくだけの巧みさを持った人物であった。プロシアとロシアはそれぞれザクセンとポーランドを得るために，オーストリアとイギリスはそれぞれドイツとヨーロッパ均衡のために，そしてフランスはヨーロッパ問題にフランスを参加させるために，この会議に臨んだのだった。

ロシア皇帝は，旧ポーランド領土を王国としてその王位に就くことを望んだ。そのためロシアは，オーストリアに北イタリアの土地を与え，プロシアがザクセンを併合することを主張した。これに対して，イギリスはプロシアのザクセン併合に賛成したが，オーストリアは反対した。しかし，両国は共にロシアのポーランドの従属国化には反対したのである。ここにいたってタレーランは，ロシアのポーランド王国建設にもプロシアのザクセン領有にも反対の意を表

図1-1　1815年のヨーロッパ

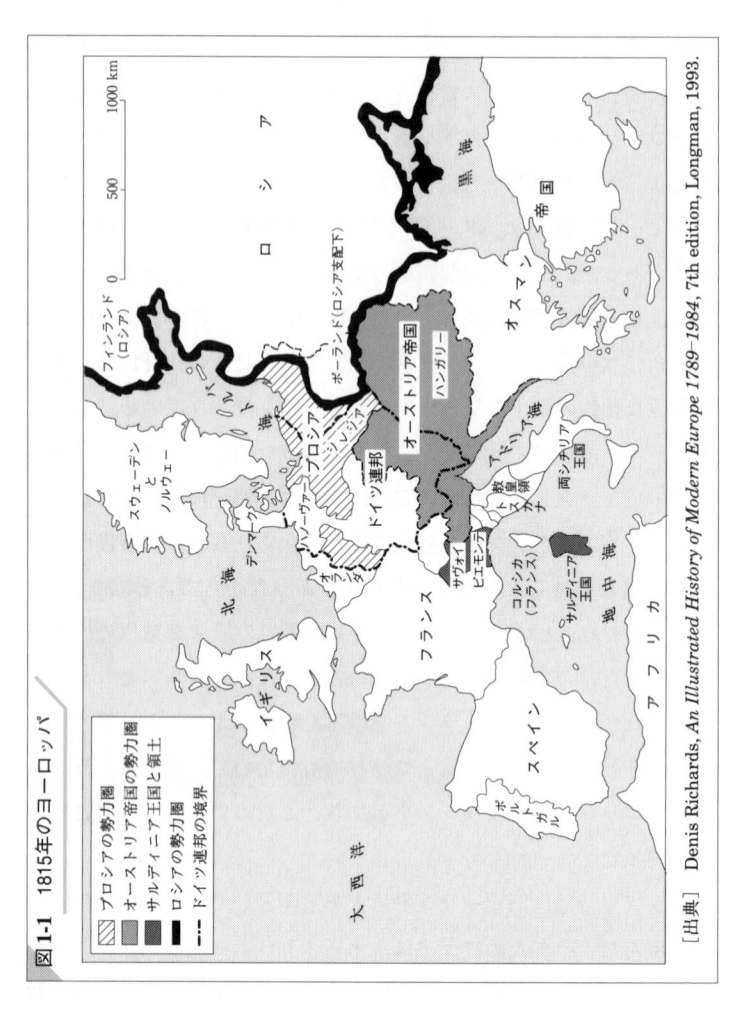

凡例：
- プロシアの勢力圏
- オーストリア帝国の勢力圏
- サルディーニア王国と領土
- ロシアの勢力圏
- ドイツ連邦の境界

[出典] Denis Richards, *An Illustrated History of Modern Europe 1789-1984*, 7th edition, Longman, 1993.

明して，反露という点でイギリス，オーストリアと合意するシナリオを選択した。1815年1月，3国間で秘密同盟条約が結ばれた。そして，この密約が漏洩した時に，ロシアとプロシアも妥協に応じ始めたのである。

1815年6月に調印されたウィーン会議最終議定書では、オーストリア、プロシア、ロシアがポーランド領を分配し、ドイツではプロシアが大きく領土を拡張した。オーストリアはイタリア全土の支配権を獲得した。その内容は、ロシアの強大化によるヨーロッパ支配の脅威、プロシアがオーストリアに与える脅威、そして統一されたドイツがフランスに与える脅威という、各国の懸念を和らげるための妥協の産物であった。プロシアとオーストリアを強化することによってロシアとの均衡をはかろうとしたのは、主にイギリスであった。大陸に直接的な利益をもたないカースルレイ英外相の手腕が、メッテルニヒ以上に一連の交渉の中で光彩を放っていた。

「ヨーロッパの協調」　ナポレオンの「百日天下」ののち、1815年11月20日に第2次パリ講和条約が調印された（14年5月第1次パリ条約）。フランスは、1790年の国境に復し、7億フランの賠償金を支払い、同盟軍15万人が5年間北フランスを占領することが約された。同じくその日、3月に更新されたショーモン条約がさらに更新され、英露普墺による4国同盟が成立した。4国は、パリ条約が侵犯された場合には、速やかにそれぞれが6万人の軍隊を供給することを約束した。そして条約第6条では、4国の国家元首または大臣は定期的に会合をもち、共通の利益を協議し、かつ諸国民の安寧と繁栄およびヨーロッパの平和維持のために最も効果的な措置を考慮することを約した。均衡と抑制を基礎に、諸大国が国際会議の形で紛争の平和解決を協議し実践する。そうした試みは「ヨーロッパの協調」と呼ばれ、ウィーン体制として19世紀ヨーロッパ国際関係の中に定着した。

　ウィーン体制を支えた理念は、「正統主義」「復古主義」だった。メッテルニヒの基本理念は「権威」に支えられた自然の秩序の回復

にあり,「均衡」の概念に依拠した旧体制の復古=オーストリアの復興にあった。しかし,「大国」という概念が定着していったことは,そこでの平和と秩序が「小国」とナショナリズムの犠牲の上に築かれたことを意味した。国際関係の構造の中で,「中心」「周辺」という図式は生きていた。

1818年9月, 4国同盟は初めての会議方式によるエクス・ラ・シャペル会議を開催したが,その時すでにフランスは賠償を完済し,占領軍の撤兵も決定していたので,会議はフランスを含む5国同盟を採択した。英仏墺普露5大国の会議外交による新しい「勢力均衡」体系が制度化された。それは,①パリ講和会議とウィーン会議最終議定書による領土確定,②ショーモン条約と4国同盟という反革命列強の同盟条約,③15年9月に結ばれた神聖同盟による道義的な正統に基づく「平和の組織化」(キッシンジャー, 1979) であった。とくに神聖同盟は,アレクサンドル1世がキリスト教の正義・博愛・平和を原則とする外交を説き,「永遠なる崇高な真理に基づく秩序」の構築をめざしたものであった。カースルレイ英外相は,これを「崇高な神秘主義とナンセンスの作品」と痛罵した。

象徴としての「ヨーロッパ文明」と統合

ヨーロッパ統合を文化的視角からとらえると,16世紀までの時期をラテン・キリスト教世界の第1の統合の時期とし,その後第一次世界大戦までの時期を第2の統合の時期とみなすことができる。この第2の統合は,まさに絶対王政の興隆を頂点とした18世紀に開花した宮廷(サロン)文化のことであり,いわばエリートの文化であった(ポミアン, 1993)。周知のように,典雅で肌理細やかな様式が建築・絵画・音楽・文学の世界で確立していった。その自由で甘美な趣は,タレーランに「1789年(フランス革命)より前の世界を

知らない者は，生活の歓びについて語る資格を欠く者である」とまで言わせた。

市民革命とその後のナポレオン戦争は，ヨーロッパ各国で「国民意識」を覚醒させた。そして，ロマン主義とナショナリズムが18世紀末から19世紀半にかけて各国で支配的地位を得るにつれて，エリートの文化は変容し，民衆文化と統合されて国民文化を形成することになる。産業革命の大きなうねりとともに急速に拡大していった資本主義はブルジョワジー（市民階層）の台頭をもたらし，彼らはこうした国民文化の担い手になっていった。もはや文化は，一部の人間が独占するものではなくなったのである。

他方で，ヨーロッパ文化の普遍性は，上流社会における統合原理であると同時に，非ヨーロッパ人支配の口実ともなった。海外植民地膨張の目的について，フランスなどではそれが単なる経済的なものにとどまらず，未開の人々を「文明化」するための「使命」を帯びたものとして正統化された。西欧型近代の絶対視である。19世紀のヨーロッパ協調と海外膨張を精神的に支えたのは，こうしたヨーロッパ優位の意識であった。

ナポレオン戦争後のナショナリズムとリベラリズム（自由主義）の覚醒を刻印するこの時期に，フランスのサン＝シモンは，『ヨーロッパ社会の再組織について，またはヨーロッパの諸国をして，それぞれの国民的独立を保持させつつ，単一の政治体に結集させる必要と方法について』という表題の冊子を発表した。彼は，アメリカ独立戦争に参加したり，社会学の祖といわれたりする一方で，フランス革命時には投獄の憂き目をみたり，投機で財をなしたかと思えば，破産も経験するという経歴をもつ人物である。実際には，復古主義へと時間を逆戻りしたウィーン会議は，ヨーロッパを統合によって

再構築しようとしたサン゠シモンの思惑とは別の方向へと向かった。

　しかしながら，第1に，「18世紀の哲学は革命的であった。19世紀の哲学は組織的でなければならぬ」というサン゠シモンの言葉は，国際組織創設の提言につながった。「会議に会議を重ねられよ。あなた方のなさることは，すべて戦争にしか行きつかないであろう」というウィーン会議の参加者への警告は，「共通の制度」による組織化の主張であった。勢力均衡は，必然的に戦争の誘因となる不確かなものとして批判された。

　第2に，この統合ヨーロッパの要となるのは欧州議会であり，それはイギリスの議会を模範とするものであった。君主と上・下院の3者構成をとり，君主が一般利益を，下院が特殊利益を代表し，その調整役として上院が存在した。この議会の下院は，選出された商人，学者，司法官，行政官によって構成されていた。被選挙人には一定の土地財産収入が必要とされたが，無産者でも下院議員となれた。

　第3に，国際関係では英独仏の協力は必至であった。当時最強国であったイギリスを取り込むことによって，その影響力を封じ込めることをねらっていた。フランスの国益擁護とヨーロッパ統合が重ね合わせられていたが，他方で哲学や道徳などの面ではドイツ人の国民性が高く評価されていた。

　サン゠シモンの計画は，それまでの統合計画とは違って，領主，貴族，高僧などの支配者だけの連合構想ではない。ブルジョワ庶民もその射程に入っていた。それは「支配」ではなく，個人の尊重と平等が前提となる近代的な統合モデルの先駆と考えられる。

> **5国同盟による脆弱な平和**

　19世紀を通してヨーロッパの国際関係は，ナポレオンを退けたロシアとイギリスという2つの大国を軸に形成された。クリミア戦争までの時期には，ロシアはオーストリア，プロシアという「東側の」2カ国を従えて同盟を結び，イギリスはフランスと協調するという対抗関係が構築されることが多かった。英露がヨーロッパ以外の海外領土をめぐって広範に対立していたことが，その背景にあった。

　大国主義的で保守的なウィーン体制は，実際には反革命的干渉を意味した。1820年10月に開催されたトロッパウ会議は，革命に対する干渉の原則と適用を承認した。すなわち，「不法な手段による変革」に対しては「共同の武力」をもって干渉することであった。アレクサンドル1世の主張する「干渉の原則」に基づくものである。

　しかし，この5国同盟はもともと脆弱であった。翌年1-2月のライバッハ5国会議では，オーストリアは両シチリア王国への干渉を委任された。武力干渉について消極的なイギリスは，この会議を途中で離脱した。1822年10月には，スペインの革命勢力への対応のためにヴェロナ会議が開催された。即刻干渉を望むロシアに対して，当初オーストリアは露・仏のスペイン進出を望まない立場から反対し，イギリスは不干渉方針で中立を主張した。結局この会議では，露・墺・普の3国がフランスの派兵を承認した。翌年3月には6万人のフランス兵が出兵してマドリードを占領したのち，ブルボン家の復活を実現した。とくにフランスは，独立した中南米スペイン植民地への干渉までも主張し，これに対してイギリスはフランスに対する宣戦も辞さずという強い態度に出た。5国同盟の決裂は決定的となった。

実際にカニング英外相（カースルレイの後継者）は，一貫して干渉を否定した。その背景には，第1に島国のイギリスには他国の革命の影響が及びにくかったこと，第2に干渉によるロシア，オーストリアの勢力拡大をイギリスが望まなかったこと，そして第3に，いち早く産業革命に成功したイギリスにとって民族解放した諸国は新しい市場として考えられていたことがあった。イギリスが中南米諸国の独立運動への兵器供給に積極的であった背景には，スペイン本国への干渉ばかりか，中南米植民地にまで干渉することをねらっていたフランスを抑える意図があった。

　ギリシャ独立問題での大国関係は，別の構図をとった。ロシアのギリシャ独立への支援には，メッテルニヒが反発した。このことは，19世紀を通してヨーロッパ国際関係のネックとなる東方問題の存在が浮き彫りになったことを意味した。もはやバルカン・東欧問題は，周辺問題ではなくなった。ギリシャでは，ウィーン会議の時期にトルコからの解放を目的とする秘密結社「ヘタイリア・フィリケ」が旗揚げした。ギリシャ正教を民族のシンボルとしてロシアからの支援を期待してのことであった。他方，トルコはギリシャを弾圧しようと強圧的態度に出て，24年にはキオス島で数万人のギリシャ人大虐殺にいたった。ギリシャの独立運動は絶望の淵に立たされていた。

　列強の干渉が始まったのはこのころからである。イギリスはニコライ1世以来，積極的な南下政策を進めるロシアと共同歩調をとり，トルコに対抗するための干渉政策を支持した。同年10月には英仏露3大国がナヴァリノ港でトルコ・エジプト海軍を全滅させ，28年4月にはロシアが単独でトルコに開戦した。翌年9月のアドリアノープル条約では，ロシアは，モルダヴィア・ワラキアの自治権をトルコに認め，その代わりにダーダネルス・ボスフォラス海峡の通行権

を得た。29年10月のロンドンでの英仏露会議で，ギリシャを完全な独立国にすることが決議された。このロンドン条約には，オーストリアは参加せず，5国同盟の分裂は明らかであった。

> 正統主義の終焉

1830年の七月革命と48年の二月革命は，ウィーン体制の理念を葬り去った。

フランスでは1830年7月，シャルル10世による反動政策に対して反乱が起こり，ブルボン朝が崩壊して，オルレアン公ルイ=フィリップによる自由主義的体制が生まれた（七月革命）。この新たな体制そのものがウィーン体制を否定するものであり，その衝撃はヨーロッパ全土に走った。

ルイ=フィリップは，即位直後に諸大国に脅威を与えないために声明を送り，ウィーン体制を尊重することを約束した。しかし，もはや4大国に干渉の意思はなく，1830年にフランスがアルジェリアを保護国にした時にも列国は事態を静観した。ロシア皇帝ニコライ1世だけがフランスへの干渉を提唱したが，オーストリア，プロシアはそれに応じず，干渉政策は実現しなかった。正統主義の下に5国がヨーロッパ各地の革命に干渉した時から，まだ10年も経っていなかった。

七月革命の影響を直接的に受けたのは，ウィーン会議でオランダに併合されたベルギーであった。1830年8月にブリュッセルで起こった市民の蜂起に対して，オーストリアがこれに介入した。しかし，9月末にはベルギー軍はオランダ軍を撃退し，10月にはベルギー臨時政府が独立宣言を表明した。英仏はベルギーへの軍事介入に反対し，他方ロシアとオーストリアはそれぞれポーランドとイタリアの紛争に直面して派兵の余裕はなく，プロシアはフランスに従った。同年11月と12月のロンドン会議でベルギーの独立が認められ，翌年

1月には永世中立が承認された。

また1830年11月,ワルシャワで反ロシア暴動が起こり,臨時政府が成立したが,翌年9月にロシア軍が出動し,ポーランド会議王国は消滅した。イタリアでは31年2月にモデナ,パルマ,教皇領で反乱が勃発し,メッテルニヒは派兵の末,これを鎮圧した。しかし,同年末にマッツィーニが青年イタリア党を組織して,祖国統一のための運動が本格化した。

ライン川以西でウィーン体制の「正統主義」が現実ではないことは,もはや明白であった。ライン川以東では1833年10月,墺・露・普が3国秘密条約を締結し,かろうじて神聖同盟の反革命的干渉主義を確認していたが,英仏は,パーマストン英外相の指導の下に自由主義を称揚した「真摯協定(Entente Cordiale)」を結ぶまでにいたった。

普通選挙権運動を契機とするフランスの1848年の二月革命は,ウィーン体制の命運がもはや尽きたことを示しただけであった。二月革命以前に,すでにスイスの内乱や,プロシア・オーストリア領でのポーランド人の民族解放運動が活発化していた。イタリアでも民主主義革命＝反オーストリア解放運動が繰り広げられた。48年の二月革命は,こうしたヨーロッパの開放的気運の中で,燎原の火のように一気に広がっていった。

二月革命の余波は,ウィーンにまず向かった。3月にはメッテルニヒが罷免され,自由と憲法要求の請願が出された。ドイツでは3月,国民議会の招集と憲法発布の請願が市民の暴動にまで発展した。5月にはフランクフルトで国民議会が開催され,12月にはドイツ版人権宣言である「ドイツ国民の基本権」が発表された。自由主義憲法や議会開設を求めた革命は,ハンガリー,プラハ,そしてミラノ,

ヴェネチア，両シチリア王国などイタリアにまで波及した。それらはオーストリアからの解放の訴えと結びついていた。

資本主義の発達とヨーロッパ統合

19世紀に入ると，イギリスの産業革命はヨーロッパ全土に拡大していった。周辺の外にいた諸国が次第に周辺に取り込まれ，工業資本主義システムがますます広がっていった。

工業資本主義の発達は，ヨーロッパ経済統合の発展と並行するものとして理解される（ポラード，1990）。共同市場や共通経済政策は，ヨーロッパ経済史上一貫して見られる不可逆的な経済統合の現象の一部である。とりわけ，19世紀の近代国民国家成立の時期は，市場拡大と国境を越えた経済統合が活発化した時期でもあった。GNP（国民総生産）のうちに占める貿易の比率は，19世紀初頭から20世紀初頭にかけて，イギリスが27％から55-60％へ，フランスが10％から25-35％へ，ドイツが13％（1840年）から30-38％へと大幅に増大した。産業革命による生産の飛躍的な向上と資本主義の発展は，技術と経済面での統合の急速な進展を意味したのである。リベラリズムは，ブルジョワジーにとって封建的拘束から解放されて経済活動の自由を認められることと同時に，自分たちの手による国民国家形成のためのナショナリズムと手を相携えることを意味していた。

フランスの国際関係史家ジローも19世紀後半の国際関係における経済的要因の重要性を指摘し，移民，国際貿易（保護主義と関税，ダンピング），植民地主義，資本移動の動きに注目している（ジロー，1998）。従来の外交史的アプローチにこのような国際経済の流れを重ねていくのが，今日のヨーロッパ国際関係史研究の傾向である。

技術・物・人・知識・資本の動きを丹念に追いつつ，ヨーロッパ市場統合の流れを歴史的に考えてみると，19世紀は3つの時期に分

けられる（ポラード，1990）。第1の時期は1815-50年ごろまでで，この時期イギリスの大量工業製品にヨーロッパが門戸を開放し，ヨーロッパ大陸各地に近代工業の中心地域が形成された。1850年ごろから73年にかけての第2の時期には，工業・投資の両面でヨーロッパは急激な発展を示し，先進地域の工業成長とその周辺地域への影響が見られた。フランスとドイツ関税同盟の発展が顕著で，中東欧とロシアでも農奴制が廃止され，工業化の準備が整った。その後の第一次世界大戦までの第3の時期には，ヨーロッパ各中心地域が工業化を達成し，生産高・資本蓄積・技術面でイギリスに追いついた。この時期，欧州主要工業国間での商品取引額は，世界総取引額の3分の1に達した。その輸出総額の51％は域内貿易によるものであった。

技術の飛躍的向上を背景とする輸送手段，とりわけ鉄道の急速な発達もこの時期の大きな特徴で，重要な投資対象であった。1840年のヨーロッパ全体の鉄道営業距離は3000 kmであったが，70年には10万km，1900年には28万kmを超えた。各工業中心地を結ぶ直通列車やオリエント急行も開通した（1888年）。

関税による障壁も徐々に取り除かれていった。1818年のプロシアの関税法（関税統一）は，当時としては画期的なものであったばかりか，プロシアによるドイツ統一への突破口となった。34年，プロシアとバイエルンの関税同盟に中規模諸邦の中部ブロックが加わり，ドイツ関税同盟が成立した。18の諸領邦国家と2350万人を擁する域内自由貿易地域が形成されたのである。1国家内での域内自由貿易化は，フランス革命時のフランスを先駆として，19世紀半ばにはオーストリア，スイスなどの関税障壁撤廃という形で実現した。

国家間の関税協力は，一時期盛んに行われた。1842年にはフラン

スとベルギーとの関税同盟が締結された。60年の英仏通商条約は,フランスの輸入,イギリスの輸出に関するすべての禁止措置を廃止し,フランスの輸入関税率を大幅に引き下げた。フランスはベルギー,プロシア,イタリア,イベリア2国,中欧諸国と,イギリスもベルギー,ドイツ関税同盟,イタリア,オーストリアと同様の条約を締結した。80年代後半にフランスはドイツとの関税同盟を試み,ドイツは近隣諸国と結んで「中部ヨーロッパ経済連合」を形成する動きをしきりに示した。19世紀末には,ノルウェー,スウェーデンの関税同盟も結成されていた。しかし,この自由化の波は,79年の保護主義的なドイツ関税法の成立以後,各国が保護主義に転換したため20年間続いただけであった。

1865年のラテン貨幣同盟の創設は,通貨統合の1つの萌芽であった。32年,ベルギーはベルギー・フランの基礎をフランス・フランに置いた。その後,スイス,イタリアもこれにならったが,60年代初期にイタリアとスイスが低質の銀貨を発行したため混乱が生じ,65年に開催された会議でこれら4カ国によるラテン貨幣同盟(フラン金・銀貨を無制限法貨に定め,各国は純分の等しい同一硬貨を鋳造する)が結成されたのである(のちにギリシャ,スペインも参加)。この同盟は,名目的には1926年(14年に兌換停止で実質的に機能停止)まで存続した。他方で,北欧諸国によるスカンディナヴィア貨幣同盟も設立されていた。

「ヨーロッパの協調」の変容

ギリシャ独立戦争後エジプトがシリア領有に失敗したことを不満としたため,第1次エジプト゠トルコ戦争が勃発した(1831-33年)。フランスはエジプトを露骨に支援し,ロシアはトルコを支援した。トルコはロシアに接近し,33年にウンキャル゠スケレッシ条

約(相互援助条約)が結ばれた。この条約の秘密条項でダーダネルス・ボスフォラス両海峡におけるロシア艦隊の独占的通行権が約されており、パーマストン英外相はこれに強い反発を示した。

第2次エジプト＝トルコ戦争(1839-40年)が始まると、地中海域での影響力拡大を意図してエジプトに接近したフランスに対抗して、イギリスはトルコに接近し、さらにロシア、オーストリア、プロシアと同盟を形成した。40年のロンドン会議では、エジプトはトルコの宗主権下に入り、シリア領有は放棄させられ、どの国の軍艦も両海峡の通過を禁止された。翌年にはウンキャル＝スケレッシ条約が破棄された。仏露両国の地中海進出政策を阻止した、見事までのパーマストン外交の勝利であった。

1853年には、聖地エルサレムの管理権をめぐってロシアとトルコが開戦した(クリミア戦争)。この土地の管理権はフランス革命の混乱以後、ロシアの影響下にギリシャ正教徒に掌握されており、ナポレオン3世は国内カトリック教徒の歓心を得るために、この権利の回復をトルコに要求した。他方で、ロシアは1774年のクチュクカイナルジ条約(トルコ領内のキリスト教徒を、コンスタンティノープル駐在のロシア大使が管理する)を盾にこれに反対し、ギリシャ正教徒の特権を主張し、ついにトルコと開戦するにいたった。ロシア艦隊によって劣勢に立たされたトルコは英仏艦隊に出動を要請し、翌年3月、英仏はロシアに宣戦布告した。9月からは、英仏艦隊によるセバストポール要塞への攻撃が行われた。オーストリアも同盟条約に加わり、1年間に及ぶ激しい包囲戦が行われたが、ついに難攻不落のセバストポールは陥落し、56年にパリ条約が結ばれた。

ルーマニアが事実上の独立(ワラキアとモルダヴィアが連合王国を形成)を果たし、黒海沿岸が中立化されて、ロシアは軍事施設のすべ

てを撤去せねばならなかった。こうしてロシアの南下政策は挫折し，パリ条約の国境修正と英露との対等関係を強く望んでいたナポレオン3世の威光は強まった。55年にパリで万国博覧会が開催されたとき，近代的都市に生まれ変わったパリの街のガス灯は，フランスの国威宣揚を象徴していた。

クリミア戦争はナポレオン戦争以後，最大の戦争であった。そして，大国関係の構造を大きく変えた。フランスは大陸での地位を回復し，イギリスに対して従属的立場ではなくなった。他方，影響力を後退させたロシアは，今度は中東での国境修正の要求を正当化するために，同じくウィーン体制の国境修正を訴えるフランスを支持するようになったのである。

イタリア，ドイツ国民国家の統一

1848年にはプロシアとデンマークがショレスウィッヒ・ホルシュタイン問題で戦火を交え，サルディニアがイタリアの民族統一を意図してオーストリアに宣戦した。一世代に及ぶヨーロッパの平和もここに破綻した。クリミア戦争に参戦したのち，フランスに接近したサルディニアは，59年には共にオーストリアと戦い，勝利の追い風を受けてイタリア統一を一気に進めていった。60年までに，ヴェネチアと教皇領以外のイタリアの全領土がサルディニア王国に帰属するようになり，61年にはサルディニア王国はイタリア王国と改称した。

ドイツ統一はプロシアを中心に進められた。フリードリヒ・ウィルヘルム4世治下のプロシアは，小ドイツ主義を掲げてオーストリアと切り離した統一を志向した。これは，フランクフルト連邦議会の復活による，オーストリアを中心とした統一＝大ドイツ主義に対抗するものであった。この両国はヘッセンをめぐって出兵し，プロ

シアは1850年11月のオルミッツ協定でオーストリアに屈した。ドイツはその後，近代化を急速に進め，石炭や鉄鋼の生産などの工業化につくした。三月革命当時2000 kmにすぎなかった鉄道距離が，50年には5800 km，60年には1万1000 kmにまで拡張されていた。

プロシアは，軍備強化を国是として近代化を進めたが，いわゆる西欧的近代民主国家ではなく，絶対主義的な軍事国家による統一をめざした。64年のプロシア，オーストリアとデンマークとの戦争，さらに66年の普墺戦争でプロシアは勝利し，長年オーストリアの支配下に置かれていたドイツ連邦を解消した。この結果，オーストリアはドイツへの影響力を失い，プロシアを中心とする北ドイツ連邦が組織されて，プロシアの統一はこれを中心に進展していった。普墺戦争ではイタリアもプロシアに与して参戦し，この勝利によってオーストリア領ヴェネチアの獲得に成功した。

普仏戦争では，ウィルヘルム1世はナポレオン3世をスダンで破り，71年にヴェルサイユ宮殿の鏡の間でドイツ帝国憲法の公布を宣誓した。ここに長年のドイツ統一の歴史は実を結んだのである。イタリアは，この戦争を利用してローマを占領した。

ビスマルク外交のシステム

19世紀後半のヨーロッパは，独伊の統一やロシアの南下政策をめぐる帝国主義諸国間の角逐，一方でのハプスブルク帝国とオスマン=トルコ帝国支配下の諸民族の独立運動が微妙にからんで複雑な展開を見せていった。とくに，統一を達成したばかりのドイツ帝国は，「ビスマルク外交」と呼ばれる複雑な諸列強との同盟外交を構築していった。

その原理は，①「ヨーロッパ国家系」と呼ばれる強国間の勢力均衡を基礎にした国際体系，②国家理性＝国益を尊重した同盟体制，

③統一間もないドイツ帝国の安定のために，覇権を求めない「誠実なる仲介者」としての役割，④ヨーロッパ既成秩序の維持を目的とする平和政策，であった。「鉄血宰相」と渾名され，国内では社会主義者を弾圧し，軍国主義を押し進めたビスマルクが，その外交は公式には「平和の使徒」のものであった。

新生ドイツにとって，自国の安定とヨーロッパ秩序の安定は結びついていた。そして，その大きな安定要因は，英露墺との良好な関係にあった。普仏戦争後，アルザス・ロレーヌの奪還をはかって対独復讐に燃えるフランスを孤立させ，東の脅威であるロシアを抱き込んでおくこと，そしてオーストリアがロシアと同盟を結ばないようにしておくことが重要だったのである。こうして結ばれたのが，「再版神聖同盟」と呼ばれたドイツ，ロシア，オーストリア間で1873年10月に完成した三帝協約である。

1875年にボスニア＝ヘルツェゴヴィナでギリシャ正教徒が反乱を起こし，それはブルガリアにも飛び火した。トルコは軍隊によってこれを弾圧したので，ロシアはパン＝スラヴ主義＝ギリシャ正教徒保護を目的としてトルコと開戦した（露土戦争）。78年に調印されたサンステファノ講和条約が，スラヴ系に厚く，ブルガリアの強国化を誘うものだというイギリス（とくにディズレーリ）とオーストリアの不満を容れて，ビスマルクは「調停者」としての公平な立場からベルリン会議を招集した。ロシアの主張するセルビア，モンテネグロ，ルーマニアの独立は認められ，ブルガリアは領土拡大の範囲を減らし，オーストリアもボスニア＝ヘルツェゴヴィナ両州の管理権を獲得した。イギリスはキプロスを獲得して地中海覇権を確実にし，ロシアの南下政策は再び挫折した。これに反発したロシアは三帝協約から離脱したので，ビスマルクはロシアの離反を補うため，79年

表1-3 植民地

	1876年		1900年	
	面積 (単位100万 km²)	人口 (単位100万人)	面積	人口
イギリス	21.17	251.6[1]	31.41	367.3
フランス	0.9	5.8	10.98	50.1
オランダ	2.04	24.5	2.04	37.8
ベルギー	—	—	2.3	19
ドイツ	—	—	2.6	11.9
スペイン	0.4	8.3	0.2	0.6[2]
ポルトガル	1.82	6.7	2.09	7.6
イタリア	—	—	0.5	0.7

[注] 1) インドがこの人口の大半を占める。
　　 2) フィリピンとキューバを失った。
[出典] ジロー，1998, 237頁。

10月にオーストリアと2国同盟を締結し，81年には再びロシアを加え，独・墺・露に備えて三帝協約（中立条約）を復活させた。

1882年5月には，チュニジア問題でフランスと対立するイタリアを加えて，独墺伊による三国同盟（防御同盟）が成立した。バルカンをめぐるオーストリアとの対立からロシアが三帝協約を解消すると，ドイツは87年，第三国との交戦の際の中立を約した独露再保障条約を成立させた。同年，イギリスとは地中海協定（オーストリアも含む）を締結し，スペインとは独墺伊三国同盟との地中海協定を結んだ。

ヨーロッパ帝国主義　19世紀末は，いわゆる帝国主義時代と呼ばれる。とくに，1873年にヨーロッパが恐慌を初めて経験して以来，列強の植民地争奪戦は熾烈をきわめた。周知のように，その背景には第2次産業革命があった。18世紀後半か

ら19世紀初めにかけて機械化されたのは,繊維産業を中心としたものであった。それに対して19世紀後半に急速に成長したのは,蒸気機関以外の内燃機関の発達,すなわち動力革命であった。蒸気タービンの完成は船舶の高速化を可能にし,石炭ガス,エンジンの発明は石油を燃料とするエンジン(ディーゼル・エンジン)の発明を可能にした。ダイムラー(独)は自動車を発明し,フォードはその大量生産を始め,1910年代には,アメリカの自動車生産は全世界の自動車生産高の4分の3を占めるにいたった。大型操縦可能飛行船「ツェッペリン号」は空の時代の先鞭となり,1903年にはライト兄弟がガソリン・エンジン滑空機の飛行に成功した。エジソンの白熱灯やジーメンスの画期的発電機,世紀末「鉄の時代」を象徴した鋼鉄や特殊反射炉,モールスの電信機,ベルの電話,マルコーニ(伊)の無線電信の発明などがあった。

こうした科学技術の優位は,ヨーロッパの海外膨張を有利に進めた。列強の海外発展は帝国主義と呼ばれ,実際には植民地拡大を意味した。帝国主義には,大きく分けて英仏のような先進的資本主義国と,露普墺のような資本主義の発展が遅れた諸国の2つのタイプがある。またこれを海洋派と大陸派と呼ぶこともできる。最も典型的な帝国主義と見られるイギリスの場合,1870年代に自由貿易から帝国主義へと段階的に発展したという従来の説に対して,50-60年代にすでに非ヨーロッパ地域に政治経済的に膨張していた点をとらえて2つの段階を区別しない「自由貿易帝国主義」という見方や,その担い手が必ずしも産業資本ではなく,地主階級や商人・金融資本であることから「ジェントルマン資本主義」とする見方もある。フランスの場合には産業基盤が弱く,明らかに海外投資が中心だったので,「高利貸的金融帝国主義」などとも呼ばれた。

表1-4 英独貿易競争

	1890	1900		1913		ヨーロッパの占有率	
	A	A	B	A	B	A	C
イギリスの輸出	8.19	8.92	＋8%	15.97	＋79%	6.54	(41%)
ドイツの輸出	4.05	5.78	＋42%	12.30	＋112%	9.22	(75%)

［注］ 1) Aは，10億金フラン。
　　　 2) Bは，前の数字に対する増加比。
　　　 3) Cは，総輸出に対する割合。
［出典］ ジロー，1998，359頁。

世界強国への道

　第一次大戦原因論争は，第二次大戦原因論争に比べると論点が特定しにくい。ヒトラーのような明白な「犯人」がいないからである。第一次大戦勃発についての責任論争でまずあげられたのが，ウィルヘルム2世（カイザー）の責任であった。第一次大戦終結後のヴェルサイユ条約231条は責任条項において，「ドイツ国およびその同盟国に責任あり」とし，「ウィルヘルム2世の国際道徳ならびに条約の神聖に対する重大なる違反」を非難した。しかし，1920年代中ごろになると，戦争責任を国際関係の構造自体に内在する欠陥に求めようとする考え方が出てきた。ヨーロッパを2つの陣営に分裂させた同盟体制と，秘密条約の提携による「旧外交」こそが戦争勃発の元凶である，という批判が浴びせられるようになったのである。

　これは，帝政ロシアの外交に大戦勃発の責任を負わせるために，ソヴィエト政府が外交文書の公開を行った結果であったが，ドイツ責任論の相対化につながった。また，外交文書公開は外交史研究の隆盛に寄与し，外交史研究の自立性と活性化を導いた。諸説の中で大きな論議を巻き起こしたのが，ドイツの指導者たちが併合目的を

表1-5 1913年の仏独金融競争

(単位:10億金フラン)

	総計	ヨーロッパ	内ロシア	中欧・東欧*	オスマン帝国	北アメリカ	南アメリカ
フランスの投資	43	25.2	12.3	6	2.6	2.0	4.9
ドイツの投資	29	15.6	4.1	7.2	0.85	4.6	4.8

[注] * オーストリア=ハンガリー,バルカン諸国,イタリア。
[出典] ジロー,1998,359頁。

持って計画的かつ慎重に行動したとして,戦争目的の一貫性を指摘したフィッシャーの研究『世界強国への道』であった。

ビスマルクを排除して親政を開始したウィルヘルム2世は,対露外交を読み誤り,ロシアとの同盟関係を断ってしまった。ドイツ皇帝とビスマルクの関係が悪化していたことや,ビスマルクの後継者たちが見識を欠いていたためであった。ロシアの脅威をつなぎ止めるための苦肉の策であった独露再保障条約の更新を説いたビスマルクに対して,彼の後継者カプリヴィ宰相や,「偉大な影武者」と呼ばれて外交を操ったホルシュタイン外務省参事官は,英墺に配慮する立場から,結局この条約の更新を断念した。

その機会に乗じてフランスは1892年にロシアと同盟関係(露仏同盟)を締結し,ビスマルクがドイツ帝国の安全保障のために築き上げた同盟網の一角を崩した。これに対して94年10月,カプリヴィのあとを襲って帝国宰相に就任した73歳の老政治家ホーエンローエには,ビスマルクほどの外交見識はなかったが,それでもウィルヘルム2世はロシアをつなぎ止めるために,その極東進出を奨励した。95年4月にロシアが対日干渉を提議したとき,ドイツはこれに積極的に応じた。いわゆる三国干渉である。ウィルヘルム2世は,

Column ② 帝国主義の諸議論

　有名なレーニンやヒルファーディングの帝国主義の解釈では，世紀末以来の傾向を資本主義の発展の結果としてとらえた。発達した資本主義は国内市場の独占を招き，その資本は海外に投資先を求めて進出する。国内の独占資本は同時に政治権力をも掌握しており，政治・経済の利益が一致した形での海外進出は，後進社会に対して軍事的・政治的従属を強制し，排他的な植民地獲得競争を展開した。レーニンの言葉によると，帝国主義は「資本主義の最高段階」である。ホブソンは帝国主義を産業の健全な発展ではなく，過剰貯蓄による資本の流出であり，また国内社会での所得分配の不平等に由来するものとして批判した。帝国主義は大金融業者とその周辺の利益集団だけを太らせ，結局は軍国主義と政治

「ヨーロッパよ。汝の神聖な領域を護れ」と黄禍論をぶち上げた。

　ドイツの帝国主義，植民地政策は，ベルリン，ビザンティウム（コンスタンティノープル），バグダードをつなぐ3B政策として知られる。当時，中東は，英仏露列強の利害関係が錯綜する地域であった。1880年代終盤にドイツはアナトリア鉄道建設にかかったが，ビスマルクは列強との摩擦をできるだけ避けようとしてきた。しかし，ウィルヘルム2世は98年10月にトルコを訪問し，「全世界3億のイスラム教徒の友」と高らかに謳い，英仏露列強を刺激した。翌年に設立されたドイツ銀行財団は，1903年にトルコ政府と協約を提携してバグダード鉄道会社を発足させた。これは，3C（カイロ，ケープタウン，カルカッタ）政策をとるイギリスや，南下政策をとるロシアとの摩擦を深める結果となった。

ドイツの列強関係調整の失敗

　1895年末のジェイムソン侵入事件，96年1月のクリューガー電報事件によって英独関係は悪化したが，その直後にウィルヘルム

的・市民的道徳の破壊に結びつくとしたのである（ボブソン，1977）。

著名な社会学者シュンペーターによると，帝国主義とは，「国家の無目的な拡張傾向」にすぎず，資本主義とは無関係である。レーニンなどの定義とはまったく異なり，彼は資本主義の近代性や文明性を肯定的にとらえ，帝国主義を否定的なものと判断した。経済的帝国主義を主張したレナード・ウルフは帝国主義の原動力を「人の信念と欲求」とし，①道徳的動機（後進地域への福祉実現という白人の責務），②感情的動機（ヨーロッパの偉大さ・栄光・威信），③軍事的・戦略的動機，④市場・原料・利潤を求めた経済上の信念に求めた（川田，1963）。

2世は，「ドイツ帝国は世界帝国に発展した」「ドイツの将来は海上にあり」と論じて海軍拡張政策を説いた。ティルピッツ海軍大臣は戦闘艦隊戦略を明らかにし，ビューロー外相とともに積極的にウィルヘルム2世の海軍政策を支持した。ドイツは，大陸強国からイギリスに比肩する海軍力をもつ世界強国への道をめざし，98年以後3回に及ぶ艦隊法（1900年の第2次艦隊法は，戦艦38隻を常備する拡張計画）をめざした（英独建艦競争）。

1898年春から断続的に英独同盟交渉が行われたが，ロシアに対抗した英米独三国同盟を望むイギリスと，ロシアとの友好関係を容認するドイツとの立場の相違は埋められなかった。結局，両国は同盟関係を結ぶにはいたらなかった。こうしてドイツとの同盟を断念したイギリスは1902年1月，日英同盟を締結した。さらにファショダ事件（1898年のアフリカでの英仏軍の衝突）などアフリカで対立したフランスとの関係を調整して，04年に英仏協商を締結し，イギリスは孤立政策を放棄していった。

一方，ドイツは1904年秋から日露戦争の最中のロシアと同盟交渉を行い，支援を提案したが，ロシアはこの提案を仏露離間策ではないかと懸念して拒否した。翌年7月にはウィルヘルム2世が単独でロシア皇帝ニコライ2世と会見し，独露間で防御同盟の密約を約したが（ビヨルケの密約），その後ロシア皇帝は，この密約がフランスを標的とする意味で露仏同盟に矛盾するとして破棄した。

　他方，日露戦争での敗北によって，アジアにおいてロシアはもはやイギリスの脅威ではなくなった。そして，ドイツがペルシアへの進出を積極化させたことから，英露両国はこれに対抗するため，1907年にペルシア，アフガニスタン，チベットに関する英露協商を締結した（三国協商が成立）。こうしてヨーロッパ国際関係は以後，三国協商と三国同盟との対立軸の中で展開し，「武装した平和」と呼ばれた一触即発の緊張がヨーロッパを支配した。

　イギリスと袂を分かち，ロシアとの関係打開の見通しを失ったドイツは，米清に接近し，独米清による三国協商を模索したが（1907-08年，10-11年），米国がイギリスとの関係調整を第一義としたため成功しなかった。他方で，独仏間では2回に及ぶモロッコ事件が勃発し，独仏はヨーロッパだけでなく，北アフリカ植民地をめぐっても熾烈な争いをするようになった。植民地争奪が周辺地域で解決せず，次第に中心地域での大国同士の直接対立の可能性を高めていたのである。

　1905年3月，ウィルヘルム2世はモロッコのタンジールに上陸した。ドイツの意向を無視して英仏がモロッコで行動することを非難し，モロッコ問題を国際会議で解決することを提案した（第1次モロッコ事件）。翌年1月のスペインでのアルヘシラス国際会議では，ドイツは孤立し，モロッコにおけるフランスの優越権が認められた。

その後，1911年2月末に突発した内乱鎮圧のためにフランス軍が出兵したのに対抗し，ドイツはアガディール港へ軍艦を派遣したが（第2次モロッコ事件），英仏協商を崩すことができず，結局，フランスのモロッコ保護国化を承認せざるをえなかった。

5 両大戦間期の国際関係

サライェヴォの銃声 5大国がさまざまな合従連衡(がっしょうれんこう)を形勢した会議外交が，19世紀のヨーロッパ国際関係であった。そして，19世紀後半の係争点は，ヨーロッパ諸大国にとって「周辺」をめぐるものであった。

周辺地域の中でも，バルカン地域における民族紛争は猖獗(しょうけつ)をきわめた。この地域におけるオスマン゠トルコ帝国内諸民族の独立運動は，ロシアに率いられたパン゠スラヴ主義として具体的に示され，ドイツ゠オーストリアのパン゠ゲルマン主義がこれと激しく対立した。1908年にトルコで「青年トルコ」の革命が起こると，オーストリアはベルリン会議で行政管理権だけを与えられていたボスニア゠ヘルツェゴヴィナ両州を併合した。しかし，両州には南スラヴ系民族が多く住んでおり，この併合はセルビアを大いに刺激して，オーストリアはセルビアとそれを支持するロシアから激しい反発を買うことになった。

他方で，トルコは1911年の伊土戦争で破れた結果，イタリアにトリポリ，キレナイカを譲り，さらに第1次バルカン戦争でバルカンの土地を譲った。この時，トルコはセルビア，モンテネグロ，ブルガリア，ギリシャによって形成された同盟諸国と対戦したが，その

後ブルガリアのマケドニア領有をめぐって新たな対立が生じ、この時にはトルコはセルビア、ギリシャ、ルーマニアと同調してブルガリアと戦った（第2次バルカン戦争）。その結果、ブルガリアの勢いは後退して、セルビアにパン＝スラヴ主義が台頭してきたため、トルコとブルガリアはドイツに接近していった。

　1914年、ボスニアの首都サライェヴォで民族解放主義運動「黒い手」のセルビア人青年が放った銃弾が、世界を未曾有の混乱に向かわせることになった。第一次大戦の勃発である。オーストリア＝ハンガリー二重帝国のフランツ・フェルディナント皇太子暗殺事件の責任を追及して、オーストリアはセルビアに対し最後通牒を通告した。それはドイツ帝国のベートマン＝ホルヴェーク、イギリス外相グレイをして驚愕せしめたほど強硬なものであった。セルビア側は、たび重なる譲歩の末にも「犯人の裁判にオーストリア判事が参加する」という条件をついに呑むことはできなかった。グレイによる英仏独伊4国の大使会議開催提案も出されたが、7月下旬、ついにオーストリアはセルビアに宣戦布告した。このときオーストリアは、ウィルヘルム2世の「白紙委任状（＝全面的支援）」を得たといわれる。こうして19世紀流の大国間会議による平和は、決定的な挫折を経験することになった。

第一次世界大戦の展開

　ドイツはロシアに宣戦布告し、西方に対しては中立国ベルギーを侵して、フランスに侵略した。イギリスは国際法違反を理由にドイツに対して参戦し、ロシアも東方領内からドイツに侵入した。日本も日英同盟を口実にドイツに対して宣戦した。トルコとブルガリアは独墺に与し、ルーマニアはロシアを支持した。三国同盟国イタリアは、躊躇のあげく戦後の失地回復を約束されて翌年5月に英仏側についた。

ドイツの戦略は，もともとシュリーフェン・プラン（1891-1906年ドイツ参謀総長）による二正面作戦にあった。それは，ドイツ軍が6週間以内に西部戦線（独仏国境）でフランスを撃滅させ，そのあとで東部戦線に展開してロシアと戦うというものであった。シュリーフェンは死ぬ間際に「右翼（ベルギー）を強大にせよ」と言い残したが，あとを襲ったモルトケはそれを怠った。ドイツ軍は，結果的に西部戦線で激しいフランスの反撃に遭い，9月にはマルヌの戦いで後退を強いられた。1916年2月には，ペタンが指揮するヴェルダン要塞をドイツ軍は落とすことができず，予想に反して戦争は長期化していった。東部戦線でも，同年8月のタンネンベルクの戦いでロシアを敗北させたが，決着はつかなかった。

　トルコの参戦によって戦火はバルカンにまでいたったが，海上では1916年6月に英独艦隊が北海で衝突し（ユトランド沖海戦），優勢なイギリス海軍はドイツの港を封鎖した。「イギリスは君たちを必要としている」というポスターの呼び文句で召集された青年たちは，枯葉の舞うころには帰国の心づもりだった。しかし，塹壕の泥にまみれた戦いは4年も続いたのである。

　この戦争は，戦火の及んだ範囲からいって文字通り世界戦争であったが，持久戦になるにつれて総力戦の様相を呈した。戦場だけでなく，軍需生産のためにも大規模の動員が各国で行われ，国民の消費生活も圧迫された。飛行機・飛行船・戦車・毒ガスなどの新しい兵器の導入によって，「銃後」のない悲惨な戦争となったのである。

　激しさを増す戦争は，ついにドイツの無謀な無制限潜水艦攻撃作戦（1917年2月）にまでエスカレートし，ウィルソン米大統領は1917年4月に民主主義擁護を掲げてドイツに宣戦した。翌年1月には，秘密外交の廃止，海洋の自由，経済障壁の撤廃，軍縮，植民地

住民の利益尊重などを含むウィルソンの14カ条が発表された。アメリカの参戦によって大量の物資と200万人の米兵がヨーロッパに派兵されたので、連合軍側は戦局を一気に有利に展開させることになった。

他方、1917年3月と11月にロシアで勃発した革命によって、ロマノフ王朝は300年の歴史に幕を閉じた。新たに生まれたソヴィエト政府は、無併合・無賠償による講和を提案したが失敗し、18年3月にブレスト・リトフスク講和条約をドイツと締結して戦線から離脱した。9月にはブルガリア、翌月にはトルコが降伏し、11月にはオーストリアで革命が起こって、ついにハプスブルク家も崩壊した。

ドイツ国内でも、長期化した戦争に対する不満が高まる中で1918年11月、キール軍港の水兵の反乱がきっかけとなってドイツ革命が勃発した。ドイツ皇帝ウィルヘルム2世はオランダに亡命し、ドイツは連合国に降伏した。11月11日、パリから100 kmほど北にあるコンピエーヌの町の外れ、ルトンドの森の客車の中で、ドイツ代表のエルツベルガーは休戦を受諾した。

ヴェルサイユ体制の成立

両大戦間期は、それぞれヴェルサイユ体制成立期、相対的安定期、世界経済危機期、ファシズム期の4つの時期に分けられる。それはまた、伝統的なヨーロッパ国家体系による大国中心主義を底流にしつつも、集団安全保障体制と軍縮、米国の経済覇権とグローバル化、イデオロギー対立、ファシズムをも含む広義のナショナリズムの台頭という、新しく20世紀の国際関係を貫いていった潮流の登場を物語っていた。

1919年1月にパリで講和会議が開催され、連合国側27カ国が代表を派遣した。米英仏伊日5大国は最高会議を組織しすべての会合に

図 1-2 第一次世界大戦後のヨーロッパ

凡例:
― 戦後の境界線
▨ ドイツ帝国（1914年）
▨ オーストリア゠ハンガリー（1914年）
▨ ロシア帝国（1914年）

[出典] Denis Richards, *An Illustrated History of Modern Europe 1789–1984*, 7th edition, Longman, 1993.

出席したが,他の22カ国は自国に関係ある会議にのみ出席した。重要な決定は最高会議が決定し,この会議はウィルソンの14カ条を講和の原則とした。6月28日,サライェヴォ事件記念日にヴェルサイユ宮殿の鏡の間で440条の膨大な講和条約が調印された。ドイツ代表は講和会議そのものには招かれず,草案内容に対する疑義は認められなかった。9月にサンジェルマン条約(オーストリア),11月にヌイイー条約(ブルガリア),20年6月にトリアノン条約(ハンガリー),8月にセーブル条約(トルコ)がそれぞれ結ばれた。

講和会議には,両大戦間期のヨーロッパ国際体系の特徴が明確に見て取れる。第1に,最高会議は大国主義外交を意味した。5カ国の首相と外相による10人会議は,フランス外務省の建物で60数回も開催された。しかも,この5大国の中には確執があった。英米代表に向かってクレマンソー仏代表はドイツに対する厳しい主張を行い,オルランド伊首相は「回復されざるイタリア」の返還,とくにフィウメ問題の処理を不満としていったん帰国する,という有様だった。国境の最終確定は,講和会議最後の総会になってようやく各国に知らされた。かつてウィーン体制において見られた特徴は踏襲されたのである。

第2に,会議は敗戦諸国の犠牲の上に立った戦勝国の利害交渉の場でもあった。ドイツはこの条約を,協議によらない「命令されたもの」と受け止め,条約に対する不満(反ヴェルサイユ体制)はのちに禍根を残すこととなった。

第3に,会議にはロシアの代表が招請されなかった。冷戦史家の中には,1918年5月のチャリヤビンスク事件を口実に連合軍が革命への干渉戦争を行ったことや,この時の連合国のソ連に対する姿勢をとらえて,これを冷戦の起源ととらえる者もいる。イデオロギー

対立の萌芽であった。

　第4は,安全保障体制の構築であった。フランスは普仏戦争以来のドイツとの関係を懸念して,国際機関による軍縮よりも,戦後の近隣地域での安全保障体制の確立を強く望んだ。ライン川自然国境論を唱えてドイツとの国境を厳しく確定し,ライン川左岸ではドイツ軍事施設,駐兵,軍事演習を禁止した。

イデオロギー国家の誕生

　ロシア革命と社会主義国家の誕生に対して列強は干渉戦争を行ったが,社会主義対資本主義のイデオロギー対立は,20世紀国際関係の軸となった。

　ロシア革命は,当時ヨーロッパ最大の社会主義政党(社会民主党)を擁するドイツにおいて,次の革命を引き起こすことが予測された。しかし,1919年1月のスパルタクス団(ドイツ共産党)の武装蜂起は社会民主党政府によって武力鎮圧され,女性革命家ローザ・ルクセンブルクは官憲の手で惨殺された。4月にミュンヘンで成立した労兵協議会共和国も失敗した。ハンガリーにおけるベラ・クンの率いる共産主革命政権は短命に終わり,失業者・国家財政の破綻など戦後の混乱にあえぐイタリアでは,労働運動と共産主義運動の興隆の中で,元社会主義者ムッソリーニによるファシスト党が創設された。ムッソリーニは22年には政権奪取に成功し,やがて反動的な1党独裁体制を成立させた。

　1919年3月に国際共産主義運動は,ソ連の主導の下に第三インターナショナル(コミンテルン)を設立した。他方,社会民主主義政党は第二インターナショナルを復活させ,ヨーロッパの社会主義運動は大きく2つに分裂した。コミンテルンは20年代に社会民主主義勢力をファシズムと同一視する社会ファシズム論を展開し,社会

主義運動の分裂は結果的にファシズムの台頭を助長した。こうした革命の挫折を経験した国際共産主義運動は、35年8月のコミンテルン第7回大会において人民戦線方式を採択し、反ファシズム勢力を結集していった。36年に成立したスペインとフランスの人民戦線は、その成果であった。しかし、スペインにおいては、ナショナリストのフランコが人民戦線共和派政府に対して反乱を開始し、内戦が勃発した。

理想主義と現実主義の妥協——相対的安定期

ヴェルサイユ条約の第1編は、集団安全保障体制の試みとしての国際連盟規約であった。それは、ウィルソンの理想主義を反映していた。1918年12月のロンドンでの演説で、彼は勢力均衡を「嫉妬深い相互の監視と利害対立」と痛烈に批判していたからであった。しかし、提案国のアメリカは連盟加盟のための批准を上院で得られず、社会主義革命によって成立したソ連には加盟が認められなかった。しかも、連盟の制裁措置は経済的制裁手段にとどまったので、その集団安全保障の実効性は不十分であった。

軍縮に関しては、米大統領ハーディングの提案によって開催された有名なワシントン会議（1921-22年）があった。この会議における海軍軍縮条約は、米・英・日・仏・伊の主力艦の保有トン数の比率を、5・5・3・1.67・1.67に制限した。この会議では、また中国に関する九カ国条約、太平洋に関する四カ国条約が締結された。アジアにおけるこの列強の国際的協調政策はワシントン体制とも呼ばれ、大西洋・欧州のヴェルサイユ体制と補完的関係をもっていた。一方、27年6月に開催されたジュネーブ海軍軍縮会議は、仏・伊の不参加と日・米・英の対立のために失敗した。他方、30年1月にロンドンで行われた補助艦保有量制限のための会議（ロンドン軍縮会議）は、

仏・伊が調印を拒否したために、米・英・日の3国間で10・10・6.975の比率で制限することが決定された。

大国間でのこうした軍縮交渉が合意に達したのに対して、地球規模の全般的軍縮問題は容易に進展しなかった。1920年の第1回国際連盟総会で設置された軍縮問題に関する臨時混成委員会は、24年まで存続したが、具体的な成果を上げることはできなかった。その後、軍縮会議準備委員会が26年から30年まで存続したが、軍縮協定案最終議定書を成立させるのがやっとであった。戦争の違法化の試みとしては、28年8月にパリで不戦条約（ケロッグ＝ブリアン条約）が、15カ国の間で調印された。

一方、フランスなどは軍縮よりも国際安全保障体制の構築を優先した。フランスは大戦終了後、まず英米それぞれとの2カ国間の相互援助条約に調印した。しかし、英仏条約は米仏条約の批准によってはじめて発効するという条件であったから、米国上院がこの条約の批准を拒否したことによって両条約の発効は共に不可能となった。

さらに、国際連盟における一般的安全保障体制の構想（相互援助条約を提案したセシル案や、仲裁裁判・安全保障・軍縮を提唱したジュネーブ議定書など）が挫折した結果、特定地域に関する集団安全保障体制の構想を意図したものが、1925年10月のロカルノ条約であった。その中核となるラインラントの現状維持に関する相互保障条約（ライン条約）では、仏・独・ベルギー国境の維持・不可侵、ラインラントの軍備禁止、先の3国間の相互不可侵・不戦、紛争の平和的処理などが規定されていた。ドイツと5カ国との仲裁裁判条約、フランスとポーランド、チェコとの相互援助条約がこれに含まれた。

フランスは、それに先だって1921年に、東欧の前線基地としてソ連に脅威を抱くポーランドと同盟友好条約を締結し、24年にはチェ

コスロヴァキアと同盟条約を結んだ。またフランスは，20年と21年にハンガリーの権威体制に対抗してチェコスロヴァキア，ユーゴスラヴィア，ルーマニアの間で成立した相互援助条約網＝「小協商」と接近しており，安全保障面でのヨーロッパの相対的安定が構築された。

西欧の没落とヨーロッパ統合

第一次大戦で西欧が戦場となって荒廃した経験は，ヨーロッパ人にとって大きな衝撃であった。誇り高き西欧文明の誇りは暴力の前に無惨にも打ち砕かれ，そしてヨーロッパに昔日の面影はなかった。1918年にドイツの歴史哲学者シュペングラーが出版し，ベストセラーとなった『西欧の没落』は，そうした終戦直後のヨーロッパ人の自信喪失を的確に示していた。実際，経済的にはアメリカが戦後のヨーロッパに対し債権国として大きな影響力をもち，他方アジアでは新興国日本が猛追していた。

そうしたヨーロッパの凋落からの復興の最良の手段として提唱されたのが，ヨーロッパ統合であった。現代の欧州連合（EU）樹立の直接的なモデルとなったのは，1920年代のパン＝ヨーロッパ運動であった。これは，ヨーロッパを舞台とする未曾有の惨劇となった第一次世界大戦に対する深い反省から，クーデンホフ＝カレルギー卿が提唱した平和運動であったが，そこには平和維持の達成とともに，共同市場の結成を通した繁栄というねらいがあった。

この運動を積極的に支持したフランスのブリアン首相は，1929年に国際連盟総会の席上で欧州連合構想を提案した。そこでは，主要な決定機関として「欧州議会」，執行機関として欧州委員会や事務局の設置が提案されていた。この機構は原則的に政治連合を優先し，各国の独立と主権を尊重した国家連合であることや，欧州経済機構

は共同市場を理想とし，物・資本・個人の移動の自由化と手続きの簡素化を進めることなどが含まれた。

このブリアンの構想は具体的な平和機構の構想として高く評価されるが，各国はこれに対して必ずしも好意的であったとはいえなかった。結果的には，具体化に向けた進展を見ないままに，ブリアンの死によってこの構想も立ち消えとなったのであった。この構想には，米国の覇権に対抗してフランス経済およびヨーロッパ経済全体を守る，という意図が内包されていた。パン=ヨーロッパは，そのような意味をあわせもっており，この発想は，「欧州統合の父」と呼ばれるモネの戦後の欧州統合発想に受け継がれていった。

ドイツ賠償問題と相対的安定期の崩壊

「カルタゴ的講和（古代ローマ植民地の屈伏）」と称せられたヴェルサイユ条約のドイツに対する制裁的な性格が，両大戦間期のヨーロッパ国際関係の方向性を決めた。ドイツ陸軍兵力は10万人に制限され，参謀本部・義務兵役制度が廃止され，潜水艦・空軍も禁止された。こうした措置は，のちに軍備平等権要求という口実をドイツに与えた。1922年のジェノア国際経済会議の最中に独ソ会談が開かれ，相互の賠償放棄，外交関係の復活，相互経済協力を約したラッパロ条約が締結された。それは，パリ講和会議＝ヴェルサイユ体制から排除された両国の国際的孤立を補う，という意図から来ていた。

ドイツにとってもう1つの屈辱と打撃は，多額の賠償であった。1921年に決定された総額1320億金マルクという賠償額は，敗戦の疲弊から立ち直っていない当時のドイツにとって，支払い不可能な数字であった。ドイツが第1次支払いののちに支払い延期を求めたのを機会に，これを不当としたフランスはベルギーと共に，ドイツの

工業中心地であるルール地方を「生産担保」として占領した。しかし，ゼネストやサボタージュによるドイツ側の「消極的抵抗」のせいで，占領はその目的を果たすことができず，他方ドイツも深刻な痛手をこうむった。

事態の改善のため，アメリカ人ドーズの報告書に基づく賠償支払い計画がロンドン会議で調印され，当面の5年間の年次支払い額と財源が定められた（ドーズ案）。それは，戦後債務国から債権国になったアメリカの経済力を背景とするヨーロッパ経済の復興計画であった。アメリカから大量の資本がドイツに流入し，ドイツはそれをもとに復興と連合国に対する賠償を行い，連合国はアメリカに戦債を返済する，という金融上の円環が成立した。それは，安全保障面でのロカルノ条約と共に，ヨーロッパの「相対的安定期」を経済面で支えた。

しかし，脆弱な体質のドイツ経済回復の展望は開けず，ドーズ案が暫定的な取り決めであったことから，1929年2月にヤングを委員長とする賠償委員会は，大幅に軽減された賠償総額を決定した。そうした中で，同年10月のニューヨーク・ウォール街の株式相場の大暴落に端を発した世界恐慌は，ドイツ経済の破綻とナチズムの台頭，国際経済のブロック化への道を大きく開いた。

1929年から32年までの間に，世界の工業生産は半減し，世界の失業者は5000万人を超えた。外国資本に大きく依存していたドイツは，外国債権の引き揚げ，金の国外流出によって巨額の財政赤字を抱える結果となり，支払いの続行は不可能であった。31年にはフーヴァー・モラトリアムによる1年間の賠償猶予の声明が出され，翌年のローザンヌでの賠償会議は，ドイツの支払い額をヤング案の約12分の1にあたる30億マルクに減額した。こうして，事実上ドイツの

賠償問題は終焉した。

　他方，イギリス（1931年）とアメリカ（32年）が金本位制を離脱し，管理通貨制度に移行して，それぞれスターリング（ポンド）とドルの通貨ブロックを形成した。さらに，イギリス帝国の帝国特恵関税などの排他的貿易措置を定めた1932年のオタワ会議に見られる貿易ブロックの形成は，フランスと中・東欧小協商，アメリカと北・南米諸国，ドイツと中欧諸国の間にも広まっていった。33年の恐慌対策を討議するための国際連盟主催のロンドン世界経済会議は，結局，列強の利害対立を克服できず失敗に終わった。

パワー・ポリティクスへの回帰

　世界恐慌の影響が深刻化する中で，植民地後進国＝「もたざる国」であるドイツ，イタリア，日本などは，その解決策を対外侵略に求めていった。

　ドイツで1933年1月にヒトラーが政権に就き，対外的膨張主義の脅威が増幅したことによって国際構造は大きく変容した。フランスでは，前年に締結されていた仏ソ不可侵条約が議会で可決された。ソ連の西欧諸国への接近は，ドイツと満州事変以後の日本の侵略に対する脅威からきており，いわゆる「リトヴィノフ（ソ連外相）外交」として知られる，ヨーロッパの現状維持と集団安全保障の提唱の形で現れた。他方，フランスのバルトゥー外相は，ソ連の支援を得て，東欧諸国との相互援助条約によってドイツを封じ込める「東方ロカルノ」の実現に努め，ソ連外交の転換は「資本家の連合」である国際連盟への加盟を実現させた。

　1935年3月にドイツが再軍備を宣言すると，英仏伊はストレーザ（伊）で首脳会議を開催して，ドイツのヴェルサイユ条約破棄への抗議，ロカルノ条約遵守，オーストリア独立保全などを約束した。

また同年5月には仏ソ相互援助条約，ソ連=チェコ相互援助条約が調印され，対独包囲網が形成された。しかし，イギリスは対独宥和姿勢を示して，翌月イギリスの35％にあたるドイツ海軍力の保有を認めた英独海軍協定が成立し，ヴェルサイユ条約によるドイツ軍備制限は破棄された。

ムッソリーニは，ローマ帝国にちなんで地中海を「われらが海」と領土的野心を表現していたが，1935年，国境付近の小競り合いをきっかけにエチオピアを侵略した。国際連盟は，規約第16条による経済制裁措置を発動した。しかし，禁輸品のリストから石油は除外され，イタリア海軍のスエズ運河通過が容認されていたため，制裁の効果は薄かった。イタリアのエチオピア侵略を事実上容認した英仏の姿勢は，同年1月の仏伊ローマ協定や，12月のホーア（英外相）=ラヴァル（仏首相）協定に明らかであった。

英仏での親伊派の辞任やエチオピア侵略による国際的孤立から，イタリアはドイツに接近し，1936年10月には，ヨーロッパ問題での両国の協力を約束したローマ=ベルリン枢軸が成立した。同年11月に日独防共協定が締結され，翌年にはイタリアも加わって三国防共協定が締結された。33年の日本とドイツに引き続いて，37年12月にはイタリアも国際連盟から脱退した。3国の接近は，その後ヒトラーの侵略開始に備えた，39年5月の独伊友好同盟（鋼鉄条約）の締結，40年9月の日独伊三国同盟へと発展していった。

1936年3月，フランスの仏ソ相互援助条約批准を口実に，ドイツはロカルノ条約無効を主張してラインラント非武装地帯の軍事占領を行った。ヴェルサイユ体制の崩壊は明らかであった。38年3月にオーストリアを併合したのち，ドイツは300万人のドイツ系住民が住んでいるチェコの工業地帯ズデーテン地方を要求した。いずれも

ドイツ民族統一という,パン=ゲルマン主義による正統化の論理によるものであった。

大国の協調による「ヨーロッパの平和」

西欧諸大国中心の国際認識は,ヒトラーの膨張主義によって大きな意味をもった。英仏の指導者は,ヒトラーを交渉取引可能の尋常な人物として扱い,その異常性についての深い配慮に欠けた。ナチス・ドイツの対外政策は歴史の「連続性」の中においてとらえられ,その意味で,大国中心の「ヨーロッパ協調」が可能と考えられたのである。

1938年9月末,ミュンヘンにおいて,チェンバレン(英),ダラディエ(仏),ヒトラー(独),ムッソリーニ(伊)という4国首脳による会議が開かれ,ズデーテン地方のドイツ併合が決まった。英仏の宥和政策として現代史上悪名高い「ミュンヘン会談」である。

しかし,この会談は単なる対独宥和政策ではない。形式的にもまた内容の面においても,1933年にヒトラー政権が誕生した直後の4国間の協定と酷似していた。この協定は,多額の賠償金や軍備制限など苛酷な負担をドイツなどに課したヴェルサイユ条約の平和的修正と,ドイツの軍備平等権を約束していた。すでに,ナチス政権誕生の前年12月の国際連盟軍縮委員会において,アメリカと英仏伊は,軍備平等権(実際にはワイマール体制下で再軍備は開始されていた)を望むドイツの希望を承認していた。

フランスは,1933年当時この協定が集団安全保障体制の崩壊とヨーロッパの大国主義の台頭に結びつくことを懸念した。国際連盟と,自らの東欧諸国との同盟体制の維持を案じたからである。仏外務省は,新たな「神聖同盟」(大国の支配)という疑念までもっていた。

1938年の3月以来，ズデーテン問題をめぐり3度にわたって英仏会談が開催され，9月下旬だけでチェンバレンは2回もドイツを訪問した。ヒトラーはそのつど要求を釣り上げ，英仏もついに動員令を発した。事態はチェンバレンがムッソリーニに個人的な調停を求めたところから急展開し，ヒトラーは動員を1日延期して，同月29日にミュンヘン会談が招集された。ヒトラーは「最後の野心」であるズデーテン地方の併合に成功した。しかし，この会議には当事国のチェコスロヴァキア代表は招かれなかった。

　「小国」の犠牲の下に築かれたその場しのぎの平和であったが，英国民に歓呼の声をもって迎えられたチェンバレンは，帰国後「われらの時代の平和」と謳歌し，勝利に酔った。掲げられた首相の手には，平和のための協力を約した英独声明があった。

　実は，ミュンヘン会談に見られた西欧「4大国の協調」を枠組みとするヨーロッパの平和は，西欧指導者にとって決して不思議なことではなかった。当時のフランス外交文書の中では，この列国会議による調停は，「中心」＝西欧の「4大国によるヨーロッパの安定」が「周辺」の命運を決する1つのシステムと，みなされていたのであった。

第二次世界大戦の勃発と展開

　一時的に平和が訪れたかに見えたヨーロッパであったが，翌1939年3月，ドイツはプラハに入城し，チェコスロヴァキアを占領した。ヒトラーの野心はとどまることを知らなかった。にわかにポーランドに対する脅威が増幅する中で，イギリスはポーランドなど大陸諸国への保障を与え，フランスはポーランドへの軍事保障の交渉を始めた。4月にはルーマニア，ギリシャにも英仏は保障を与えた。

同じころ，スペインでも人民戦線の崩壊が明らかとなった。4月初めに民族主義者フランコは内戦の終結を宣言した。

　戦火のくすぶるこの夏，英仏は対ソ交渉に重い腰をようやく上げた。独ソが対決することによって，共産主義とファシズムが相打ち自滅するシナリオが英仏指導者の頭にあった，と言われる。したがって，英仏が対ソ交渉に乗り出したからといって，それがどこまで本気であったかは，疑問であった。実際，英仏代表は軍事協定を締結するだけの権限は与えられてなく，人物の適格性にも疑問があった。

　英仏ソ交渉が遅々として進まなかった1939年8月，ついに20日に独ソ経済協定，23日に独ソ不可侵条約が締結された。ヴェルサイユ会議の「憎まれっ子」の両国が結びついたのである。常識的な見地からは一見不可能な事件だが，東西二正面戦争を当面避けたい両国の利害が一致した条約締結であった。そしてこのヒトラーとスターリンの権謀術数を指揮したのは，リッベントロープ独外相と，リトヴィノフのあとを襲った現実主義者モロトフ・ソ連外相である。

　9月1日，ドイツ軍が対ポーランド電撃戦を開始した。ポーランド兵の制服を着たSS（親衛隊）の攻撃が，ドイツ軍侵入計画の合図であった。ポーランドの援助要請に応じて，同月3日，英仏は参戦し，第二次世界大戦の火蓋(ひぶた)が切られた。

　しかし，英仏は西部戦線においてドイツの兵力を上回る兵力を擁しながら，戦局を拱手傍観(こうしゅぼうかん)した。開戦後の約半年間，実際には大した戦闘がなかったこの時期を「奇妙な戦争」と呼ぶ。この間ソ連は，将来の対独戦に備えて防御戦を西方に拡大するため，カーゾン線（1917年にカーゾン英外相の提案したソ連＝ポーランド国境線）まで進軍した。さらにソ連は，エストニア，ラトヴィア，リトアニアと相互

5　両大戦間期の国際関係　　77

援助条約を結んで軍隊の駐留を認めさせた。11月に始まったソ連＝フィンランド戦争では（翌年3月休戦），ソ連は国境付近の領土を獲得し，ルーマニアのベッサラビアも獲得して，ソ連の国境線は第二次大戦開始後200-300 kmも西進した。

1940年5月には，ついにドイツがベルギーの中立を侵してベネルクス領内に進軍した。フランスが誇った要塞地帯＝マジノ線は迂回され，英仏軍はドイツの機甲師団に蹂躙された。6月にはドイツ軍はパリを占領し，ポール・レイノー内閣が辞職したのち，ペタン元帥が政府を樹立した。その直後，ド＝ゴールはいち早くロンドンに逃れ，BBC（ラジオ放送）を通じてフランス国民に激を飛ばした。その後ド＝ゴールは，「フランスは戦闘には負けたが，戦争に負けたわけではない」と力説して「対独レジスタンス（抵抗）」を指導した。同月22日には，第一次世界大戦の休戦条約が締結された，先のコンピエーニュで独仏休戦協定が調印された。フランス本土の3分の2がドイツ軍の占領下に入り，降伏したペタンはヴィシーに政権を移して対独協力政権を樹立した。この勢いを駆って，ドイツ空軍はイギリス本土へ空襲を行った。しかし，この「ブリテンの戦闘」で最終的にドイツは制空権を確保できず，9月にはヒトラーもその野望を放棄した。

他方，枢軸側では，立場を明らかにしていなかったイタリアがドイツの攻勢を見て，1940年6月に参戦した。9月には日独伊三国同盟が成立し，11月にはハンガリー，ルーマニア，スロヴァキア，翌年3月にはブルガリア，ユーゴスラヴィアも三国同盟に加わった。

1941年6月には，フィンランドやルーマニアの軍隊を合わせた150個師団のドイツの大軍が，黒海からフィンランドにかけての戦線で一斉にソ連に対する攻撃を始めた。ヒトラーは2カ月以内にソ

連軍を全滅させ，スターリン体制を一挙に葬り去るつもりであったが，その思惑は見事に外れた。10月からのモスクワ攻略戦は，冬将軍の到来とともに難渋をきたし，ソ連の反攻が開始された。この抵抗を，ソ連は「大祖国戦争」と命名した。

　他方，同年3月にはアメリカが武器貸与法を制定してイギリスへの援助を積極化したが，8月にはローズヴェルトとチャーチルは大西洋憲章を発表して，ナチズム打倒という戦争目的や対ソ援助を表明した。この年12月の日本軍の真珠湾攻撃による日米開戦，そして独伊のアメリカへの宣戦布告は，文字通り世界がファシズム枢軸諸国と民主主義諸国とに分かれて対立したことを意味した。1942年1月，米英ソなど26カ国は連合国共同宣言を行って単独不講和を約した。第一次大戦をしのぐ未曾有の総力戦となったこの大戦は，米英ソ3国首脳によって指導され，連合国戦争指導会議は9回開催された。その代表例は，カイロ会談，ヤルタ会談，ポツダム会談などであった。

● 引用文献 ●

石井修，2000『国際政治史としての二〇世紀』有信堂高文社。

ヴェーラー，ハンス・ウルリヒ／大野英二・肥前栄一訳，2000『ドイツ帝国　1871-1918年』未來社。

ウォーラーステイン，イマニュエル／川北稔訳，1981『近代世界システム——農業資本主義と「ヨーロッパ世界経済」の成立』Ⅰ・Ⅱ，岩波現代選書。

江口朴郎，1969『帝国主義の時代』岩波全書。

岡義武，1955『国際政治史』岩波全書。

カー，E. H.／衛藤瀋吉・斉藤孝訳，1968『両大戦間における国際関係

史』清水弘文堂書店。

カー, E.H./井上茂訳, 1996『危機の二十年 1919-1939』岩波文庫。

川田侃, 1963『帝国主義と権力政治』東京大学出版会。

キッシンジャー, ヘンリー・A./伊藤幸雄訳, 1979『回復された世界平和——メッテルニッヒ, カースルレイおよび平和の諸問題 1815-1822』原書房。

木畑洋一, 1987『支配の代償——英帝国の崩壊と「帝国意識」』東京大学出版会。

ケンプ, トム/時永淑訳, 1971『帝国主義論史』法政大学出版局。

高坂正堯, 1978『古典外交の成熟と崩壊』中央公論社。

斉藤孝, 1978『戦間期国際政治史』岩波全書。

シューマン, F.L./長井信一訳, 1973『国際政治』上・下, 東京大学出版会。

ジョル, ジェームズ/池田清訳, 1975・76『ヨーロッパ100年史』1・2, みすず書房。

ジョル, ジェームズ/池田清訳, 1997『第一次世界大戦の起原〔改訂新版〕』みすず書房。

ジロー, ルネ/渡邊啓貴・濱口學・柳田陽子・篠永宣孝訳, 1998『国際関係史 1871～1914年——ヨーロッパ外交, 民族と帝国主義』未來社。

テイラー, A.J.P./吉田輝夫訳, 1977『第二次世界大戦の起源』中央公論社。

テイラー, A.J.P./井口省吾訳, 1992『近代ドイツの辿った道——ルターからヒトラーまで』名古屋大学出版会。

西川吉光, 1995『ヘゲモニーの国際関係史——戦争・平和・覇権国家の興亡と21世紀の国家戦略』晃洋書房。

ハワード, マイケル/奥村房夫・奥村大作訳, 1981『ヨーロッパ史と戦争』学陽書房

ヒーター, デレック/田中俊郎監訳, 1994『統一ヨーロッパへの道——シャルルマーニュから EC 統合へ』岩波書店。

フィッシャー, フリッツ/村瀬興雄監訳, 1972・73『世界強国への道——ドイツの挑戦 1914-1918年』1・2, 岩波書店。

ホブソン, ジョン・A./石沢新二訳, 1977『帝国主義論〔改造文庫覆刻版〕』改造図書出版販売。

ポミアン, クシシトフ/松村剛訳, 1993『ヨーロッパとは何か――分裂と統合の1500年』平凡社。

ポラード, シドニー/鈴木良隆・春見濤子訳, 1990『ヨーロッパの選択』有斐閣選書。

モーゲンソー, ハンス・J./現代平和研究会訳, 1998『国際政治――権力と平和』福村出版。

モデルスキー, ジョージ/浦野起央・信夫隆司訳, 1991『世界システムの動態――世界政治の長期サイクル』晃洋書房。

モラン, エドガール/林勝一訳, 1998『ヨーロッパを考える』法政大学出版局。

Bridge, F. R and Roger Bullen, 1980, *The Great Powers and the European States System 1815-1914*, Longman.

Duroselle, Jean-Baptiste, 2001, *Histoire des Relations Internationales de 1919 à 1945*, Armand Colin.

Holsti, Kalevi J., 1991, *Peace and War : Armed Conflicts and Internationale Order 1648-1989*, Cambridge University Press.

McKay, Derek and H. M. Scott, 1983, *The Rise of the Great Powers 1648-1815*, Longman.

Renouvin, Pierre, 1957-58 (nouvelle édition 1984), *Histoire des Relations Internationales*, vol. I-III, Hachette.

Ross, Graham, 1983, *The Great Powers and the Decline of the European States System 1914-1945*, Longman.

Sheehan, Michael, 1996, *The Balance of Power*, Routledge.

Wight, Martin, 1995, *Power Politics*, Leicester University Press.

第2章 分断された平和

↑ヤルタで会談した3大国首脳　左からチャーチル英首相, ローズヴェルト米大統領, スターリン・ソ連首相（1945年2月。写真提供：AP/WWP）

第二次世界大戦を勝利に導いた連合国側の諸国では, 戦後秩序構想をめぐる確執が次第に明らかとなり, 戦後処理問題をめぐって対立を深めていく。ヨーロッパ大陸は戦後に「長い平和」を手に入れることになったが, それは「分断された平和」であり, 暗い安定と複雑な矛盾をはらんでいた。「冷戦」としての対立の中, 外交交渉を通じて「第三次世界大戦」を回避する努力が模索される。

1 戦後ヨーロッパの形成

チャーチルの夢と悪夢

　第二次世界大戦の勝敗の行方は，1944年半ばにはおおよそ決していた。6月6日には連合軍はノルマンディ上陸作戦を敢行し，パリ解放へ向けてナチス・ドイツ軍を押し戻していた。他方で，ソ連赤軍はヨーロッパ大陸を西へ向けて突進していた。連合国側における最大の争点は，もはやヒトラー打倒のための大同盟形成ではなく，戦争を早期に終結させて，どのように戦後秩序を構築するかという問題であった。

　1944年8月4日の朝，寝室にいたウィンストン・チャーチル英首相は，次のように側近のモラン卿に語りかけた。「ああ，なんてことだろうか。ロシア軍が怒濤のようにヨーロッパ中に膨張しつつあるのがわかるか。ポーランドを手に入れ，トルコやギリシャにまで進攻することを妨げるものは，もはや何もないのだ！」(Moran, 1966)。チャーチルの脳裏には，ドイツの力が小さくなったのちに拡大する，ソ連の脅威があった。チャーチルにとってそれは文明的な脅威であり，戦後世界平和を考える上での深刻な不安であった。チャーチルにとっての悪夢とは，ナチス・ドイツによるヨーロッパ大陸の支配が，スターリンのソ連によるそれに取って代わられることであった。

　しかしながら，チャーチルには世界平和への夢があった。それは，ヨーロッパ統合によって大陸の平和を確立することであった（細谷，2001a）。チャーチルは，戦前にブリアン仏外相の「ヨーロッパ連邦」構想に賛意を示した，数少ないイギリス人の1人であった。

1942年にチャーチルは,「ロシアの野蛮主義」から「ヨーロッパ文明」を守り,「ヨーロッパの栄光と再生」を実現するためにも,「ヨーロッパ審議会（Council of Europe）」としてヨーロッパ統合を進める必要を力説していた。

　戦時中に抱いていたチャーチルの夢と悪夢は，戦後間もない彼の2つの演説に帰結している。1つは，1946年3月のアメリカ・ミズーリ州フルトンでの演説であり，そこでチャーチルは,「鉄のカーテンが降り」てヨーロッパ大陸が東西に分断されている現状を警告した。もう1つは，同年9月のスイス・チューリヒ大学での演説であり，そこではフランスとドイツの和解に基づく「ヨーロッパ合衆国」の形成を提唱した（細谷，2001a）。この2つの演説はそれぞれ,「冷戦」と「ヨーロッパ統合」という，戦後のヨーロッパ大陸を規定する2つの原理を指し示していた。冷戦とヨーロッパ統合という新しい原理によって，戦後ヨーロッパの運命は翻弄されるのであった。

戦後構想の萌芽と国際協調の現実

　1944年から45年にかけて，ヨーロッパ戦線が終局に向かうのと並行して，戦後構想を実現させるための外交交渉が進められていた。これらの外交交渉の中で，戦後国際体制の組織化が議論され，戦後安全保障を普遍主義的な世界機構によって担保させる方向で合意が形成された（木畑，1997）。それはまた，連合国側の戦時中に見られた国際協調と，戦後に見られることになる対立の構図の，双方が同時に浮かび上がる瞬間でもあった。

　1944年8月，アメリカのワシントンDC近郊にあるダンバートン・オークス邸において，戦後平和を担うべき普遍的機構形成をめぐる英米ソ3国会談が開始された（のちに中国が参加）。このダン

Column ③ ヤルタ会談における協調と対立

　1945年2月のヤルタ首脳会談は、戦後構想をめぐる大国間の理念の違いを浮き彫りにした。1943年11月から12月にかけて開催されたテヘラン首脳会談に続いて、ローズヴェルト、チャーチル、スターリンの「3巨頭」が、クリミア半島の保養地で顔を合わせることになった。激しい討論の末、いくつかの重要な合意が見られた（レッシング、1971）。

　第1は「世界機構」設立をめぐる合意であり、これはアメリカの提唱した集団安全保障構想をソ連政府が正式に受け入れたことを意味する。第2は、「解放されたヨーロッパに関する宣言」である。これは1941年8月の「大西洋憲章」に記されてある民族自決の原則を反映した内容であり、ドイツ占領下にある中・東欧諸国が終戦後に「自らの選択で」政府を選ぶことを英米ソ3国が保障する、というアメリカ政府の提案であった。中・東欧諸国の政府形成に関するこの宣言の解釈をめぐって、終戦後に英米とソ連との間で厳しい対立が生じる。第3に重要な点は、ド

バートン・オークス会議において、安全保障理事会を中核とする集団安全保障体制を戦後世界に構築する方向での合意が得られた。そして戦後世界機構が集団安全保障を担うための合意には、1945年2月のヤルタ首脳会談でどうにかたどりつくことができた。

　1945年4月から6月までの困難なサンフランシスコ会議の結果、「国連憲章」についての具体的な協議が進み、参加諸国の批准を経て同年10月に正式に国際連合が発足する（紀平、1996）。この国連は、世界平和へ向けての普遍的な集団安全保障の理念や制度を実現すると同時に、安全保障理事会における5大国による大国間協調、集団的自衛権（国連憲章51条）、地域的機構との共存（同52条）などという、権力政治（パワー・ポリティクス）的で地域主義的な性質をも包含する、柔軟かつ現実的な機構として成立した。国連とは、終戦前後に大国間で見られた理想主義と現実主義の両者が、微妙に融合した国際機構でもあった。

イツ分割占領をめぐる合意である。終戦後にドイツを完全に武装解除した上で、連合国によって分割占領を行うことになる。ヤルタでは、イギリスの主張によって、フランスがドイツ占領の一翼を担う方向で議論が進んだ。ドイツ問題は、フランス人にとっては最も切実かつ重要な問題であった。

このヤルタ会談は、「3大国」間の協調と対立の両側面を鮮やかに示すことになった。戦争協力および戦後構想において一定の合意と協調に到達しながらも、世界地図における具体的国境線画定の問題や、中・東欧諸国における政権形態の問題などをめぐって、意見の衝突は避けられなかった。各国とも多大な犠牲を背負って戦争を遂行しており、安易な妥協を続けることは困難であった。ヤルタ会談は、戦後世界の分断と統合の両方の可能性を示す重要な会合であり、第二次世界大戦における大同盟の協調と対立の両側面を示すものでもあったのである。

戦後構想を考慮するにあたって、平和の問題と自由貿易の問題もまた結びつけて考えられるようになった。これは、1930年代の世界恐慌が、世界戦争につながる1つの要因となった経験から導かれた教訓でもあった。開放的で多角的な国際経済体制を構築するために、1944年7月にアメリカのニュー・ハンプシャー州ブレトンウッズに44カ国を集めて、戦後国際経済体制の枠組みについての議論が始まった。これは英米のイニシアティブによるものであり、とりわけドルが基軸通貨となって、アメリカが世界経済の中軸を担うことを意味していた（田所, 2001）。国際通貨基金（IMF）と国際復興開発銀行（IBRD, 通称世界銀行）の設立を決めるブレトンウッズ協定が締結され、戦後国際経済体制を支えるこの2つの組織は1945年12月に設立される（石見, 1996）。

他方で、戦後に国際貿易機構（ITO）の設立によって自由貿易の

促進を試みたアメリカ政府は，自国議会での反対を見て，「関税と貿易に関する一般協定（GATT）」を適用するにとどまった。アメリカの主導で戦後の国際経済体制が形作られていき，自由貿易の理念は制度的に構築された。しかしながら，それは「自由主義世界」の領域に大きく限定されることになる。自由主義経済とは異なる共産主義経済を掲げる勢力が，戦争終結から数年内に徐々に拡大していくのである。

3大国間で戦後構想が検討されている間に，ナチス・ドイツ軍の勢力はドイツ国境の内側にまで縮小し，首都ベルリン陥落によってアドルフ・ヒトラー率いる第三帝国は滅亡した。ヒトラーが自殺をはかる半月ほど前，もう1人の第二次世界大戦の主役であった政治指導者が死去した。フランクリン・ローズヴェルト米大統領である。彼の突然の死は，戦後構想にそれまでほとんど触れることのなかった副大統領ハリー・トルーマンに，戦後世界を指導する地位を託すことを意味した。新しいアメリカの大統領トルーマンを中心に，アメリカの対ソ政策は次第に強硬な姿勢を見せるようになる。

第二次世界大戦の終結

1945年5月8日，最終的にドイツが無条件降伏文書に調印し，ヨーロッパ戦線は平和を迎えた。翌日のヨーロッパ大陸は，戦争終結の歓喜にわき返っていた。しかしながら，いくつもの不安が政治指導者たちの脳裏をかすめていた。1つは，ポーランド政府代表参加問題をめぐって，大国間での対立が目に見えて深刻化したことである（Gaddis, 1972）。

1944年から1945年にかけて，ポーランド問題は連合国間で最も深い確執となり，冷戦の序章としての重要な意味合いを持っていた（広瀬, 1993）。1945年5月10日に，多数のポーランドの政治指導者が，政治的な理由からソ連政府によってモスクワに連行され，拘束

された。戦勝を祝う空気の中で、ソ連政府を非難する声明を出すことは困難であった。反対に、この日にスターリンからチャーチルの手元に届いた電報には、「戦時中にわれわれ両国間で育んだ友好関係を、戦後の時代にも、さらによりよいものへと発展できるものと確信している」と悠長に書かれていた。チャーチルの不安は、トルーマン大統領に宛てて書かれた書簡に示されている。そこには、ヨーロッパ大陸に「鉄のカーテンが降りた」と暗く書かれていた。対独終戦の明るさと、冷戦の始まりの暗さとが、奇妙に交錯する瞬間でもあった。

対独終戦以後、チャーチルは3大国による首脳会談を開催することによって、困難な諸問題を率直に語り合う必要を感じていた。というのも、「ロシアとの了解がきわめて重要になっている」この時期において、「これは個人的な会談によってのみ、可能であろう」からであった。チャーチルは、大国間協調という枠組みの中で戦後秩序形成を進める必要を確信していたのである。

この提案に対してトルーマンは、ソ連の脅威に対する不安をチャーチルに率直に伝えていた。不満が鬱積するトルーマンは、ソ連が「抑制の利かぬ領土の略奪を行い、ヒトラーや日本とあまりにも類似した戦略を用いている」ことを、もはや許すべきではないと言う。ソ連の脅威に対するこの言葉のトーンは、明らかにローズヴェルト前大統領のそれとは異なるものであった。他方でトルーマン大統領は、このころ特使をロンドンとモスクワに派遣し、戦後平和をいかにして構築すべきか、という難問に対する答えの手掛かりを模索していた。この難問に対する答えは、1945年7月にベルリン郊外のポツダムで開催された、3大国首脳会談で再度検討されることになる。

> ポツダム首脳会談と
> 戦後処理問題

1945年7月17日，ベルリン郊外の瀟洒(しょうしゃ)な宮殿に3大国首脳が集まった。トルーマン，スターリン，チャーチルの「3巨頭」によって，戦後処理問題を議論するためであった。7月実施のイギリス総選挙を考慮に入れて，アトリー労働党党首もまたそこに参加していた。ベルリン市街は廃墟となっており，かろうじてこの宮殿はそのまま会議に利用できる状況であった。7月16日にポツダムに到着したトルーマン大統領は，「今日は歴史的な1日となるであろう」と，そのあと始まる首脳会談の重要性を深く実感していた。

このポツダム首脳会談では，ヨーロッパの問題に関して大きく2つの点で合意が見られた (Butler and Pelly, 1985)。第1は，ドイツおよびベルリン市の分割占領と共同管理の方法に関する具体的な合意である。第2は，イタリア，ハンガリー，フィンランド，ブルガリア，ルーマニアの旧枢軸側5カ国との講和条約を，外相理事会 (CFM) の設置によって創案する点での合意である。

ドイツ講和問題に関しては，英米仏ソ4大国による分割占領ののちに，4大国間での合意を得た上でドイツ中央政府を成立させ，その中央政府と連合国との間で講和条約を締結するという見通しであった。しかしながら，これは4大国間で，どのような中央政府を成立させるかという点で合意を得られなければ，対独講和条約へとたどりつけないことを意味していた。8月2日には，困難な交渉の末にポツダム合意文書が公表され，いよいよ戦後秩序形成へ向けて動き出すことになる。しかし，その合意文書の中にいくつもの不明瞭な事項が記されていたことが，のちに対立の火種となるのであった。

トルーマンがポツダムに到着した7月16日に，アメリカ政府はニュー・メキシコで，最初の原子爆弾の核実験を成功させていた。こ

れは1942年以降,アメリカ政府が極秘に進めていたマンハッタン計画の成果であった。ポツダム首脳会談の最中に,トルーマンはスターリンにこの新兵器登場の事実を伝えた。核兵器の国際政治への登場は,戦後の国際政治に不気味な影を落とすようになる。とりわけ,8月6日と9日に広島と長崎に原爆を投下しその惨状が世界に伝えられると,恐るべき新兵器の存在がその後の政治指導者の行動原理に少しずつ影響を及ぼし始めるのであった(紀平,1996)。第二次世界大戦の終戦は,核兵器の破壊力と被害の惨状を世界に示すという対価をもって,ようやく手に入れることができたのである。

1945年9月,戦後の世界が幕を開けた。9月2日に,東京湾上のミズーリ号艦上で,正式に対日降伏文書の調印が行われた。そのころ連合国の「5大国」政府内では,9月11日からロンドンで始まる第1回外相理事会に向けて,戦後処理問題に関する具体的な検討が進められていた。ロンドン外相理事会は,連合国がどのように戦後世界秩序を形成するのかに関心を抱く,世界の報道機関に注目されていた。しかしながらロンドン外相理事会が始まるとすぐに,外相理事会の構成国および講和条約の作成について,ソ連のモロトフ外相が不満を述べて会議は座礁した。モロトフは,ヨーロッパの講和問題を英米ソの3カ国で行うことを強く主張したのである。

この問題は,1945年12月にモスクワ外相会談で英米ソの「3大国」外相が協議した結果,ヨーロッパ講和条約,すなわちイタリア,ハンガリー,フィンランド,ルーマニア,ブルガリアという5カ国の講和条約作成に関しては,英米仏ソ「4大国」という枠組みを用いることで合意を得た。他方,対日占領についてはこのモスクワ外相会談で,極東理事会および対日理事会の設置に合意し,暗黙のうちにアメリカがあくまでも中心的な役割を担うという妥協を得るこ

図 2-1 冷戦体制下のヨーロッパ

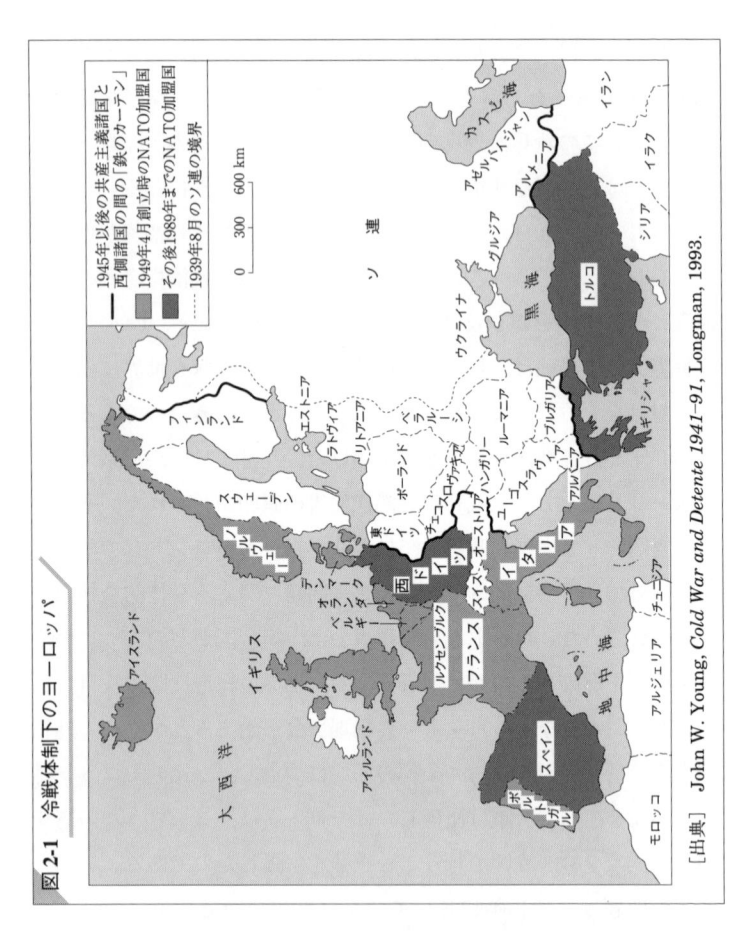

凡例：
- 1945年以後の共産主義諸国と西側諸国の間の「鉄のカーテン」
- 1949年4月創立時のNATO加盟国
- その後1989年までのNATO加盟国
- 1939年8月のソ連の境界

[出典] John W. Young, *Cold War and Detente 1941-91*, Longman, 1993.

とになった (Bullen and Pelly, 1985)。これはいわば、ハンガリー、ブルガリア、ルーマニアなどの東欧諸国においてソ連が求める政権形態を、英米両国がやむをえず受け入れた結果であった。

上に述べたヨーロッパの旧枢軸5カ国との講和の中で最も困難であったのは、イタリア講和問題であり、東地中海および中東の旧イタリア植民地処理問題であった。イギリスにとっては、地中海にお

いて自らの影響力を確保することは重要な問題であった。他方，ソ連は，イタリアの旧植民地のいくつかを手に入れることで，自らの勢力圏を東地中海に拡大することを欲していた。これは19世紀以来の伝統的な，ロシアの南下政策の延長線上にも位置づけることができるであろう。モロトフ外相は英ソ外相会談の席で，「イギリスは地中海を独り占めするべきではない」と論じ，ソ連は「今度は南側の港が必要なのだ」と説いていた。イギリス外務省では，「ロシア人の主要な目的は，地中海への接近と，そこでの基地の獲得である」と分析していた。実際にベヴィン英外相に対してモロトフは，旧イタリア植民地を3大国で山分けするのはどうかと提案している（細谷，1999）。

戦後処理問題の最も中核的な争点の1つは，イギリスとソ連との間での東地中海における勢力圏画定の問題であった（細谷，2001b）。イギリスは，地中海における自らのシーレーンを防衛する必要を認識していた。イタリアからバルカン半島を経てギリシャおよび中東に至る海洋部分については，イギリスは自らの影響力を保持したかった。これはイギリス帝国の結束を維持するためにも不可欠であった。他方でロシアは，可能であれば東地中海まで自らの影響力を拡大したかった。ドイツ帝国崩壊ののちの「力の真空」において，大陸部分はその大部分がすでにソ連の影響下にあった。

ヨーロッパ講和問題の核心には，このような古典的な勢力圏の境界線をめぐる対立が見られたのである。この問題については，トリエステ問題を除いて，1946年春のパリ外相理事会で合意にたどりつくことができた。そして次なる作業は，講和会議を開催して旧枢軸5カ国との講和条約作成に関する合意を得ることであった。

Column ④　ハロルド・ニコルソンと2つのパリ講和会議

　20世紀には、2度の「パリ講和会議」があった。1度目は第一次世界大戦後の1919年のパリ講和会議であり、2度目は第二次世界大戦後の1946年のパリ講和会議である。イギリス外交官として1919年のパリ講和会議に参加したハロルド・ニコルソンは、1946年のパリ講和会議にはBBC解説者として報道陣に参加していた。ニコルソンは外交官を退官後、外交評論や文芸評論の世界で華々しい活躍をしていた。『1919年の講和（*Peacemaking 1919*）』という彼の名著の中では、1度目のパリ講和会議におけるウィルソン大統領の「公開外交」の理念を厳しく批判していた。ところがニコルソンは皮肉にも、1946年のパリ講和会議では、自らこのような「公開外交」の一端を担うことになった。

　他方で、若い日の自らの姿を思い浮かべるニコルソンにとって、複雑な感情が浮かんでいた。ニコルソンは、政府代表団の姿を遠くから眺めて「赤い豪華な一等席に座っている彼らは、なんて見栄えがしないので

「1946年」パリ講和会議

　1946年7月に、ヨーロッパ講和問題をめぐるパリ講和会議が開かれた。20世紀に入って、2度目のパリでの講和会議である。フランス政府にとっては重要な、威信回復の機会であった。この講和会議のために、会議場となるリュクサンブール宮殿を改修し、オペラ座や凱旋門に夜間照明をとりつけ、フランスの「大国」への復帰を鮮やかに世界に宣伝するかのようであった。そして約1500名に及ぶ21カ国政府代表団がパリに入り、この講和会議に臨んだのである。

　この「1946年」パリ講和会議は、「1919年」のそれといくつかの点で大きく異なっていた。第1には、「1946年」のパリ講和会議の場合は、講和条約作成について諮問的な役割しか担うことはなく、実質的な講和条約作成は外相理事会で「4大国」が進めることになっていた。したがって、「4大国」が必ずしも21カ国政府代表団の

あろう」と,かつてのパリでの講和会議との違いを強調した。ニコルソンにしてみれば,「私は前回の講和会議を覚えている,パリで唯一の人間」であり,自らの外務省でのかつての後輩が外交交渉の舞台で活躍している姿を見て,「少し後悔のようなものを感じた」と日記に記していた。

　しかしながら,ニコルソンの語る1946年パリ講和会議に関する論評は,そのような感情を抜きにした,きわめて冷静かつ洞察力あふれたものであった。そして『フォーリン・アフェアーズ』というアメリカの有名な外交雑誌に「パリ講和会議」という論文を載せ,その成果と問題点を的確に論じている。ニコルソンは1946年パリ講和会議の背景にある複雑な大国間の不和を懸念し,それがのちに深刻な問題となることを憂慮していたが,のちの国際関係はニコルソンが懸念した通りの方向へ進んだといえるであろう。

主張を受け入れる必要はなく,この会議は単なる公開演説の場にしかならなかった。アメリカのバーンズ国務長官がこの会議を「公開外交」の華やかな舞台に設定しようとした結果,実質的な外交交渉が行われる余地がなくなってしまったのである。第2には,このパリ講和会議では,ドイツ講和問題については議論されなかった。というのも,依然としてドイツには講和条約について協議すべき中央政府が存在しなかったのである。第3には,これは最も重要なことであるが,アメリカ政府とソ連政府が中心的な関与をしていた。

　1946年秋に行われたニューヨーク外相理事会で,パリ講和会議の勧告意見を念頭に,講和条約が最終的に作成された。「1919年」には英仏2つの言語のみで条文を作成したのに対し,「1946年」には英仏露の3カ国語で条約を用意せねばならず,そのために莫大な時間と労力を割く必要があった。外交において,明瞭な文章を用いる

ことは，のちの紛争を防止する重要な条件となる。ともあれ，この「4大国」により作成されたヨーロッパ講和条約は，1947年2月に最終的に調印が行われた。このころ，徐々にヨーロッパの分断は明瞭となってきていた。しかしながら，戦後秩序形成をめぐって，一定の大国間協調が実現したことを見逃すべきではないだろう。たとえヨーロッパ大陸が2つに分断されたとしても，そして，たとえその合意がどれだけ妥協や不満に満たされていたとしても，戦後平和をめぐって一定の協調を示すことが可能だったのである（細谷，2001b）。

戦後の平和は分断された。しかしながら，分断されたかたちで，ヨーロッパ大陸は平和を手に入れることになった。それが次第に，より大きな脅威を招き，より深刻な対立へといたるのは，1947年春のモスクワ外相理事会以降のことであった。

2 冷戦体制とヨーロッパ分断

ヨーロッパ冷戦の起源

1944年から1945年にかけてのポーランド政府をめぐる英米とソ連との対立，そして1945年後半における東地中海問題をめぐるイギリスとソ連との間の確執は，次第に深刻なる相互不信と敵対姿勢へと変わりつつあった。1946年初頭には国連を舞台に，イラン北部問題をめぐって深刻な大国間の亀裂が浮かび上がっていた。そのような対立の図式は，次第にイデオロギー的対立として認識されるようになる。

1946年2月のスターリンの選挙演説は，イデオロギー的色彩がきわめて強い内容であった。スターリンは，資本主義勢力と共産主義

勢力との間の不可避的対立を論じ,あたかも第三次世界大戦の到来を暗示するような言葉を散りばめていた。たとえば第二次世界大戦の原因についても触れて,それは偶発的に生じたのではなく,資本主義経済体制そのものが戦争を生み出すと論じた。スターリンは,「現在戦争がこちらへ向かってきている」と警告した。共産主義体制は平和のためにも不可欠であって,また戦争が近づく中で重工業の発展が緊急に必要だと訴えた(細谷,1999)。

モスクワの英米2つの大使館では,2人の外交官がこのスターリン演説の内容に強い関心を示した。アメリカ大使館のケナンと,イギリス大使館のロバーツである。この2人の専門外交官は当時から親密な関係にあり,またロシア分析や国際政治分析においても多くの見解を共有していた。しかしながら,ロバーツが比較的楽観的な見方をするのに対して,ケナンは悲壮な世界観を抱いていた。

ロバーツはイギリス本国に,ロシア人の劣等意識と非効率的な性質を伝えて,このスターリン演説が第三次世界大戦へ向けての意図ではなく,あくまでも工業化と経済発展の意図を持っていると論じた(細谷,1999)。他方,ケナンは,それまでバーンズ国務長官が進めていたソ連に対する安易な妥協を改めて,断固とした態度をソ連に対して示す必要を説いた(DOS, 1970)。ケナンが本国政府に送った「長文報告」は,海軍長官フォレスタルの手を通じてアメリカ政府内で広く読まれ,次第にアメリカはソ連に対して強硬態度を示すようになった(村田,1999)。ケナンの「長文報告」を起点とする新しい対ソ政策は,「封じ込め政策」と呼ばれるようになる(佐々木,1993)。

世界に向けてソ連の脅威をより明確に,かつ,より大胆に論じたのは,当時イギリスの野党党首であったチャーチルである。チャー

Column ⑤ 冷戦はいつ始まったのか？

　冷戦がいつ始まったのかを，明確に定義することはできない。すべての対立と同様，その原因にはいくつもの要素が重層的にからみあっているからである。少なくとも戦時中から連合国の間でイデオロギー的な見解の対立は表出していたし，1917年のボリシェヴィキ革命まで遡って米ソ間の対立の起源を論じることができるであろう。あるいはさらに，19世紀の思想家トクヴィルによるアメリカとロシアの対立の予言にまで遡り，2つの超大国間の必然的対立を論じることもできる（Gaddis, 1997）。学問的にも，冷戦の起源をめぐる論争は，依然として多様な結論を生み出している。

　しかしながら，ヨーロッパにおける戦後処理をめぐって，外相理事会で大国間の合意を得ることが不可能になったのは，「1947年」である。そこでは，ドイツ問題をめぐる不和が中心的な争点となっていた（Deighton, 1993）。そしてその1947年になって，一般的に「冷戦」という言葉を用いて，ヨーロッパの分断が語られるようになった。国際連

チルは病気療養のためフロリダに滞在してから，トルーマン大統領の同伴を得て，先にも述べたようにミズーリ州フルトンで衝撃的な内容の演説を行った。そこで，ヨーロッパ大陸に「鉄のカーテンが降りた」ことを述べるとともに，ソ連の行動を非難し，英米両国が特別の使命を持って世界平和を構築する必要を説いたのである。

　このチャーチルの演説を聞いたスターリンは激怒した。スターリンの耳には，チャーチルの言葉はアングロ＝サクソン人の人種的優位を説くかのように，またロシア人を侮蔑しているかのように聞こえた。スターリンは，英米両国がソ連に対して敵対的で，新たな戦争を欲していると考えるようになる。チャーチルの意図は，ソ連を警戒させることではなかった。しかしながら，チャーチルは一貫して，ヨーロッパの「文明」に対してロシアを「野蛮主義」とみなし

合原子力委員会アメリカ政府代表であったバルークは，1947年4月の演説の中で，「われわれは現在，冷戦の最中にいる」と論じた。前月にトルーマンが行った議会演説は，間接的な表現を用いながらも，一方的に共産主義勢力の脅威を強調する内容であった。また同年には，著名なコラミストであるリップマンが「冷戦」という表題の論文を執筆し，次第にこのイデオロギー対立を「冷戦」という言葉で表現する傾向が加速した（リップマン，2001）。1947年4月，モスクワ外相理事会での対立ののちに，マーシャル米国務長官はソ連との協調の限界を認識した。したがってマーシャルは新しい，戦後秩序形成の原理を求めるようになる。アメリカ主導の，自由世界に限定された，新しい経済援助の開始である。それはまた，きわめて重要な国際政治的な意味を持つものであった。

対立の起源についてはより前に遡る必要があるが，その対立が不可避となったのは，このような経緯として論じることができるであろう。

ていた（細谷，2001a）。そのようなチャーチルのロシア人に対する差別意識を，スターリンはその演説の中に見出したのであろう。

1946年1月に第1回会合が開催された国連安全保障理事会では，とりわけ英ソ間でイラン撤兵問題をめぐって敵対が続いていた。ソ連はイラン北部からの撤兵を実行せず，英米両国政府から強い非難を浴びていたのである。英ソ両国は，東地中海ばかりか中東という重要な戦略的地点をめぐっても，激しい利害対立を示した。チャーチルの言葉は，そのような対立に油を注ぐことになったのである（細谷，1999）。

この英ソ間の利害対立は次第にイデオロギー的な性格を強め，米ソという2つの超大国間の対立へと発展した。1947年のマーシャル・プランとしてのアメリカの欧州援助計画は，アメリカ政府の政

治的意図とソ連政府の過剰な警戒心によって，ヨーロッパを不可逆的に分断へと導いていく。

マーシャル・プランとヨーロッパ分断

1947年2月に旧枢軸5カ国とのヨーロッパ講和条約が調印されてからは，いよいよ戦後秩序形成における中核的問題，すなわちドイツの講和問題に向けて4大国間で結論を導く必要があった。1947年3月に始まるモスクワ外相理事会では，ドイツ問題をめぐって4大国間の対立が続いていた。ベヴィン英外相は，占領下のドイツを「単一の経済単位」として扱う必要が生じていると論じた。イギリス政府にとっては，ドイツ占領政策でさらに財政支出を続けることは困難であり，一刻も早く占領終結に向けての動きを進めたかったのである。

他方，ドイツ講和をめぐっては，賠償問題をめぐる認識の不一致から，議論が前に進まなかった。賠償問題をめぐる最大の対立点は，西側占領地区からもソ連が賠償を得ることについてであった。モロトフによれば，もしも西側占領地区からさらなる賠償支払いができないというならば，西側3国がその賠償を肩代わりしてソ連に支払う必要がある，というのであった。ベヴィン外相はこのようなモロトフの姿勢を厳しく批判し，モロトフが「賠償額の計算の上で，すべての小銭まで受け取る準備をしている」と論じていた。

モロトフはさらに，オーストリア講和問題についても講和を進める条件として，オーストリア国内の300にのぼる工場の生産を，すべてロシア人のために行うよう求めてきた。この現状を見てマーシャル米国務長官は，もはやこれ以上ソ連政府と交渉することが不必要だと認識する。アメリカにとって，このモスクワ外相理事会が対ソ関係を考える上での1つの分水嶺となった。

マーシャルは帰国後，アメリカ政府が新しい政策のイニシアティブをとる必要を感じた。これ以上ソ連との合意を悠長に待つことなく，一刻も早く西欧のみで経済復興を進めなければならない状況であった。アメリカの外交政策で最も重要な問題が，西欧の復興とその自信の回復であると認識し，マーシャル・プランと呼ばれる経済援助計画が進められる。この欧州復興計画は，1947年6月5日，マーシャル国務長官のハーバード大学での卒業演説の中で触れられた。

　事前にヨーロッパ諸国政府に知らされなかったこの演説を，ベヴィン外相はロンドンでたまたまラジオを通じて聞いていた。あわてたベヴィンは，自らの直観的な判断のみを信じて，この要請に対するヨーロッパの側での対応の準備を進めた。ベヴィンはまずこの演説を歓迎する見解を示し，それからフランス政府と協議を進めた。同様にこの演説の重要性を認識していたフランス政府とともに，イギリス政府はマーシャル・プランを受け入れる作業を進めたのである。フランス政府がアメリカの援助計画を受け入れて，西側諸国の確固とした一員となる意味は大きかった。当時のフランスは，米ソの間でより自立的な外交を進める傾向があり，またドイツ占領問題でも英米両国とは大きく異なる立場にあったからである。マーシャル・プランによる経済支援を通じて，フランスは不可分の一体として，次第に西側体制に組み込まれていくのであった。

　マーシャル・プランの受け入れにおける最大の問題は，そこにソ連を含めるか否かであった。ソ連政府がこの計画にどのように対応するかは，英仏両国にとっては厄介な問題であった。予想外にもソ連政府は，6月27日から始まるマーシャル・プランを受け入れるためのパリ会議に積極的に参加する姿勢を示した。だが，マーシャ

ル・プラン受け入れについて英仏ソ3カ国で議論を始めると、モロトフ外相は、アメリカの出す援助の条件が、「参加国の国内問題に対する政治的、そして経済的な内政干渉だ」として、厳しい批判を行った。続いてモロトフは次のように論じて、英米仏外相会談を決裂させた。「もしもイギリスとフランスがこのように提案されたやり方で進むというなら、その結果にあなた方は後悔することになるであろう。そして、2つの敵対的なグループへとヨーロッパを分断させた責任を問われることになるだろう」(細谷、2001b)。

モロトフが怒りを露にしてパリ会議の議場から去ったこともあって、パリは険悪な雰囲気に包まれていた。そのような中で7月4日、英仏両国政府はマーシャル・プランを準備する会議を開催することを、スペインとソ連を除くすべてのヨーロッパ諸国に告げた。この会議に参加するか否かが、のちの「西欧」と「東欧」を分ける分水嶺となった。ポーランド政府とチェコスロヴァキア政府は、当初はこの会議に参加する意向を示したものの、スターリンの猛烈な反対にあって、不参加の宣言を行わざるをえなかった(Parrish, 1993)。

マーシャル・プラン参加16カ国は、アメリカの経済支援の下で、次第に組織化を進め統合の方向へと進みつつあった。これに対してソ連政府はその後、アメリカ政府に対する批判を強め、9月にはコミンフォルム形成による「東欧ブロック」の結束をめざすようになる。マーシャル・プランによって、ヨーロッパ分断は決定的になりつつあった。チェコスロヴァキアのような社会民主主義者による連立政権を抱える国家では、1947年9月のコミンフォルム結成によって自立への模索は固く閉ざされることになった。戦時中亡命政権首相であった社会民主主義者ミコワイチクは、ソ連からの強い締め付

けの結果，1947年10月にロンドンへと亡命する（ミコワイチク，2001）。1948年2月，チェコスロヴァキア政変の結果，社会民主主義者の指導的立場にあったマサリーク外相は死にいたり，ベネシュ大統領はソ連の強い脅迫の中で，共産主義者の政権を受け入れざるをえなくなった。コミンフォルム形成ののち，クレムリンによる東欧諸国の支配の構図が明らかに強まっていく。

> **冷戦の危機と
> ベルリン封鎖**

1948年1月から6月にかけて，冷戦の危機は深刻化していく。1948年2月に生じたチェコスロヴァキアでの政変で，西側諸国は強い危機感を持った。それまで共産主義者と社会民主主義者との連立政権であったチェコスロヴァキア政府は，この政変によって共産主義者の支配下に置かれるようになり，クレムリンの意向が政治において強く反映されるようになる。それは，10年ほど前にチェコスロヴァキアがナチス・ドイツの勢力下に収められたことを思い出させる事件であった。同様に，フィンランドでも政治危機が囁かれ，共産主義者の手法に対する疑念が強まるばかりであった。クレムリンが同様にイタリアやフランスの共産主義者を動かすのであれば，それはヨーロッパ大陸に巨大な共産主義の勢力圏が成立することを意味する。アメリカの軍事的関与が強く求められるようになった。

西側諸国の軍事的結束と西ドイツ政府形成の問題は，西側諸国間では同時並行で進められていた。このころ西側諸国政府の間では，ドイツの西側3国占領地区の統合による西ドイツ政府成立をめぐって議論が続いていた。もはや，「ドイツ問題」をソ連との合意で解決することは不可能である。1948年2月にはロンドンで西側6カ国会議が始まり，西ドイツ政府成立をめぐる困難な交渉が進められた。このロンドン会議の結果，6月に西側3国占領地区の通貨改革を断

行する宣言を行うと，それに反発したソ連政府は，西ベルリンへの経済封鎖を決定した。西ベルリンは「陸の孤島」となり，冷戦の危機は1つの頂点に達した。ベルリン封鎖の開始である。もはや冷戦は，単なる大国間の外交交渉の世界のみにとどまらず，世界中の人々によって実感できるものとなっていた。

決して侵略者の威嚇（いかく）に屈してはいけない。これが，西側諸国が戦前のナチス・ドイツとの交渉から学んだ教訓であった。ソ連政府の意図は必ずしも明確ではないが，少なくとも西欧諸国は毅然たる対決姿勢を見せ，自らの意志の強さを示す必要がある。この危機がどのような結果となるかはわからず，「第三次世界大戦」の可能性が言及されるようになっていた。英米両国を中心に，大規模の空輸によって生活必需品が西ベルリンに送られ，これが生命線となって事態は膠着（こうちゃく）した。

1949年5月から6月に開かれたパリ外相理事会で，ベルリン封鎖の終結をめぐる4大国間の合意が得られた。そのころにはすでに西ドイツ政府の樹立が確定的となっており，ソ連もまた，ヨーロッパ分断とドイツ分断という現状を受け入れざるをえなかった。逆に言うならば，ヨーロッパとドイツの分断という現状を受け入れるのであれば，4大国はそれぞれ現状維持を認めることができたということである。分断された平和は，より確固とした安定を模索していた。そして，西側世界において確固たる安全と安定を得るために，アメリカの関与をともなう軍事同盟形成が必要と考えられたのであった。

大西洋同盟の形成

イギリス政府は戦後一貫して，西欧諸国が結集して1つの勢力を形成することを求めてきた。平時における軍事同盟への関与を嫌う孤立主義的なアメリカと，強硬姿勢を崩さずイデオロギー色を強めるソ連を前にして，

イギリス政府は「西欧ブロック」を形成し西欧諸国の結束を固めることを求めた。1947年のダンケルク条約による英仏協調，そして1948年のブリュッセル条約締結による西欧5カ国の結集を成功させ，「西欧同盟（Western Union）」構想は実現に向かいつつあった。イギリスのベヴィン外相は，英仏を軸に西欧諸国が植民地を結集させ，米ソと対等な地位に立つ世界「第三勢力」を構築することを夢見ていた。それはまた，アメリカの資本主義とも，ソ連の共産主義とも異なる，ヨーロッパの社会民主主義という理念を実現させることも意味していた。

しかしながら，冷戦状況が進展する中では，このベヴィンの見解は外務省内で必ずしも多数派とはならなかった。当時のイギリスの経済状況が，そのような理念を否定したのである。そして1948年2月のチェコスロヴァキア危機や，ノルウェーやフィンランドに対するソ連の圧力を見て，イギリスはアメリカとの協調関係強化を最優先させるようになる（細谷，2001b）。

1948年3月にワシントンDCで始まった英米加3国間の極秘交渉では，ブリュッセル条約とは異なる新しい地域的防衛条約として，アメリカとカナダを含めた新しい集団防衛体制を構築する方向で合意が得られた。共産主義者の諜報活動を警戒して，フランス政府をこの極秘交渉から除外して議論を進めることになった。ところが，皮肉にもイギリス外務省内のスパイを通じて，早い時期からこの大西洋同盟交渉についてはクレムリンに知られていた。同年7月にワシントンで，正式に西欧諸国政府を加えるかたちで条約交渉が始まり，トルーマン大統領の再選後に条約の調印を行うことになる。

アメリカ政府は，ソ連の「世界征服」を警戒して，自由主義諸国を支援するための世界的な集団防衛体制を構築し始めた。事実，こ

のアメリカ政府の新しい動向は，1948年6月にヴァンデンバーグ決議として，米上院でのコンセンサスを得る。平時における軍事同盟の形成へ向けて，その土台が整備されたのである。ジョージ・ワシントン初代米大統領以来続いてきたアメリカ外交の孤立主義的伝統が終焉することになった（Kaplan, 1984）。1949年4月，ワシントンDCで北大西洋条約が調印され，米議会の批准を経て条約が発効した。巨大な国際政治勢力の形成である。

ヨーロッパ大陸に巨大な2つの軍事勢力が対峙することになり，「第三次世界大戦」の危機を意識せざるをえなくなった。ヨーロッパの分断は，軍事的対立の進展によって相互不信と緊張を育んだのである。1949年9月には，コンラート・アデナウアー首相の率いる西ドイツ政府がボンに成立する。西側世界との一体化，そして西欧統合を強く志向するアデナウアーが，新しいボンの民主主義的共和国の政治指導者となり，これによって西ドイツは冷戦の最前線となった。それに対抗して，ソ連の影響下での共産主義政権としての東ドイツ政府も成立した。もしも「第三次世界大戦」が始まるのであれば，それは東西ベルリンあるいは東西ドイツの境界線において始まるはずであった。しかしながら，地球の反対側の半島で大規模な軍事紛争が始まった。1950年6月の朝鮮戦争勃発である。

ドイツ再軍備問題

朝鮮戦争の勃発によって，西側諸国での共産主義勢力に対する脅威認識は高まった。ポツダム協定に従い，西ドイツでは依然として非武装化が守られていた。したがって，そこは東西対立の中での「力の真空」であった。他方，東ドイツには，武装した軍隊とも見られるような治安警察が成立していた。西側諸国では安全保障上の懸念から，ソ連軍が大西洋に到達するために必要なのはブーツだけだ，と言われていた。こ

の段階では，まだ大規模なアメリカの地上兵力がヨーロッパへ派兵駐留されていなかった。ヨーロッパ大陸で戦争が始まったとしても，西側にはフランスやベネルクス3国の地上兵力を中心とした脆弱(ぜいじゃく)な軍事力しか存在しない。西側勢力がライン川を越えて西ドイツの領土を防衛することは，事実上困難であった。何らかの方法で，西ドイツの安全保障を確保せねばならなかった。

アメリカ政府は，米軍地上兵力をヨーロッパ大陸に大規模に派遣するためには，西欧諸国による防衛力増強が前提条件だと論じた。ヴァンデンバーグ決議に示されるとおり，西欧諸国による防衛努力なしに，そこに米軍を送るわけにはいかなかった。論理的に，それには2つの回答方法があった。第1は，英仏を中心とした北大西洋条約諸国がさらなる兵力をそこに拠出することであり，第2は，ドイツ人がドイツの領土を守ることであった。

前者の選択肢は，英仏両国の経済苦境や海外領土での軍事的負担を考慮するかぎり困難であった。とすれば，後者のドイツ再軍備という道を歩まざるをえない。英仏両国は苦悩の中にあった。イギリス政府が次第に西ドイツの再軍備を了承する一方で，フランスの場合はあまりにも鮮明なる過去の記憶から，ドイツ再軍備を受け入れることはできなかった。しかしながら，脆弱な西欧防衛を強化するためにも，米軍のヨーロッパへの関与の増大が不可欠であることは，フランス人も十分に理解していた。このような矛盾からフランス国内では，「ドイツ軍は，ソ連の赤軍より強大でなければならないが，同時にそれは，ルクセンブルクの軍隊よりも弱小でなければならない！」と語られていた。

フランス政府が苦悶の中から出した結論は，超国家的な「欧州軍」の枠組みの中で，ドイツ再軍備を実行することであった。フラ

ンスが主導する超国家的な「欧州軍」にドイツ兵力を参加させるということならば,「ドイツ国軍」が復活し,ドイツのナショナリズムが再び惨禍をもたらすことはないだろう。このような構想が,フランスのジャン・モネによって見出された。これが,1950年10月にフランスのプレヴァン首相によって発表されたプレヴァン・プランの骨子である。この構想は,ヨーロッパ防衛共同体（EDC）条約として1952年5月に西欧6カ国により調印され,超国家的な軍事統合がめざされた（岩間, 1993）。イギリスは,帝国防衛のための海外での軍事負担や,EDCの超国家的性質を敬遠したため,自らはこの条約に加わることはしなかった。

トルーマン政権は当初イギリスと同様に,軍事的観点からこの構想には反対であった。ところが1953年にアイゼンハワー政権が成立すると,ダレス新国務長官を中心に,アメリカはむしろ積極的にEDC実現を要請するようになる。ドイツ再軍備問題は,フランス議会によるEDC条約批准問題として,1952年から54年までの大西洋同盟内の最大の外交問題となった。それは,複雑に絡みあう糸のように,さまざまな問題と密接に結びついていたのである。1954年8月にフランス国民議会が出したこの問題に対する結論は,EDC条約の批准を拒否して,北大西洋条約機構（NATO）を危機に陥らせるということであった。ダレス国務長官は,もしもフランス人がEDC条約の批准を拒否するならば,アメリカはヨーロッパへの軍事的関与について,「苦悶の中での再検討」を行う,と駐欧米軍を撤退させる意向を事前に伝えていた。それは西側諸国にとって絶望的な事態であった。大西洋同盟の瓦解の危機である。

ドイツ再軍備問題とはすなわち,アメリカと西ドイツの兵力を大西洋同盟の中につなぎとめることを意味していた。この2つの大国

の軍事力を失うならば、大西洋同盟は、巨大な共産主義勢力の通常兵力の前では無力に等しかった。フランスのEDC条約批准拒否は、アメリカと西ドイツを失う可能性を意味していたのであった。そのようなことになれば、大西洋同盟は瓦解し、西欧諸国の安全保障は危機状況に陥るはずであった。

「NATO体制」の確立

この苦境を救ったのは、イギリスのイーデン外相であった。イーデンは一貫してEDC実現へ向けて尽力していたが、他方でイギリス外務省内においてそれが破綻した場合の解決策を模索していた (Mawby, 1999)。イーデン外相は、何とか妥協点を見出そうと努力した。フランスが求めているのは、ドイツの脅威が再び現れることに対する何らかの保証であった。

1954年9月にイーデンは、ロンドンで9カ国外相会談を開催し、この問題を討議した。その結論は、1948年のブリュッセル条約を、新たにWEU (西欧同盟) として改組し、そこに西ドイツを加えることであった。重要なことは、それは政府間協力の枠組みであって、しかもイギリスが加わっていることであった。フランスにとってより重要であったのは、WEUとしてドイツの軍事力を監視することであった。WEUの中で西欧諸国はドイツの再軍備を綿密に監視して、ドイツ人に軍事的な独走をさせぬようにする (Mawby, 1999)。さらにフランス人の要請に応じて、西ドイツ駐留の英軍を増強させ、フランスに対する保証を提供する。フランス政府は、このようなイーデンの提案を受け入れることになった。

続いて1954年10月のパリNATO外相理事会で、西ドイツとイタリアのNATO加盟の合意が得られた。1954年12月のフランス国民議会で、このパリ協定に関する批准が実現し、ようやく5年間に及

図2-2 分割占領下のドイツ

——— 1949年以降の国境線
--- 1945年から49年までの西ドイツ占領区分割線
……… ザール（1946年から57年までは分離独立）
—·— 1945年には「ポーランド統治下」にあり，のちにポーランドに合併された地域

［出典］ John W. Young, *Cold War and Detente 1941–91*, Longman, 1993.

ぶドイツ再軍備問題をめぐる奔走(ほんそう)が1つの結論に到達した(岩間,1993)。フランスがドイツの再軍備を容認し,アメリカが軍事関与を継続させることによって,大西洋同盟はどうにか存続の危機を乗り越えることができたのであった。

西ドイツが西側軍事体制の一翼を担い,アメリカがヨーロッパへの軍事的関与を維持することが,戦後の「NATO体制」としての安全保障体制の本質であった(Trachtenberg, 1999)。「NATO体制」としての西欧諸国における安全保障の確保は,ヨーロッパ分断の固定化を前提としていた。それは,ヨーロッパ分断とドイツ分断という困難な現状維持を受け入れる,ということを意味していた。まさにそれは,「分断された平和」であった。分断された状況は必ずしも好ましいわけではない。しかしながら西側諸国は,平和のために分断という現状をやむをえず受け入れることを選択したのである(Loth, 1988)。

それは同時に,「鉄のカーテン」の東側で,ソ連の影響力が強化されることと無関係ではなかった。ヨーロッパ大陸の平和のために分断を受け入れなければならないが,分断こそがヨーロッパ大陸の恒久的な平和の障害となっていた。この悪循環を打ち切る努力が,さまざまなかたちでなされていたのであった。

3 ヨーロッパ分断の安定と矛盾

スターリン死後のヨーロッパ

1953年3月,スターリンが死去した。ソ連国内,東欧諸国,西側諸国でそれぞれ,スターリン後のソ連の新しい外交方針に対す

るさまざまな憶測が飛び交った。はたして老いた独裁者の死後,新しいソ連の指導者はより協調的な外交路線をとることになるだろうか。東欧諸国に対するクレムリンの締め付けは,緩むことになるのであろうか。

その直後の4月にアイゼンハワー大統領は自らの演説の中で,朝鮮戦争解決およびオーストリア講和条約に関する合意を,新しいソ連の政治指導者と結ぶことを希望すると論じた。また5月にチャーチル首相は,英米仏ソの4大国首脳が集まり,ドイツ問題解決をめざして「サミット」を開催する希望を伝えた。7月には,朝鮮半島の板門店で朝鮮戦争休戦合意が締結された。はたして,スターリンの死によって,東西間の緊張緩和は可能であろうか。そのような期待と不安が入り交じる中で,1954年から55年にかけて,東西間の諸問題解決へ向けての,さまざまなイニシアティブが試みられることになる (McCauley, 1995)。

ところが,そのような東西間での緊張緩和の模索は,東側ブロックでの自立的な動きを容認することには結びついていなかった。1953年6月,東ドイツで抑圧的な経済政策が進められる中で東ベルリンの市民が立ち上がり,経済改革と政治的自由を求めるデモがわき上がった。マレンコフが中心に立つクレムリンの新指導体制にとって,巨大な共産主義世界をどのように指導するのかを示す最初の機会が生じた。

これに対するクレムリンの回答は,戦車を用いてデモ隊を押し潰すことであり,彼らを拘留し処刑することであった。その過程で100人を超える市民が死亡し数千名が逮捕され,その悲劇は東ドイツの国中に広がった。ソ連軍の介入はデモの炎を消し,事態は鎮静化した。この事態を,他の東欧諸国はしっかりと目に焼き付けてい

た。スターリンの死によって，新たな政治的自由が得られるわけではなかった。そして，ラジオを通して聞こえてくる，アイゼンハワー政権の「解放」戦略のレトリックに多大な期待を寄せた市民は，実際のアメリカ政府の沈黙によってその期待を裏切られた（Ostermann, 1994）。市民の手によって「鉄のカーテン」をこじ開けようとする願望は，米ソ両国政府の現実的な対応により踏みにじられたのである。

　このころに東西大国間では，緊張緩和へ向けての新しいイニシアティブが発揮され，冷戦終結へ向けてのわずかな可能性が輝くようになった。1954年1月，約5年間の空白ののちに，ベルリンで外相理事会が開催されることになった。議題は困難なドイツ問題であり，いかにしてドイツ統一への合意を得るかということであった。西側3国は，統一ドイツ政府が自由選挙で形成され，それが自由に国際機構に参加できる必要を強調した。西側3国は，統一ドイツが中立状態に入ることには強く反対であった。新しい統一ドイツは，ヨーロッパ統合やNATOの枠組みに埋め込まれている必要があった。というのも，統一ドイツ政府がのちに東側を向いて，「ラッパロの再現」が生じる可能性をひどく恐れていたのである（Mawby, 1999）。「ラッパロ」とは，1922年にドイツとロシアの間で結ばれたラッパロ条約のことであり，この2つの大国が結託して，西欧諸国と敵対的な勢力となるかもしれないという悪夢を意味していた。統一ドイツは，何としても西側勢力と友好的でなければならない。他方，ソ連政府首脳は，東ドイツが西ドイツと対等な地位を持って中立的な統一ドイツ政府が形成される必要があると説いていた。

　ベルリン外相理事会での議論を見るかぎり，この両者の主張の分裂が埋まる見込みは小さかった。イーデン外相は，ロシア人の最大

の懸念がドイツの脅威の再現である現実を考慮して，ドイツの周囲に非武装地帯を形成し，さらには東西間で「ヨーロッパ安全保障条約」を形成することを提案した (Dockrill and Bischof, 2000)。これは一般に，「イーデン・プラン」と呼ばれるようになる。

ベルリン外相理事会では，この問題については引き続き議論することとし，1954年4月に朝鮮半島問題およびインドシナ問題を解決するための5大国外相会談を開催することが合意された。これは，パリ外相理事会以来，5年ぶりの外相会議であった。1953年10月以降フルシチョフがソ連の第一書記となり，次第に権力を確立しつつあった。フルシチョフはスターリンのように，西側世界に対する不安に振り回され，極度の被害妄想に陥ることはなかった。むしろ，自信を持って東西間の「平和共存」を語るようになるのである。その1つの果実が，ジュネーブ外相会談で得られた，インドシナ問題をめぐる合意であった。

ジュネーブ首脳会談と協調の模索

1954年に外相会談，1955年に首脳会談と，2度ジュネーブで国際会議が開催されることになった。前者は朝鮮半島およびインドシナの問題を検討するためであり，後者はドイツ講和問題を検討することが目的であった。1954年のジュネーブ会談の成功は，ドイツ講和問題解決へ向けての大きなはずみとなることが期待された。しかしながら，1954年10月のパリ協定で西ドイツ再軍備が合意され，西ドイツがNATOに加盟する方針が決まると，もはや統一ドイツ政府形成が現実的に可能だとは考えられなくなった。ドイツ分断の固定化をめぐる動きは，東西双方で複雑に受け止められていた。1955年における冷戦の安定化によって，大国間での対立は一定の抑制をともなうようになる (石井, 1992)。

1955年5月5日に西側諸国によるドイツ占領が終結し，5月8日には西ドイツのNATO加盟が実現した。5月14日にはこれに対抗して，東側ブロックがワルシャワ条約機構の設立に合意した。しかしながらこのことは，東西間の新たな対立を意味するわけではない。すでに1949年以降，ヨーロッパ分断もドイツ分断も既成事実となっており，あとは4大国がそれをどのように受け入れるかという問題にすぎなかった。東西軍事ブロックが確立する1955年5月に，オーストリア国家条約に東西双方の諸国政府が調印したことは，決して驚くべきことではなかった。事実，6月にはソ連政府はアデナウアー西独首相をモスクワに招待することを決めた。東西間の雪解けと，東西分断の確立が同時並行で進むことは，戦後ヨーロッパにおける「分断された平和」の現実を物語るものでもあった。この現実は，「ジュネーブ精神」という言葉で語られるようになる。

　1955年7月，4大国首脳が1年ぶりにジュネーブで再会した。イギリスの首相はチャーチルからイーデンに代わり，フランスの首相はフォールに代わっていた。フルシチョフ，ソ連首相ブルガーニンとアイゼンハワーを交えて，この5人は比較的友好的な空気の中で，ヨーロッパの安全保障問題とドイツ講和問題を議論した。ポツダム首脳会談から10年が過ぎ，ドイツ問題をめぐって再び4大国首脳が顔を合わせる機会が生じたのである（Dockrill and Bischof, 2000）。

　しかしながら10年前と同様に，ドイツ講和条約が目の前に近づいている気配はなかった。ソ連政府は必ずしも，中立ドイツを何がなんでも形成したいというわけではなかった。他方で西側3国は，西ドイツの民主主義的な政府を手放したくはなかった。ソ連が求めていたのは，NATOやワルシャワ条約機構を解体し，新しい包括的な安全保障体制を構築することであった。しかし，そのような新し

い全欧的な安全保障体制を形成するためには，20年後の「デタント（緊張緩和）」を待つ必要があった。

このジュネーブ首脳会談の結末は，ヨーロッパ大陸における現状維持を暗黙裡に合意するという，大国間の外交的妥協を示していた。それはまた，小国に生活する人々の希望を犠牲にした，大国の論理でもあった。したがって，東側ブロックの内側でそのような論理に対する不満が生じたとしても，それは当然のことであった。小国の要望が十分に反映される制度は，そこには存在しなかったのである。緊張緩和への期待と，大国間政治の現実に直面する中で，共産主義世界では新しいいくつかの動揺が見られるようになる。

共産主義体制の動揺

ジュネーブ首脳会談による東西間の緊張緩和の進展によって，東欧諸国ではより自立的な内政や外交への漠然とした期待が膨らんだ。それまでソ連の大きな影響力の下で拘束される状況であったオーストリアが，1955年5月に「永世中立」という理念を受け入れることを代償として新たな自由を手に入れると，その近辺にあるポーランドとハンガリーでも新しい動きを求める声が高まっていた。実際，1956年4月にコミンフォルムが解消された。

1956年2月に開かれたソ連共産党の第20回党大会では，フルシチョフは新たな改革の必要を説き，スターリンが個人崇拝の上に絶対的権力を打ち立てたことを批判した。その直後にダレス米国務長官は，「自由の新しい任務」と題する演説の中で，ソ連政治において「顕著な変化」が生じたと論じた（キッシンジャー，1996）。この「スターリン批判」は東欧諸国政府に衝撃的な影響を与え，新しい方向性を模索する動きが見られるようになった。そのような東欧諸国での自己主張は，経済的な苦境に対する不満と相乗効果を持ち，ポー

ランドとハンガリーで市民の示威行為となって帰結した。1956年6月のポーランドのポズナン暴動は,新しい政治経済改革を求める市民の強い要望を意味していた。それは,ポーランド10月革命,そしてハンガリー動乱へと連なっていく。

1956年10月にはゴムウカがポーランドで共産党の第一書記となり,政治の実権を握った。フルシチョフはゴムウカをある程度信頼をしていたのだが,ポーランド政府が自己主張を強めて「反ソ的」な傾向を示しつつあることが不満であった(シェクター゠ルチコフ,1991)。東ドイツに駐留していたソ連軍はワルシャワ近辺に向かっていた。ポーランドとソ連が一触即発の状況となった。しかしゴムウカは,ソ連と敵対することを望んではいなかった。またソ連圏からポーランドが離脱することも考えていないと,フルシチョフに伝えた。ゴムウカはむしろ妥協的で曖昧な解決方法に逃げることで,ソ連軍との危険な対立を回避したのである。

ポーランドにおける妥協的な解決とは異なって,ハンガリーで生じた革命はクレムリンとの徹底的な対立にいたり,市民の巨大な犠牲をともなう結果に帰結した。国民の強い期待を受けて新たに首相となったナジは,クレムリンからの圧力の下で新たな冒険に乗り出した。ナジが1党独裁制を廃止すると宣言し,とりわけソ連圏からの離脱を宣言したことは,きわめて危険な賭けであった。他方,ナジの台頭で自らの権力基盤を崩されつつあった一部の政治指導者は,ソ連軍に武力介入を要請していた。親ソ派の彼らによれば,ナジは「反革命分子」であり「邪悪な反動勢力」であって,それを排除するためにはソ連軍の戦車と重火器が必要であった。クレムリンにとっても,共産主義世界における自らの支配への抵抗を排除することは死活的問題であった。

このハンガリー革命のソ連軍による悲劇的な鎮圧は，軍事力への信奉によって体制の安定を求めるソ連の姿を世界に伝えることになった。フルシチョフは，世界世論にどのような印象を与えるかという問題よりも，まず体制が悪質な癌に蝕まれることを恐れた。フルシチョフにとってナジは，「マルクス＝レーニン主義の教義に敵意を持ち，資本主義の復活をねらう勢力」であった（シェクター＝ルチコフ，1991）。そして，「資本主義の復活をねらう勢力」は，ソ連軍の武力介入により排除された。

　フルシチョフは，ポーランドとハンガリーの革命を鎮圧したのちに自らの政策への自信を回復する。1957年1月，ブダペストに東側ブロックの首脳が集い，ハンガリー動乱後の結束を誓った。それは，ソ連による抑圧的な東欧世界の国際秩序を確認するものであった。同年10月にはソ連は初めての人工衛星スプートニクの打ち上げに成功し，ソ連が軍事技術においてもアメリカの優位に立ちうることを証明した。1958年6月にナジは絞首刑となり，「反革命分子」が処分された。そのような中で，フルシチョフは新しい賭けに挑むのであった。

フルシチョフとベルリン危機の挑戦

　1958年11月，フルシチョフは，西側3国政府に対して，西ベルリンを非武装の「自由都市」とすることを要求し，そしてドイツ講和条約についての協議を再開させることを要求した。そして6カ月以内に回答がもたらされない場合，西ベルリンが東ドイツの施政下に入ることを宣言した。これはベルリン問題をめぐる，フルシチョフによる「最後通牒」であった。フルシチョフは，ドイツ問題をめぐるアメリカの妥協を強く求めており，西ベルリンという切り札のカードを用意して，第二次ベルリン封鎖を始めたのである。

西ベルリンから資本主義勢力を追放することは，東ドイツの政治指導者の強い要求でもあった。フルシチョフはそれまで，個人的に東ドイツにおける社会主義建設に深く関与しており，東ドイツ政府のそのような要望を無視することはできなかった。また，このころ毛沢東は，フルシチョフの「平和共存」という生ぬるいアプローチを批判しており，共産主義勢力のリーダーとして，ソ連がより大胆に「帝国主義勢力」と対峙する必要を説いていた。自らが「ナイーブ」でも「ソフト」でもないことを証明しようとしたフルシチョフは，東ドイツや中国そして国内要因を考慮して，ベルリン問題をめぐる強硬姿勢を見せねばならなかったのである（Zubok and Pleshakov, 1996）。しかしながらフルシチョフの強硬姿勢は，軍事的手段を用いた西ベルリンの奪取ではなく，あくまでも外交手段を用いた西側勢力からの妥協の確保をめざしていた。

　これに対し西側3国は，ソ連の首脳会談開催の提案を退ける一方で，4国外相会談の開催を提案した。ソ連政府はそれを受け入れることになる。ベルリン危機解決をめぐるジュネーブ外相会談が1959年5月に開催されると，ドイツ講和問題をめぐって議論は行き詰まった。他方，この問題をめぐって対立をエスカレートさせないような一定の合意にたどりつき，この問題はしばらく平行線をたどることになった。西ベルリンは，一種の膠着状態の下にあったのである。

　この第二次ベルリン危機は，アメリカの大統領がケネディに代わってから，1961年6月のウィーン米ソ首脳会談で解決が模索される。8月には東西ベルリンを分断する高い壁が構築され，「ベルリンの壁」は，冷戦対立の中のヨーロッパ分断とドイツ分断を象徴する風景となった。結局，フルシチョフの冒険主義的な賭けは，現状維持という振り出しに戻されることになった。東西両側ともに，現状を

打破するほどの危険な軍事行動をとる意図はなく,他方で現状を受け入れるのに大きな困難を味わうのであった(岩間,2000)。

第二次ベルリン危機は,米ソ2つの超大国の首脳であるケネディとフルシチョフの会談の中で解決が模索された。これは象徴的であった。第一次ベルリン危機の際には,1949年のパリ外相理事会において,4大国間で解決が模索された。また,1955年のジュネーブ首脳会談では同様に4大国間でドイツ講和問題が議論され,その過程でイーデン英首相は大きな役割を果たしていた。1960年に開催が予定されていたパリ4大国首脳会談は,アメリカの偵察機であるU2がソ連領内で墜落したことによって,開催が中止された。その後に,冷戦の重要な問題が米ソ両大国間で議論され,解決されるようになる大きな転機となった。

フルシチョフはアメリカの指導者との直接的な対話を好み,そして訪米した初めてのソ連指導者となった。1959年9月に訪米し,アイゼンハワー大統領と会談したフルシチョフは,自らをかつてのスターリンの偉大さと重ね合わせた(Zubok and Pleshakov, 1996)。世界政治の頂点で,米ソ両国の首脳が問題を話し合うのである。1962年秋のキューバ危機の際にも,その解決の模索は米ソ間で行われた。

この1960年を境として,米ソ2つの超大国が対峙し,また協議するという,新しい種類の世界政治の構図が始まった。ポツダム合意で取り決められた,4大国によってドイツ問題を協議するという枠組みは,米ソ対立の構図に代わった。イギリスとフランスは,1956年のスエズ危機における屈辱的な挫折ののち,国際政治における発言力を著しく縮小させていたのである。

他方,1955年にヨーロッパ統合をめぐる新しいイニシアティブが発揮され,それは1958年の欧州経済共同体(EEC)設立へと向かう。

英仏などの西欧諸国は，1950年代を通じて植民地の独立という困難な問題に直面し，新しいアイデンティティを模索していた。その困難な問題に対する1つの光が，国際統合を進めて，新しい政治勢力として世界政治における発言力を確保することであった。新たな世界勢力としての「ヨーロッパ」は，次第に復興と自立へ向かうのであった。

● 引用文献 ●

石井修，1992「冷戦の『五五年体制』」『国際政治』第100号，日本国際政治学会。

石見徹，1999『国際経済体制の再建から多極化へ』山川出版社（世界史リブレット55）。

岩間陽子，1993『ドイツ再軍備』中公叢書。

岩間陽子，2000「ヨーロッパ分断の暫定的受容――一九六〇年代」臼井実稲子編『ヨーロッパ国際体系の史的展開』南窓社。

キッシンジャー，ヘンリー・A./岡崎久彦監訳，1996『外交』上・下，日本経済新聞社。

木畑洋一，1997『国際体制の展開』山川出版社（世界史リブレット54）。

紀平英作，1996『パクス・アメリカーナへの道――胎動する戦後世界秩序』山川出版社。

佐々木卓也，1993『封じ込めの形成と変容――ケナン，アチソン，ニッツェとトルーマン政権の冷戦戦略』三嶺書房。

シェクター，ジェロルド＝ヴャチェスラフ・ルチコフ編／福島正光訳，1991『フルシチョフ 封印されていた証言』草思社。

田所昌幸，2001『「アメリカ」を超えたドル――金融グローバリゼーションと通貨外交』中公叢書。

トルーマン，ハリー・S./加瀬俊一監修／堀江芳孝訳，1992『トルーマン回顧録〔新装〕』Ⅰ・Ⅱ，恒文社。

広瀬佳一,1993『ポーランドをめぐる政治力学——冷戦への序章 1939-1945』勁草書房。

細谷雄一,1999「ヨーロッパ冷戦の起源」『法学政治学論究』第43号。

細谷雄一,2001a「ウィンストン・チャーチルにおける欧州統合の理念」『北大法学論集』第52巻第1号。

細谷雄一,2001b『戦後国際秩序とイギリス外交——戦後ヨーロッパの形成 1945年～1951年』創文社。

マストニー,ヴォイチェフ/秋野豊・広瀬佳一訳,2000『冷戦とは何だったのか——戦後政治史とスターリン』柏書房。

ミコワイチク,スタニスワフ/広瀬佳一・渡辺克義訳,2001『奪われた祖国ポーランド——ミコワイチク回顧録』中央公論新社。

村田晃嗣,1999『米国初代国防長官フォレスタル——冷戦の闘士はなぜ自殺したのか』中公新書。

レッシング,ゲルト/佐瀬昌盛訳,1971『ヤルタからポツダムへ——戦後世界の出発点』南窓社。

リップマン,ウォルター/フォーリン・アフェアーズ・ジャパン編・監訳,2001「封じ込め政策ではなく,大いなる妥決を」『フォーリン・アフェアーズ傑作選 1922-1999——アメリカとアジアの出会い』上,朝日新聞社。

Bulter, R. and Pelly, M. E. eds., 1985, *Documents on British Policy Overseas, Series I, Volume I*, HMSO.

Bullen, R. and Pelly, M. E. eds., 1985, *Documents on British Policy Overseas, Series I, Volume II*, HMSO.

Deighton, A., 1993, *The Impossible Peace : Britain, the Division of Germany and the Origins of the Cold War*, Oxford University Press.

Dockrill, S., and Bischof, G. eds., 2000, *Cold War Respite : The Geneva Summit of 1955*, Louisiana State University Press.

DOS (Department of State) ed., 1970, *Foreign Relations of the United States, 1946, Volume III*, USGPO.

Gaddis, J. L., 1972, *The United States and the Origins of the Cold War 1941-47*, Columbia University Press.

Gaddis, J. L., 1997, *We Now Know: Rethinking Cold War History*, Oxford University Press.

Kaplan, L. S., 1984, *The United States and NATO: The Formative Years*, The University Press of Kentucky Press.

Loth, W., 1988, *The Division of the World 1941-1955*, Routledge.

Mawby, S., 1999, *Containing Germany: Britain and the Arming of the Federal Republic*, Macmillan.

McCauley, M., 1995, *The Khrushcev Era 1953-1964*, Longman.

Moran, L., 1966, *Winston Churchill: Struggle for Life*, Constable.

Ostermann, C. F., 1994, "The United States, The East German Uprising of 1953 and the Limits of Rollback", Cold War International History Project, Working Paper No. 11.

Parrish, S. D., 1993, "The Soviet Union and the Marshall Plan", Cold War International History Project, Working Paper No. 9.

Trachtenberg, M., 1999, *A Constructed Peace: The Making of the European Settlement 1945-1963*, Princeton University Press.

Zubok, V. and Pleshakov, C., 1996, *Inside the Kremlin's Cold War: From Stalin to Khrushchev*, Cambridge University Press.

第3章 ヨーロッパの復興と自立

⬆西独首相の座を降りるアデナウアー（左）と，見送るド=ゴール仏大統領。2人の友好関係は1963年の仏独友好条約に帰結し，のちの欧州統合の中軸を形成する（1963年9月21日，パリ空港。写真提供：AP/WWP）

冷戦としての米ソ対立の狭間で，ヨーロッパは過去の栄光と力を失っていた。植民地帝国は瓦解しつつあり，経済的困窮がしばらく続いていた。脱植民地化の波に覆われる中で，ヨーロッパ諸国はヨーロッパ統合に未来の希望を抱くようになる。統合によって再生しつつあるヨーロッパは，アメリカに対する相対的自立を求めながら，1950年代以降，大西洋同盟内での相互の確執を深めていった。

1 帝国の喪失

植民地問題をめぐる
国際政治

　第二次世界大戦は、アジア植民地における西欧支配の構図に地殻変動をもたらすことになった。それまで世界に広がる帝国によって自らの威信と繁栄を支えていた西欧諸国は、その帝国を失うことによって、自らのアイデンティティを再構築せねばならなかった。「帝国」から撤退した西欧諸国は、「ヨーロッパ」という枠組みに自国の将来を委ねることになる。しかしながら、そこに至る道のりは長く険しく、脱植民地化の時代の新しい現実に適合せねばならなかったのである。

　第二次世界大戦時の日本の東南アジアでの戦争行動は、アジアにおけるヨーロッパ植民地主義の伝統を決定的に破壊した（Stockwell, 1999）。1942年のシンガポール陥落によってイギリス軍は東南アジアで日本軍に降伏を強いられ、他方、オランダには東インドの植民地を防衛する能力はなかった。フランスではヴィシー政権がナチス・ドイツとの「協力関係」に入ったため、インドシナには容易に日本軍の影響が浸透し、「日仏協力」を強いられることになる（立川, 2000）。植民地に住む人々は、自らの生活の舞台を宗主国が守ってはくれぬことを知った。そして、偉大なるヨーロッパの植民地帝国が惨めに敗退する姿を目の当たりにした。これはアジアやアフリカの植民地で民族主義的な運動をする指導者たちに対して、大きな精神的変化をもたらすことになった（ソーン, 1989）。

　脱植民地化へ向けての最初の大きな動きは、日本が敗北し撤退し

たあとのアジアで始まった。イギリス政府は，マラヤやシンガポールで植民地支配への復帰を達成する一方で，インドの独立問題に直面した。インドはイギリス帝国の中で，最大規模かつ最も重要な歴史を担っていた。ところが，1947年8月にアトリー労働党政権は，インドとパキスタンの独立を容認した。イギリス政府の思惑は，敵対的なインドと独立戦争を戦うよりも，インド独立へとイギリス自らがイニシアティブを発揮し，コモンウェルス（英連邦）の中に友好的に位置づけた方が自らの利益になる，ということであった（Louis, 1986）。事実，ビルマ（ミャンマー）を除いて，独立後のインド，パキスタン，セイロン（スリランカ）はコモンウェルスの一員となった。イギリスは部分的に脱植民地化を容認しながら，依然として自らの世界的な影響力と責任を確信していた（Strang, 1961）。

戦後すぐにイギリス政府が，世界帝国の解体を望んでいたわけでも，受け入れたわけでもなかった。コモンウェルスとしての結束をはかりながら，イギリスの世界大国としての地位を維持することが重要だったのである。同様にフランスにしても，植民化に復帰することで「大国」としての威厳を手に入れたかった。世界政治において米ソと対等な地位を得るために，アジア・アフリカ植民地の資源が重要視されるようになるのであった。

西欧植民地協力と「第三勢力」構想

アジアやアフリカにおける脱植民地化の動きは，次第に冷戦対立の構造の中に組み込まれていった。植民地においては，民族主義者が共産主義者であることが少なくなかったのである。とりわけイギリスにおけるマラヤや，フランスにおけるインドシナでは，この新たな冷戦対立という問題が脱植民地化の過程をより複雑なものにした。この脱植民地化と冷戦対立の交錯の中に，戦後世界政治の

表3-1 主要な植民地の独立 (1945-80年)

国	植民地支配国	独立年
インド	イギリス	1947年
パキスタン	イギリス	1947
ブルマ	イギリス	1948
インドネシア	オランダ	1949
ガーナ	イギリス	1957
マラヤ	イギリス	1957
仏領アフリカ諸国		1960
アルジェリア	フランス	1962
ギニアビサウ	ポルトガル	1974
モザンビーク	ポルトガル	1975
カーボベルデ	ポルトガル	1975
サントメ	ポルトガル	1975
アンゴラ	ポルトガル	1975
ジンバブエ	イギリス	1980

[出典] John Baylis and Steve Smith eds., *The Globalization of World Politics*, Oxford University Press, 1997.

困難が生じる。ナショナリズム抑圧の原理として，冷戦対立の論理が持ち込まれることが少なくなかったのである（木畑, 1996）。それがはたしてナショナリズムとしての民族解放戦争なのか，共産主義勢力のアジア・アフリカへの膨張の危機なのかを，明確に断定するのは困難であった。この両者が植民地における国内勢力の分裂をもたらし，国際的な内戦をもたらすことになるのである。

戦後イギリス政府は，「西欧ブロック」の形成によって，西欧植民地を結集する必要を説いていた。とりわけ共産主義勢力に対する脅威認識が高まると同時に，その必要性が強く叫ばれるようになった。「西欧ブロック」とソ連圏という2つの勢力の境界線上にある，東地中海，中東，マラヤ，インドシナにおいて，現地勢力が「西欧ブロック」の内側に入ることが重要であった。戦後ヨーロッパにお

ける西欧協調の動きは，世界政治における冷戦対立の構図と並行して進められたのであった。脱植民地化の過程で冷戦対立の構図がそこに浸透することは，同時に，冷戦対立がヨーロッパからアジアやアフリカへと拡大することを意味していた。そのような国際環境の変化の中で，相対的に力を失いつつある西欧諸国は，自らの影響力を維持するために新しい協調の枠組みを模索していた。

米ソ2つの巨大な超大国が国際政治の中心に位置するようになると，英仏を軸とする西欧諸国は，世界で「第三勢力」としての「西欧ブロック」を現実に形成する方向へと動く。それは，世界政治における巨大な勢力を結集することを目的としていた（Kent, 1993）。西欧諸国は，ヨーロッパとアフリカが一体となれば，経済力と資源量の規模で米ソと対等な力となりうると考えていた。そこで，西欧諸国にとってのアフリカやアジアの植民地の価値が再認識されたのである。

また，経済力や軍事力の限界を認識するフランスやオランダなどの西欧諸国は，とりわけ東南アジア植民地の維持において，イギリスとの協調が不可欠であると考えていた（Stockwell, 1999）。西欧諸国，なかでもイギリスは，アメリカと対等の地位を手に入れるためにも，植民地政策の協調によって巨大な世界勢力を形成することを望んでいたのであった（Kent, 1993）。ところが，次第にそのような西欧植民地協力としての「第三勢力」構想が，幻想にすぎないことが明らかとなる。西欧諸国政府は，アジアやアフリカにおけるナショナリズムの強さを，あまりにも小さく見積もっていたのであった。

脱植民地化の苦悩

西欧諸国が想定していた以上に，植民地における民族主義者の抵抗は力強かった。西欧諸国による植民地を包摂した「第三勢力」構想は，あくまでもそ

の植民地が宗主国に協調的であり、かつ全体としての結束と統一性が得られることを前提にしていた。ところが、オランダにおけるインドネシアやフランスにおけるインドシナでは、戦後その支配に抵抗する強力な民族主義者による独立運動が興隆する。疲弊した経済力しか持ち合わせていないオランダやフランスは、東南アジアにおける植民地維持のために莫大な労力を費やすことになった。とりわけインドシナにおける民族主義的な抵抗は、フランス政府に多大な労力を強いることになるが、その奔流を食い止めることはきわめて困難であった。インドシナ戦争やインドネシア独立戦争をめぐる西欧諸国の困難は、植民地主義に対する抵抗の巨大さをあまりにも小さく見積もり、軍事力行使で問題を解決できると楽観視した帰結であった。

インドシナにおいては、ホー・チ゠ミン率いるヴェトナム独立同盟（ヴェトミン）が、1945年9月2日にヴェトナム民主共和国の独立宣言を一方的に行った。これを受け入れることのできなかったフランス政府は、自らの権威を失わないためにも1946年12月以降、軍事介入を行い、インドシナ戦争が始まった。フランス政府は、自らの傀儡政権ともいえるバオ゠ダイを擁立したヴェトナム国を樹立するが、ホー・チ゠ミンを筆頭とした民族主義者たちはそれを受け入れることはできなかった。この2つのヴェトナム政府の対立が、次第に国際的な内戦に発展した（矢野, 1986）。

財政的に困窮するフランス政府は、次第に冷戦と共産主義勢力の脅威のレトリックを使いながら、アメリカの財政的支援を強く求めるようになる。アメリカの財政支援の下で、インドシナ戦争は出口の見えない消耗戦となった。1954年には、マンデス゠フランス仏首相が固い決意を持ってインドシナ戦争終結へ向けて外交を展開し、

1954年のジュネーブ会談でどうにか大国間の合意を取り付け，休戦協定の実現に到達した（松岡，2001）。東南アジアにおけるフランスの植民地主義は，ここに終焉した。

イギリスもまた，民族主義者や共産主義者の抵抗の中で，自らの東南アジア植民地維持をめぐって苦境に立たされていた。マラヤで華人系の共産主義者の暴動が激しくなると，1948年6月にイギリス政府は「非常事態宣言」を発表した。これは，共産主義勢力との冷戦対立が激しくなりつつある中で，東南アジアのイギリス植民地を維持しようと試みる固い決意の表明であった。マラヤはイギリスにとって，錫やゴムの産出地を意味するばかりか，ドル獲得のための重要な供給地であった（木畑，1996）。また，このころイギリス政府内では，マラヤの共産化は東南アジア全体をソ連の支配下に委ねることになるだろうという，「ドミノ理論」が語られていた。それは中国内戦において，共産党が勝利を収めつつある最中のことであった。

フランスがインドシナ戦争で国力を疲弊させ，イギリスが民族自決の波に翻弄される中で，アメリカはこの問題にどのように対応すべきか困惑していた。「反植民地主義」の理念を高らかに誇り，それを建国以来の理念ともしていたアメリカは，他方で植民地独立の過程で共産主義者が新興独立諸国の政権を握ることには反対であった。したがって，「反植民地主義」と「冷戦の論理」という2つの理念の狭間で，アメリカ政府は揺れ動いていた。そのような中で，スエズ危機をめぐる外交劇が繰り広げられることになった。

スエズ危機とその後

1952年にエジプトで革命が起こり，それまで親英的であった君主制が転覆して，反英的姿勢を持つナセル率いるアラブ・ナショナリストが政権を担うこ

とになった。中東はイギリスの世界戦略にとって、心臓部にもあたる重要な拠点であった。スエズ運河は、その大部分が英仏の共同出資によって成り立っており、またこのころアメリカも次第に中東への影響力を浸透させつつあった。それに対して、エジプト政府は英軍のスエズ撤退を要求し始め、次第にこのスエズ問題は国際問題化する。水面下で英米がナセル政権転覆の構想を練り、また他方でイギリス政府は、ナセルとの外交的妥協を模索していた。これはイギリス帝国にとって、その将来を左右するような重要な威信の問題であり、安易な妥協でその威厳を傷つけることは避けたかった。

1955年に首相に就任したイーデンは、迅速な解決を模索する。若きころにオクスフォード大学でアラビア語を学び、それを堪能に操ることのできるイーデンは、自らの手でアラブ・ナショナリストとの妥協に到達したかった。しかしながら、このころイーデンは、長年の外相としての激務の末に精神をすり減らし、またたび重なる病状の影響からも、忍耐強い交渉能力を発揮することはできなかった。

イーデンの希望に反して、中東情勢は次第に妥協困難な様相を見せ始めた。エジプトのナセル大統領は、このころソ連に近づいていた。これに憤慨したアメリカ政府はエジプトへのアスワン・ダム建設の経済支援を停止し、ナセルは苦境に追い込まれる。この苦境を、ナセルはスエズ運河の国有化によって切り抜けようと試みたのである。

このことによって英仏両国政府は挑戦を受け、何らかの対策を講じねばならなかった。英仏両国政府はナセルに圧力をかけて、国有化を再検討するよう要請した。しかし、ソ連や多くの新興独立諸国の支持を得ていたナセルは、強行突破をはかった。このナセルの挑戦に対しイーデンは、冷戦のレトリックを使ってその脅威を訴えた。

さらにヒトラーとナセルを同一視することで安易な妥協を排する姿勢を示して，アメリカの支援を取り付け，国際世論の支持を得ようと試みた（佐々木，1997）。そして英仏両国政府は，武力行使によって強引な問題解決の策に出たのである。

1956年10月，英仏両国は極秘裡にイスラエルと接触し，イスラエルがエジプトに戦争をしかけて，英仏両国軍がその仲裁とスエズ運河「保護」の名目で武力介入するという「共謀」を考えた。英仏両国は，独自の軍事力と構想でこの問題の解決を試みたのである。問題は，アメリカ政府がこの英仏の軍事行動を容認するか否かであった。11月に大統領再任が決まったアイゼンハワーは，ダレス国務長官とこの問題を検討する。国際世論ばかりか，英仏両国内でもこの「帝国主義的」な軍事行動に反対する声が高まる中で，「反植民地主義」の崇高なる理念を掲げるアメリカが，英仏のこの行動を容認するわけにはいかなかった。

ダレスによれば，「われわれがリーダーシップを発揮しなければ，これらのすべての新興独立諸国はわれわれから離れ，ソ連の下へと向かうであろう」。イギリス政府の当初の予想に反して，アメリカは徹底して英仏の帝国主義的な武力行使を非難することになった。アメリカ政府は，「反植民地主義」の理念を，同盟諸国との関係よりも優先させたのである。ダレス国務長官の目には，スエズでの英仏の帝国主義的な武力行使は，ハンガリーでのソ連の帝国主義とほとんど同じような，野蛮な行動であった（Louis, 1986）。

アイゼンハワー大統領は，厳しくこの英仏の行動を非難した。また，同時にソ連政府は，軍事行動も辞さぬ姿勢で英仏合同軍のスエズからの撤退を要求した。イギリスは屈辱的な撤退を決意し，それにともなってフランスも作戦を中止した。もはやイギリスもフラン

スも，世界戦略上で最も重要な位置を占めている中東問題においてさえも，独力で解決することができなかったのである。イーデン首相は，この問題が原因で政治的に失脚し，1957年1月には「健康上の理由」で首相を辞任する。フランスもまた，自らの外交指針を再考せざるをえなくなった。しかしながら，イギリスとフランスはそれぞれ異なる方向へ進むことになる。

イギリスは，あらためて英米関係の重要性を認識した。アメリカとの協調を無視しては，重要な外交問題を解決することはできない。したがって，イーデンを継いだマクミラン首相は，外交政策の基軸に英米協調を掲げたのである。他方，フランスは，アメリカの非難を浴びてすぐさま撤退したイギリスに対し強い不信感を抱いた。重要な局面でイギリスは，フランスではなくアメリカを選ぶのである。フランスはこののち，欧州経済共同体（EEC）設立に積極的な姿勢を見せ，さらには仏独協調の枠組みを強化する方向へと進むことになる。植民地を失い，アメリカからの支持も得られぬヨーロッパは，もはやヨーロッパ統合によって自らのアイデンティティを確認し，自らの将来を託すしかないのであった。

2 ヨーロッパ統合の理想と現実

ヨーロッパ統合の起源　戦後西欧諸国がヨーロッパ統合を希望した背景には，「ヨーロッパ連邦」を成立させることによって平和的なヨーロッパ秩序を構築したいという理想と同時に，現実的な考慮から国益を実現し困難な問題を解決しようとする意図が存在していた（細谷，2001c）。戦後の西欧諸国，とりわ

けフランスにとっては，超国家的な枠組みの中にドイツを埋め込んで自らの国家安全保障を実現させることが最重要であり，同時に自国の産業近代化のためにも「ヨーロッパ」という枠組みを用いることが必要であった（Milward, 1992）。また，2度の世界大戦によって「国民国家」への信頼が著しく低下した大陸の西欧諸国では，国家主権を制限してヨーロッパ統合という枠組みを用いることが，理想的な永久平和にたどりつくための重要な鍵であると考えるようになる（木畑, 1998）。

　理想実現へ向けての強い信念と，自国の国益や安全保障問題解決のための現実主義的な考慮のどちらが欠けていたとしても，ヨーロッパ統合の動きが現在の水準に達するほど進展することはなかったであろう。理想主義と現実主義の見事な調和こそが，戦後ヨーロッパ統合を発展させた土台となっていた。

　「1948年」は，戦後のヨーロッパ統合を考える上での重要な年となった。まず1946年9月の「ヨーロッパ合衆国」を求めるチャーチルに導かれたヨーロッパ運動の圧力運動は，1948年のハーグでの「ヨーロッパ会議（the Congress of Europe）」へと帰結した。この会議は，西欧諸国政府に統合の進展を強く要求した。他方，1947年末のロンドン外相理事会の決裂により，西欧諸国政府もその結集によって西欧の安全保障と復興をめざすようになった（細谷, 2001c）。1948年3月のブリュッセル条約は，ヨーロッパ統合の起源をめぐっても，重要な意味を持っていたのである。そのイニシアティブを発揮したのが，イギリス政府のベヴィン外相であった。

　1948年1月のベヴィン外相の「西欧同盟」を提唱する議会演説は，西欧諸国の強い支持を得て，3月17日のブリュッセル条約調印へと結実する。このブリュッセル条約（西欧同盟）は，当初はヨーロッ

Column ⑥ ヨーロッパ統合の流れ

ヨーロッパ統合は、いつどのように始まったのだろうか。思想史的な起源として、統一的なヨーロッパを構築する動きはシャルルマーニュの時代にまで遡り、古くから見られた。またローマ法やキリスト教といった求心力を軸として、イスラム教徒からヨーロッパを守る動きも見られた。しかしながら、政治的運動としてのヨーロッパ統合は、巨大な「ヨーロッパ内戦」としての第一次世界大戦を経験したのちに、本格的な動きが始まった。重要なものとしては、東京生まれのクーデンホフ=カレルギー伯爵の「パン・ヨーロッパ運動」や、ブリアン仏首相の「ヨーロッパ連合」構想などがあげられる。だが、これらの構想は、決して現実の政策に移されることはなかった。

第二次世界大戦による惨劇を見て初めて、ヨーロッパ諸国は統合への強い意志を固めるのである。1946年9月のチャーチルの「ヨーロッパ合衆国」演説によるイニシアティブは、1948年5月のハーグにおける「ヨーロッパ議会（European Assembly）」設立への宣言に帰結した。これは巨大な圧力運動となって、西欧諸国政府に統合への動きを促した。西欧諸国政府は1948年以降、ブリュッセル条約機構、欧州経済協力機構（OEEC）、欧州審議会というような政府間協力に基づく統合をめざすが、これは連邦主義者たちの希望とはほど遠いものであった。1948年から50年までのヨーロッパ統合をめざす動きは、国家主権を傷つけぬかぎりでの統合であった。

パ統合の中核となることを期待されていた。西欧同盟諮問理事会が開かれ、そこで以後のヨーロッパ統合の方向についての議論が進められた。1948年5月にハーグで「ヨーロッパ会議」が開かれ、連邦主義的な「ヨーロッパ議会」設立を求める決議が採択されると、西欧同盟諮問理事会では次第にこの問題に関する議論が行われるようになる。

フランスのドイツ政策をめぐる重要な転機は、1948年7月のビ

新しい画期的な動きは，1950年5月9日のシューマン仏外相の仏独統合計画から始まる。これは，当時フランスの産業近代化をめざしていたジャン・モネの構想によるものであった。このシューマン・プランの成功によって，のちにモネは「ヨーロッパの父」と呼ばれ，5月9日は「ヨーロッパの日」とされた。この構想の画期的な点は，国家主権を共有する超国家的な統合計画である点であり，また欧州石炭鉄鋼共同体（ECSC）として，現実の機構設立を成功させた点である。

　1957年にシューマン・プラン参加6カ国は，新たに欧州経済共同体（EEC）条約と欧州原子力共同体（EURATOM；EAEC）条約という，2つのローマ条約に調印する。EECはのちのヨーロッパ統合の骨格を形成することになり，ローマ条約は欧州共同体（EC）法として，ECの法的枠組みを提供する。1967年には，3つの欧州共同体を融合してECが誕生した。ECは1970年代に，多極化する世界の中で，新しい重要な国際経済主体として位置づけられるようになる。

　さらに重要な新しい動きは冷戦終焉後の1990年代に生じた。1993年のマーストリヒト条約発効によって，新たに欧州連合（EU）が誕生し，これは政治統合という重要な要素を包摂することになった。21世紀が到来し，EUは世界政治においてより大きな影響力を持つことになるであろう。

ドー仏外相の連邦主義的な「ヨーロッパ議会」の設立を求める宣言であった。ビドー外相はそもそも，政府間協力としてのヨーロッパ統合を望んでいた。ところが，1948年6月に西ドイツの通貨改革と連邦政府形成へ向けての合意が見られると，ドイツ問題解決のために，連邦主義的な統合という枠組みを求めるようになったのである。ドイツ問題を「ヨーロッパ」という超国家的な枠組みによって解決しようとする試みは，7月末に新たに仏外相に就任したシューマン

によって積極的に推進される。

ところが西欧同盟内では，政府間協力としての統合を望むイギリス政府と，より連邦主義的な統合を求める大陸西欧諸国政府との間で厳しい対立が続いていた（細谷，2001c）。この問題に関しては，1949年1月に，イギリスの要望に近い政府間協力の枠組みで「ヨーロッパ審議会」設立をめぐる合意が得られた。このヨーロッパ審議会は，1949年5月に設立条約が調印され，同年8月に第1回の会合がストラスブールで開催された。しかしながら，これは連邦主義者たちが望んでいた「ヨーロッパ議会」とはほど遠いものであり，ヨーロッパ大陸の連邦主義者たちは大きな失望を味わった（Bitsch, 1996）。

フランス政府は，もはやイギリスとの協議の中で新たな統合へ向けてのイニシアティブを求めるのは困難であると考えざるをえなかった。フランスはヨーロッパ統合のリーダーシップを発揮するために，新しい動きを見せるようになる。それが，1950年5月に発表される，シューマン・プランであった。シューマン・プランを転機として，ヨーロッパ統合のリーダーシップはイギリスからフランスへと移ったのである（細谷，2001b）。

シューマン・プランとフランス

フランス政府がシューマン・プランを発表しヨーロッパ統合のリーダーシップを発揮しようとした背景には，いくつかの要因が見られた。第1には，ドイツ問題解決という背景の中で，ヨーロッパ統合を進めたことである（上原，1994）。これは前述のように，1948年6月以降，ビドー外相やシューマン外相のいくつかのイニシアティブに見ることができる。第2には，フランスの経済近代化計画，すなわち「モネ・プラン」としての経済的動機から，ドイツと

図3-1 EU拡大の歩み

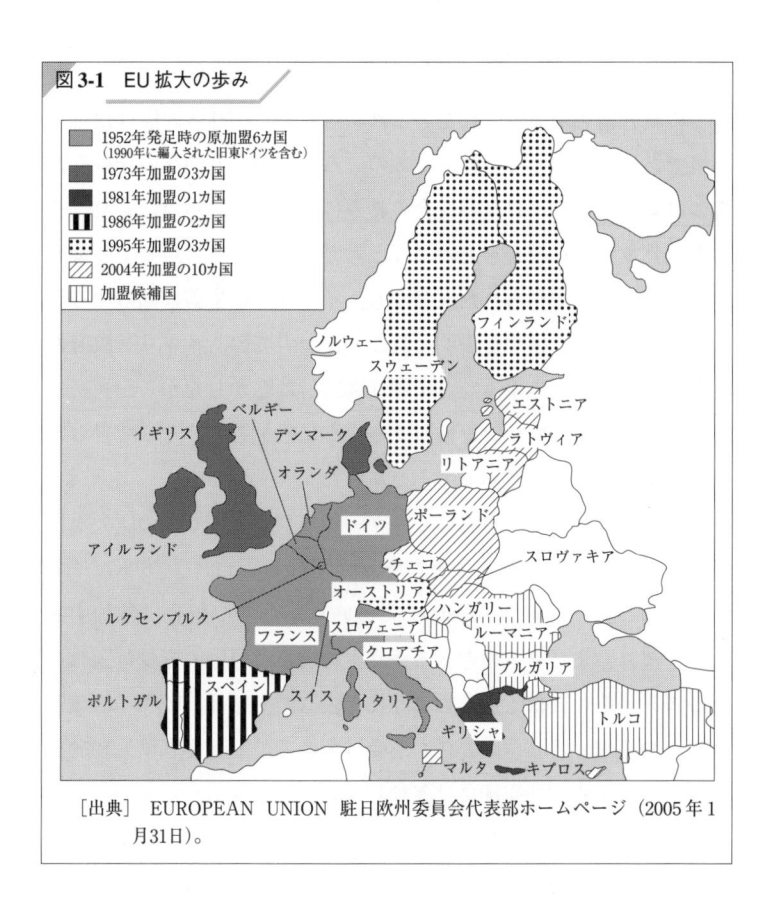

- ■ 1952年発足時の原加盟6カ国（1990年に編入された旧東ドイツを含む）
- ■ 1973年加盟の3カ国
- ■ 1981年加盟の1カ国
- ▥ 1986年加盟の2カ国
- ▦ 1995年加盟の3カ国
- ▨ 2004年加盟の10カ国
- ▥ 加盟候補国

［出典］ EUROPEAN UNION 駐日欧州委員会代表部ホームページ（2005年1月31日）。

の連携によるヨーロッパ統合が求められた（廣田，1998）。第3には、イギリスの政府間協力に代わる、画期的な連邦主義的な統合を進めるために、新しい統合のイニシアティブが模索された（田中，1980）。これらの要因が重なり、ジャン・モネの構想に基づいて、フランスをリーダーシップとする新しい統合のイニシアティブが発揮された。これはまた、1948年6月以降に進められた、フランスの新しいドイツ政策の論理的な帰結でもあった（Stirk and Weigall, 1999）。

2 ヨーロッパ統合の理想と現実

先にも述べたように，1950年5月9日に，シューマン・プランとしての統合構想が発表された。これに対してイギリス政府は複雑な心境であった。イギリス政府はこのころ，大西洋共同体の枠組みを傷つけるようなヨーロッパ統合の動きには反対であった。また，モネが連邦主義的な統合を進めようと考えていることに対しての警戒感が，少なからず見られた。しかも，イギリスに事前に知らせることなく，一方的に構想を表明したことについての，イギリス政府の感情的な不満は大きかった。イギリス政府はしかしながら，当初はそのシューマン・プランを検討する交渉に参加して，そこで自らの望む方向へと議論を進める考えであった（細谷，2001b）。

　ところが，モネは，自らのリーダーシップがイギリスの巨大な影響力によって損なわれることを嫌った（Young, 1984）。モネはイギリス政府に，「連合（association）」というかたちで統合に参加することを望み，またモネの考える連邦主義的な「原則」を受け入れないかぎり，そこには参加せぬように主張した。結局，イギリス政府はモネの要求する「白紙委任」を受け入れることができず，1950年6月から始まるパリ交渉には参加しないことになる。

　1950年6月以降，パリで，フランスのリーダーシップの下で新しいヨーロッパ統合をめぐる協議が始まった。そこには，フランス，西ドイツ，イタリア，オランダ，ベルギー，ルクセンブルクの西欧6カ国が加わっていた。オランダ政府はモネの考えるあまりにも超国家的な原則を好まず，シュピーレンブルク外相は政府間主義的な要素がより強くなるよう要求した（Spierenburg and Poidevin, 1994）。締結すべき条約の文書内容をめぐって，6カ国間で厳しい交渉が続けられていたのである。

| プレヴァン・プランと
| ジャン・モネの挑戦

ところがその過程で，そのモネの構想全体を破壊しかねない問題が生じる。それは，西ドイツの再軍備問題であった。シューマン・プラン実現をめぐる交渉が始まった直後に，アメリカ政府は西欧防衛のために西ドイツの再軍備を強く要求した。フランス人にとっての深刻な問題は，ドイツ人が独自の軍事力を持つことにより，のちに自立的で国家主義的な外交を進めるようになることであった。とすれば，モネの考える超国家的なヨーロッパ統合にドイツを埋め込むという構想は，破綻せざるをえない。あるいは，最も懸念する悪夢は，経済的にも成長し軍事的にも強大化したドイツが発言力を増して，統合されたヨーロッパを支配することであった。

モネにとっては，「最終的に，フランスがヨーロッパのリーダーとなる」ことが重要であった。したがって，フランスとしては，のちにドイツの国家主義的な行動を喚起し，強大な国家的な発言力を与えるような，国家単位でのドイツ再軍備を受け入れることはできなかった。モネによれば，「シューマン・プランと同様の原理に基づいた一貫した政策が必要」なのであった（細谷，2001c）。さもなければ，「シューマン・プランの交渉失敗の危機が生じ，またドイツが伝統的な方向へと戻ってしまう」のである。シューマン・プランを救うためにも，新しいドイツ再軍備構想が必要であった。

そこでフランス政府は1950年10月に，プレヴァン・プランとしての超国家的統合によるドイツ再軍備構想を発表する。このシューマン・プランとプレヴァン・プランという2つのヨーロッパ統合構想は，モネのアイデアに基づくものであり，緊急のドイツ問題を解決し，そしてフランスのリーダーシップの下で，大陸ヨーロッパにおける勢力を結集するものであった。シューマン・プランは，1951年

4月に欧州石炭鉄鋼共同体（ECSC）設立条約として結実する。さらに1952年5月には、プレヴァン・プランがヨーロッパ防衛共同体（EDC）条約として調印され、懸念されていたドイツ問題はモネの構想に沿ったかたちで解決が模索される。ここで、フランスのイニシアティブによるヨーロッパ統合の方向が明らかになった（Bossuat, 1996）。しかしながら、モネの統合構想は、いくつかの問題をはらむものでもあった。その問題は、政治統合構想の挫折という結果を招くことになる。

政治統合計画の挫折

1952年5月にEDC条約がシューマン・プラン参加6カ国によって調印され、同年8月にECSCの超国家的「最高機関（High Authority）」が設立されると、ジャン・モネは統合のさらなる飛躍を求めて冒険に乗り出した。それは、この2つの超国家的機関を政治的に統制することになる「ヨーロッパ政治機構（EPA）」の設立である。モネはこのころ、「連邦的なヨーロッパ議会として、遅くとも1953年までに直接ヨーロッパ選挙が実施されることが重要である」と語っていた（細谷, 2001b）。

機能主義的な部門に限定した統合の成功をある程度達成したモネは、EPA構想の実現によって、次にはさらに野心的な連邦主義的な政治統合を進めようと考えていた。1953年3月に、EPAをもとに考案した「ヨーロッパ政治共同体（EPC）」設立規約が調印される。その間ベネルクス3国政府はときおり、モネのあまりにも急進的で超国家的な構想に抵抗を示したが、協議のペースはECSC最高機関の初代委員長であるモネ自らが握っていた（Spierenburg and Poidevin, 1994）。このEPCは、ECSCとEDCを政治的に統御することが目的とされ、のちの「ヨーロッパ連邦」の中核となる政治機

構と目されていた (Griffiths, 2000)。ところが、このころフランス国内では、EDC の批准問題をめぐって歴史的な大論争が繰り広げられていたのである。

国際環境の推移とフランス国内政治の混乱によって、EDC 条約のフランス議会での批准は絶望的な状態に陥っていた。EPC 設立規約が調印された1953年3月にはスターリンが死去して、国際政治の緊張緩和への期待が抱かれていた。また、1953年には朝鮮戦争における停戦合意が実現した。それまで、ドイツ再軍備の実現を求めた最大の根拠は、ソ連の軍事的脅威であった。したがって東西対立が切迫した危機をもたらさないということであれば、フランス人にとって最大の不安をもたらすドイツに、わざわざ強大な軍事力を持たせる必要はなかった。しかも、このころ西ドイツは急速な経済成長を進めつつあり、EDC や EPC が最終的にドイツ人によって支配される懸念が抱かれた。もしも、ドイツの脅威が再来したときに、そこにあるのは軍事的に非実効的な EDC としての防衛機構のみであり、もはやフランスの栄光ある国民軍は存在しないのである。

それは、フランスの栄光とフランス軍の伝統を重視するド゠ゴールにとっては、決して認められることではなかった。ド゠ゴール派勢力は議会内で同床異夢の共産党と結託し、EDC 反対の一大勢力を築くことに成功する。結局1954年8月30日に、フランス国民議会は EDC および EPC という2つの政治統合計画を葬り去り、モネの超国家的な壮大な政治統合構想はもろくも崩れてしまったのである。はたして、その後ヨーロッパ統合はどうなるのであろうか。

メッシーナ会議とEEC の成立

1954年8月の EDC 批准拒否は、ヨーロッパ統合の将来に深刻な不安をもたらした。というのもこのことは同時に、EPC 規約

の拒否をまた意味し，それにより「ヨーロッパ連邦」へ向けて超国家的な政治統合を進めるという夢も崩れた。ヨーロッパ連邦へ向けての，明瞭なる道筋を失ってしまったのである。

ジャン・モネに代わってこの時期にヨーロッパ統合のイニシアティブを発揮したのが，小国ベルギーのスパーク外相であった。スパークは一貫して，ヨーロッパ統合の熱烈な支持者であった。そのスパークが初めてヨーロッパ統合において決定的に重要なリーダーシップを発揮するのは，「ヨーロッパの再出発」へ向けての1955年6月のメッシーナ会議であった。

このメッシーナ会議は，EEC 設立につながる重要な起源となった。イタリアのシチリア島のメッシーナに ECSC 加盟6カ国の外相が集まり，「共同市場」成立へ向けての協議を始めた。ベネルクス3国のイニシアティブはメッシーナ決議に結実し，その具体的な詳細はスパーク委員会に託された。1956年5月にスパーク報告を提出し，これがのちの EEC に骨組みを与えることになる。しかしながら，フランス国内では，この「共同市場」形成へ向けてのイニシアティブにはほとんど関心が抱かれてはいなかった。むしろフランスは，同年秋のスエズ危機での挫折によって国際的非難を浴び，自らの世界政治でのアイデンティティの危機に陥っていたのである。

フランス政府は当時，「共同市場」を求めるスパーク委員会のイニシアティブに必ずしも好意的というわけではなかった。フランスではとりわけ社会党の政治家たちを中心として，「共同市場」によって関税同盟を結成することへの反対が少なくなかった（Guillen, 1992）。そのフランスが「共同市場」計画へと向かった大きな理由は，国際政治的な考慮であった。スエズ危機の失敗で自らの非力を実感し，2つの超大国の前での自らの存在の小ささをあらためて思

い知らされたのである。

　また,国家主権を確立し,急速に国力を強めていた西ドイツに対して,当時の首相ギ・モレは,「ドイツのナショナリズム復活の脅威は決して神話ではない」と懸念を示していた。フランス国内では,「ヨーロッパ」の枠組みを用いることは,ドイツの脅威を押さえ込むと同時に,自らの威信と国力を回復させるためのほぼ唯一の方策と考えられるようになった。スエズ危機の数カ月前にギ・モレは,「統合されたヨーロッパのみが,2つの巨人の前でどうにか威厳を持ちうるのである」と述べていた (Guillen, 1992)。また,当時モレの秘書官であったエミール・ノエルは,モレがヨーロッパ統合を望んだのは,それが,「大西洋同盟の中での,ヨーロッパ人の自立とアイデンティティをもたらす」からであったという (Guillen, 1992)。

　EEC設立への動きがスパークを軸に進められる一方で,ジャン・モネは新しい統合へのイニシアティブを模索していた。それは,欧州原子力共同体 (EURATOM) へ向けての動きである。スパークとは別に,モネは独自にEDC失敗後の新しい突破口を探していたのである。このころ,エネルギーとしての石炭や鉄鋼はその重要性を低下させつつあった。それに代わって新しいエネルギーとして大きな注目を集めていたのが,核燃料であった。さらに核燃料は核兵器へと転用可能という意味でも,きわめて複雑な問題をもたらしていた。

　先に述べたように,フランスがシューマン・プランを求めた1つの理由として,ドイツの脅威に対して「ヨーロッパ」という枠組みを用いて解決するという動機があった。このころにはドイツ問題の本質は,もはやドイツの石炭鉄鋼資源の独占という問題ではなく,核開発問題となっていた。西ドイツ政府は,独自に核兵器開発を考

慮していることを何度かほのめかせていた。モネは,西ドイツの核開発を何らかの超国家的な枠組みの下に置くことを強く求めるようになる。これが,モネが EURATOM を強く求める最大の根拠であった。このモネの EURATOM への動きは,「共同市場」形成へのスパークの動きとは異なり,フランス国内では好意的に受け止められていた (Stirk and Weigall, 1999)。

1957年3月,EEC と EURATOM という新しい2つのヨーロッパ統合を発展させる条約(ローマ条約)が調印された。スエズ危機での英米両国への不信感が,フランスを「ヨーロッパ」へと向かわせる大きな動機となった。モレ首相は,アメリカから一方的に命令されることが我慢できなかった。モレは,次のように語っていた。「ヨーロッパとアメリカが,対等な地位でその関係を発展させる必要があるのだ」。また当時,仏外相であったピノーは,次のようにスエズ危機を振り返る。「スエズ事件は多くの示唆をわれわれに与えた。というのも,それはヨーロッパ諸国に,独力では自国を守ることができないことを示し,アメリカは考えられていたように信頼できるわけではないということを示し,そしてアメリカとの経済協力はどちらかというと曖昧であり,かつてないほどヨーロッパが必要だということを示したのである」

同時に,このころフランス政府は泥沼化するアルジェリア戦争に疲弊しており,その意味でも「植民地主義」に代わる「ヨーロッパ」の枠組みの意義を,十分に意識していたのである (Guillen, 1992)。

フランスが「ヨーロッパ共同体」へ向かう一方で,イギリスはそれとは一線を画して,英米「特別の関係」の強化へと向かっていた。ここでイギリスとフランスは,再び異なる方向へと向かっていたの

である。スエズ危機はその意味でも,英仏が異なる教訓を得て,異なる道を歩むことの転機となった。この路線の違いは,1958年以降のマクミラン英首相とド=ゴール仏大統領との対立によって,さらに問題を複雑化させることになる。

> マクミランと
> ド=ゴール

1954年のEDCの挫折は,イギリスにあらためて超国家統合の限界を知らしめた。また,イギリス抜きでのヨーロッパ統合が実にもろいものであると考え,その新しいイニシアティブを真剣に考慮しようとしなかった。「ヨーロッパ再出発」のこの重要な時期にイギリス首相としてヨーロッパ政策を指揮したのは,イーデンを継いだマクミランであった。また,1955年のメッシーナ会議からイギリス代表を離脱させる決定を行ったのは,当時の外相マクミランであった。

マクミランは,1955年に成立したイーデン政権で外相と蔵相を歴任し,1957年には首相に就任した。マクミランは,自らが長年抱いていた政府間協力としての,イギリスをリーダーとする新しいヨーロッパ統合構想を推し進めるようになる。これはコモンウェルスと似たかたちでの緩やかな自由貿易圏(FTA)を意味し,当時,政府内では「G計画」と呼ばれていた。マクミランは,スパーク報告を土台としたEEC設立への動きが失敗し,西欧諸国がこの「G計画」を受け入れて,イギリスをリーダーとする新しいヨーロッパ統合が始まると期待していた。しかしながら,スパーク報告を検討していた「6カ国」はこのマクミランの構想にあまり魅力を感じず,それを拒否することになる。

マクミランの非現実的な野望はくじかれ,西欧はEECに参加する「6カ国」と,マクミラン構想に参加する「7カ国」に分裂した。

マクミランは「6カ国」の対応に激怒した。マクミランは「6カ国」がマクミランの自由貿易圏構想に加わらないことに憤り，NATOからの撤退をも考慮して，「あらゆる武器を用いて抵抗する」と論じていた（May, 1999）。マクミランは，イギリスの国益に最適なかたちでの，イギリスのリーダーシップによるヨーロッパ統合を望んでいた。マクミランは，大陸諸国が現実に何を望んでいるのかを理解しようとはしなかった。マクミラン構想を土台とした「欧州自由貿易連合（EFTA）」が1960年5月に，イギリス，オーストリア，デンマーク，ノルウェー，ポルトガル，スウェーデン，そしてスイスという「7カ国」の参加で発足するが，それはマクミランが本来意図していたものとはほど遠かった。

巨大なEECの発展を前にして，イギリス政府は新しい選択肢を考慮せねばならなかった。それは，イギリスのEEC加盟である。10年前のシューマン・プラン発表のころとは異なり，イギリスにとって植民地やコモンウェルスの経済価値ははるかに縮小し，それに代わってヨーロッパ大陸の経済規模は想像以上の速度で拡大していたのである。その中核であるEECを無視して，イギリス経済の将来を考えるのは困難であった。1961年7月，イギリス議会でマクミランは，EEC加盟の意図を示す演説を行った。しかしながら，マクミランの面前に立ちふさがったのが，フランス第五共和制大統領として，新たなフランスの「偉大さ」を模索するド=ゴールであった。

ド=ゴール大統領は，1963年1月の記者会見で，イギリスのEEC加盟を拒絶する意思を表明した。イギリスはアメリカの「トロイの木馬」であり，それは自立した「ヨーロッパ」を模索するド=ゴールにとっては致命傷となる。ド=ゴールは，「ヨーロッパ」がイギリ

スの加盟を通じてアングロ゠サクソンの支配下に入ることを防がねばならなかったのである。

迷走するヨーロッパ統合

1950年代末から約10年間のヨーロッパ統合は、フランスのド゠ゴール大統領の思惑によって迷走した。ド゠ゴールは、アルジェリア戦争に混乱する1958年にフランス首相に就任し、その後直ちに大統領に権限を集中させる第五共和制を成立させて、同年末の選挙で初代大統領に当選した。ド゠ゴールは必ずしも、ヨーロッパ統合の理念それ自体に反対するわけではなかった。ド゠ゴールがヨーロッパ統合を通じて求めることは、明瞭であった。それは大西洋同盟の中でのより自立的なヨーロッパであり、「ヨーロッパ人によるヨーロッパ」であった。ド゠ゴールは一貫して、ヤルタ会談で英米ソの「3大国」がヨーロッパ大陸を分断したことを批判していた。とりわけ、米ソという2つの「非ヨーロッパ」大国がヨーロッパを支配下に収め、それによってヨーロッパの自立とアイデンティティが失われたことを嘆いていた。現実的にアメリカやイギリスとの協調を模索する一方で、フランス、そしてヨーロッパの自立と偉大さを求めていたといえる。

そのようなド゠ゴールの構想は、「フーシェ・プラン」と呼ばれる政府間協力としての政治統合構想に表れていた。このド゠ゴールが求める「ヨーロッパ」と、ジャン・モネが求めた超国家的な「ヨーロッパ」とは、その本質において決定的に異なるものであった。

ド゠ゴールは、そもそもECSCにもEDCにも反対であった。1950年代前半のモネがイニシアティブを握る超国家的な統合に、きわめて敵対的な姿勢を示していたのである。したがって1958年には、ローマ条約調印においてド゠ゴールがそれに反対するのではないか

という懸念が抱かれていた。しかしながら、ド=ゴールは冷静にローマ条約によるフランスの利益を考慮して、その実現を支持した。それはまた、EECがそれ以前のモネの構想と比べて、超国家的な要素が後退して政府間主義的な要素が強化されていたことを示すものでもあった。フランス批准ののちEECは、関税同盟の成立を目標に掲げ、さらには共通農業政策（CAP）の実現をめざして前進することになった。

EEC初代委員長のハルシュタインは、しかしながら、さらなる統合の発展を強く望んでいた。ハルシュタインは、超国家的統合を強化するために、関税同盟の促進や、EEC財政の独立や、理事会での加重特定多数決の拡大というような構想を提案した。それは比較的控えめな提案であった。ところが、委員会による超国家的な政治支配を嫌うド=ゴールは、このハルシュタインの提案に徹底的に敵対した。1965年7月以降、ド=ゴールは共同体機関からフランス代表を撤収させ（空席政策）、ヨーロッパ統合始まって以来、最大の危機が生じた。これを機にフランスがリーダーシップを放棄して、統合が瓦解するかもしれない。このような危機の中で、1966年1月にEEC閣僚理事会で妥協が結ばれた（ルクセンブルクの妥協）。それは、ハルシュタインの提案を大幅に否定して、ド=ゴールの望むように依然として政府間主義的な方法で統合を進めることを意味した。こののちしばらくは、超国家的統合をめぐる新しい提案を行うことは困難となっていた。

他方で、1967年に機構的な煩雑を避けるための機構合併条約が発効し、ECSCの最高機関とEECとEURATOMの委員会が統合されてEC委員会となった。「EC」という言葉が、これ以降ヨーロッパ統合を総称する名称として使われ、またとりわけ経済的な側面で

の世界的な存在感を示すようになる。1968年7月には,予定よりも早く関税同盟を完成し,共通農業政策を開始させた。ド゠ゴールとハルシュタインの対立という喧騒の水面下では,実務的な統合が進められていた。その後,ヨーロッパ統合がどこへ向かうのかという困難な問題は,しばらくの間棚上げされ,実務的な問題の解決が優先されたのである。ヨーロッパ統合が飛躍的な前進を見せるには,しかしながら,ド゠ゴールの大統領辞任を経て,もう少しの時間が必要であった。

3 米欧関係の新展開

核兵器問題と大西洋同盟の動揺

1956年のスエズ危機から1966年のフランスのNATO軍事機構撤退までの約10年間,米欧関係は動揺し,ヨーロッパは自らの自立とアイデンティティの問題に苦しんだ。スエズ危機と第二次ベルリン危機(第2章3参照)でのアメリカ政府の対応を見て,ヨーロッパ同盟諸国の中でアメリカに対する信頼性が大幅に揺らいだのである。

大西洋同盟内で信頼性の問題が複雑になったのは,核戦略に関する2つの問題による。第1は,アメリカが独占的に保有する巨大な核戦力および核運搬手段を,大西洋同盟内でどのように政治的統制を行うかという問題であった。アイゼンハワー政権下では,「ニュールック」政策として,核戦力を土台とした「大量報復戦略」が構築された。またNATO内でも1954年以降,核抑止戦略主体の防衛体制が構想されていた(Heuser, 1997)。その過程で,大西洋同盟

表3-2 軍拡戦争——米ソの核弾頭数 (1945-90年)

	1945年	1950	1955	1960	1965	1970	1975	1980	1985	1990
アメリカ	2	450	4,750	6,068	5,550	4,000	8,500	10,100	11,200	9,680
ソ連	0	0	20	300	600	1,800	2,800	6,000	9,900	10,999

[出典] John Baylis and Steve Smith eds., *The Globalization of World Politics*, Oxford University Press, 1997.

としてアメリカの巨大な核兵器を使用する場合に、ヨーロッパ諸国がいかなる政治的な影響力を行使できるのかという問題が生じるのである。アメリカ政府は、曖昧な言葉でごまかしながらも、核兵器の統制と使用に関する独占的決定権限を手放したくはなかった。このような現状を批判して、1960年のライブイエ会談で、アデナウアー西独首相は、「同盟の中で、アメリカのみが核兵器を保有するべきではない」と、ド=ゴールと同様の見解を示していた（Loth, 1999）。

核兵器に関連する第2の問題は、ソ連が1957年8月に大陸間弾道ミサイル（ICBM）発射を成功させ、さらには同年10月にスプートニクと称する人工衛星を世界に先駆けて打ち上げに成功させたことであった。軍事技術および宇宙航空技術のソ連の「優位」は、アメリカ軍部に多大な恐怖感をもたらした。これによってソ連は、直接ニューヨークやワシントンDCを攻撃することが可能となった。さらなる問題は、1959年から1961年にかけてソ連が中距離弾道ミサイル（MRBM）をヨーロッパ大陸に配備したことであった。これは弾道ミサイルを用いて、ソ連がヨーロッパの主要都市を直接攻撃可能となったことを意味する。

ソ連がもしもヨーロッパの主要都市に核爆弾を投下した場合に、アメリカ政府はニューヨークに核爆弾が投下される危険を冒してま

で，ソ連と戦争状態に入る決意があるのであろうか？ アメリカはヨーロッパを犠牲にして，ソ連と宥和的な妥協関係を結ぶかもしれない。そこで，ヨーロッパをヨーロッパ人自らで守らねばらないという決意が現れ，ヨーロッパ人が独自の核抑止力を持つ必要があるという認識が強まった。その代表的な政治家が，フランスのド=ゴール大統領であった。ド=ゴールが述べるには，フランスは独自の「打撃力 (force de frappe)」を持つ必要があった。

ド=ゴールの同盟戦略

ド=ゴールの戦略には2通りのものがあった (Bozo, 2001)。第1は，アメリカ，イギリス，フランスの西側3大国が大西洋同盟の中核となって，同盟戦略を構築するという発想であった。ド=ゴールはフランスの政治的影響力，そしてヨーロッパの自立とアイデンティティを主張する上で，大西洋同盟の枠組みの効用を十分に理解していた。他方で，ド=ゴールにとっての第2の戦略は，アングロ=サクソン勢力に対し，フランスがリーダーとなってヨーロッパ大陸勢力を政治的に結集させることであり，そのためには仏独協力が不可欠であった。

1958年から1963年までの5年間，ド=ゴールはこの2つの戦略の間で揺れ動いていた。しかしながら，この2つの戦略に共通しているのは，ド=ゴールが「フランスの偉大さ」を復興させることに力を注いだことだといえるであろう (渡邊, 1998)。フランスの自立と，ヨーロッパの自立という2つの問題が，ド=ゴールにとっては1つに重なっていたのであった。

1958年9月，ド=ゴールはアイゼンハワーとマクミランに，英米仏の3カ国首脳から構成される大西洋同盟政治理事会の設置を提案した。その提案の意図は，アメリカの覇権的な影響力に基づく大西洋同盟を，より米欧間で対等な関係へと発展させることを求めるも

のであった。そもそも大西洋同盟は，設立の経緯から英米主導で進められてきたのである。ド=ゴールは大西洋同盟再編の問題を，フランスのNATO加盟において死活的な問題と考えていた。したがって，もしも英米両国政府がこの提案を受け入れないとすれば，NATOからのフランス軍の部分的撤退を考慮せねばならない。このド=ゴールの大西洋同盟再編提案は，とりわけ核戦略の政治統制問題と結びついていた。

ド=ゴールは何としても，大西洋同盟における英米仏「3頭支配体制」を確立したかった。しかしアメリカ政府は，大西洋同盟において自らの指導的な立場を失うことを好まなかった。英米両国政府は，このド=ゴールの1958年提案を退けた。その結果，ド=ゴールは1959年に地中海艦隊をNATO軍司令部から離脱させたのである。ド=ゴールは，アメリカに対してより自立的な外交を確立するためにも西ドイツに向かうことになる。

仏独関係の発展

ド=ゴールの第1の戦略，つまり英米仏「3頭支配体制」による大西洋同盟という構図が英米の拒否によって崩れると，ド=ゴールは残されたもう1つの戦略に向かわざるをえなかった。あるいは，たとえ3頭支配体制を実現したとしても，英米と対等な地位を得るために，フランスは「ヨーロッパ」という枠組みを用いる必要があった。フランスは，ヨーロッパという土台の上に立って初めて，世界政治における自らの影響力を確立することができるのである (Loth, 1999)。そして，そのような大陸ヨーロッパの政治勢力を結集する上で，西ドイツとの提携が最も重要であることを，ド=ゴールは十分に認識していた。フランス1国で自立的外交と核抑止力を確保したところで，米ソの狭間でなしうる余地は限られている。ド=ゴールはフランスが置か

れた国際的地位とフランスの国力の制約を理解していなかったわけではなかった。そして，フランスが考えたヨーロッパ政治勢力結集の構想が，フーシェ・プランであった。

ド=ゴールは1961年2月のEEC首脳会談で，フーシェ・プランと呼ばれる政治連合構想を発表した。このド=ゴールが求めたフーシェ・プランは，ベネルクス3国，とりわけオランダ外相のルンスから強い反対を見ることになる。第1に，ヨーロッパ統合を仏独2大国支配の構図に変えることは，オランダのような小国にとっては認めることができなかった。あくまでも「6カ国」による対等な共同決定が重要であった。そして第2に，イギリスが加わることなく大陸でヨーロッパ政治統合を進めたとすれば，それはアングロ=サクソン勢力に対して敵対的な勢力となりかねず，大西洋同盟の一体性を確保する上で危険な要素となりかねなかった。第3に，ド=ゴールの政府間主義的な統合構想によって，超国家的な統合が低迷してしまうことを懸念していた。

のちにベルギー外相のスパークもルンスに同調し，ベネルクス3国は大幅な修正をド=ゴールに要求した上で，イギリスのEEC加盟を前提条件にフーシェ・プランを受け入れることにした。1963年1月のド=ゴール大統領によるイギリスのEEC加盟拒否の声明は，したがって，フーシェ・プランとしての政治統合構想の破綻をも意味していた。その間一貫してド=ゴールの構想を支持していたのは，アデナウアーのみであった。結局このド=ゴールの構想は失敗し，それは1963年の仏独友好条約（エリゼ条約）へと帰結する。

英米仏「3大国」の枠組みを否定され，「6カ国」の枠組みでの政治統合構想に挫折するド=ゴールは，結果として仏独関係強化という答えにたどりついた。それが，1963年1月の，仏独友好条約の

締結であった。同時にこのエリゼ条約は，1958年以来あたためてきた，ド゠ゴールとアデナウアーの間の信頼関係がもたらした帰結でもあった。

それまでアデナウアーは，ベルリン封鎖の解決をめぐってアメリカの新大統領ケネディとの対立を続けていた。アメリカ人が自らの生命まで賭けて，西ドイツや西ベルリンを防衛するとは思えなかった。それに対してド゠ゴールは，徹底してベルリン危機における西ベルリン死守の姿勢を崩さなかった。またマクミランとアデナウアーの関係も，とりわけヨーロッパ統合問題をめぐって意見をすれ違わせていた。しかしこのエリゼ条約は，本質的な意味での仏独枢軸の形成でも，仏独政府間の信頼関係の確立でもなく，首脳個人間の友好関係の確認にすぎなかった（川嶋，2000）。したがって，西ドイツの首相がアデナウアーからエアハルトへと交代すると，仏独間の友好関係は後退せざるをえなかったのである。

MLF構想をめぐる交渉

大西洋同盟内における核兵器の政治統制問題から始まった同盟の漂流に対して，アメリカ政府は何らかの回答を提示せねばならなかった。アメリカは，ヨーロッパで戦争が生じた場合の核兵器の使用に対して，その政治統制を自らの手に独占すべきであろうか。あるいは，何らかの共同決定の枠組みを考案するべきであろうか。もしもアメリカが前者を選択した場合には，それに反発してフランスや西ドイツが核兵器保有へと向かうのを防ぐことは困難であった。したがって，大西洋同盟内での核拡散を防止するためにも，何らかの共同決定手続きを模索することが求められていたのである。

この問題に対するアメリカ政府の見出した解決策は，「MLF（多角的核戦力）」構想であった。1960年，当時NATO軍最高司令官で

あったアメリカ人のノースタッドは,「多国間原子力機構 (multilateral atomic authority)」の提案を行う。このノースタッド提案は,核兵器使用の決定を NATO の 5 大国から構成される委員会によってなされることがその核心であった(川嶋,2000)。

その後,ケネディ政権ではこの提案を MLF 構想として促進し,それを米欧関係に関する「大構想」に包み込んだ新しい枠組みを主張する。この MLF 構想とは,アメリカが NATO に中距離核戦力を提供し,それを多国間枠組みの中で協議し検討するという枠組みであった。これはアメリカ政府が,大西洋同盟内での核拡散を防ぐことと,英仏両国が独自的な核戦略を構想するのを止めさせること,そして西ドイツが将来核兵器保有へと進むのを封じ込めることを主眼としたものであった。つまり,核戦力の政治統制をめぐる,大西洋同盟内でのアメリカの覇権的な影響力を維持することを第 1 の目的とした,といえるであろう。

ケネディ政権の「大構想」としての米欧関係再編の提案は,そのレトリックに反して,アイゼンハワー前政権以上に米欧関係の垂直的構造を望むものであったといえる (Trachtenberg, 1999)。というのも,先に述べたようにこの MLF 構想の最大の目的は,イギリス,フランス,西ドイツが,国家レベルでの独自核戦力を保有することを妨げることを念頭においていたからである。この構想にド=ゴールが反発したとしても,無理のないことであった。またイギリス政府も,この混成的な意思決定機構を,軍事的に非実効的なものとみなし,否定的な姿勢を示していた。

しかしながら,MLF 構想の最大の目的が西ドイツの独自核戦力保有を妨げることであるかぎり,フランスやイギリスがたとえ独自の核戦力を保有したあとでも,この MLF 構想実現によって西ドイ

ツの不満を解消する試みは重要な意味を持っていた。アメリカ政府にとって,「本当の問題とは,これまでと同様に,フランスではなくドイツなのである」(Lundestad, 1998)。事実,1963年8月に英米ソ3国間で調印された部分的核実験禁止条約は,何よりもまず,西ドイツの核兵器保有に対する3国の懸念からたどりついた結論であったのである (Tractenberg, 1999)。

同盟の中での自立

ケネディ政権は1962年以降,それまでの米欧関係の動揺と混乱を,「大構想」提案により収束させようと試みた (Lundestad, 1998)。この構想は,ケネディ政権の国務次官でヨーロッパ政策立案の中心にいた,ジョージ・ボールの考えに基づいていた。ボールは,ジャン・モネの古くからの親しい友人で,情熱的なヨーロッパ統合支持者であった。

ボールは,一方でEECを軸としたヨーロッパ統合の発展を強く支えながら,大西洋同盟の枠組みの中でアメリカとEECがその協調関係を強化させることを望んでいた。その上でも重要になるのが,イギリスのEEC加盟である。イギリスがこの両者の橋渡しとなり,英米「特別の関係」を,米欧「特別の関係」に拡大することが必要であった。このケネディ政権の「大西洋パートナーシップ」構想が求めていたのは,「アメリカとの強いつながりをもった,開放的なヨーロッパ」であった (Lundestad, 1998)。この考えは,1961年にEEC加盟申請を宣言した,イギリスのマクミラン首相によって共有されるものであった。

ところが,ド=ゴール大統領は,ケネディ政権の「大西洋パートナーシップ」構想を,アメリカによるヨーロッパ支配の再強化であるとみなすようになる。ケネディ政権のこの構想とMLF構想を,ド=ゴールは一体のものとして考えた。それはアメリカの影響力が

ヨーロッパへと浸透することとみなしていた。1962年12月のアメリカによるポラリス・ミサイルのイギリスへの売却もまた，イギリスのアメリカへの従属としてド゠ゴールの目には映った。したがってド゠ゴールは，イギリスのEEC加盟の扉を閉じ，さらには仏独枢軸の形成へと急いだ。

このとき，ヨーロッパの将来像をめぐって2つの選択肢があった。ケネディ政権の考える「大西洋のヨーロッパ」と，ド゠ゴールの考える「ヨーロッパ人のヨーロッパ」である。ド゠ゴールは1963年の一連の行動で，前者を否定して後者を選ぶという選択を行ったのである。その結果，ケネディ政権の考える「大構想」は崩れ始めるのであった。

ド゠ゴールにとっての皮肉は，1963年に仏独枢軸を中核とするヨーロッパの政治的結束を求めたその直後に，西ドイツが異なる方向を向き始めたことである。1963年10月にアデナウアーを継いで西ドイツの首相となったエアハルトは，それまで一貫して「大西洋共同体」の枠組みを好む傾向にあった。エアハルトにとって，仏独友好条約はそれほど重要ではなかった。エアハルトの西独首相就任は，ケネディ政権にとっての安心材料となった。また，EECにおけるハルシュタイン委員長とド゠ゴールの対立は次第に激しくなり，ド゠ゴールが考える「ヨーロッパ人のヨーロッパ」，あるいは「諸国家からなるヨーロッパ」という構想は崩れ始めた。

以後，ド゠ゴールのヨーロッパ政策は硬直化し，孤立的な立場に追い込まれる。アメリカとの関係もこじれたままであり，1963年6月に，英仏海峡と大西洋のフランス艦隊をNATO軍司令部から離脱させた。さらには1966年7月に，NATO軍事機構からあらゆるフランス軍を撤退させ，フランス国土のNATO軍事基地を退去さ

せる結果となった（渡邊, 1988）。こののち，NATOは本部をパリからブリュッセルへと移し，フランスはNATOとの関係を修復させぬまま独自の外交を展開するようになる。

ド=ゴール外交に代表される世界の多極化を求める動きは，1970年代の緊張緩和外交をもたらす土壌をつくることになった。それまでの硬直的な2極対立を動かそうとする，さまざまな外交的試みが見られた。その意味でも米欧関係の新展開は，世界政治の変容と並行して進められていたことが理解できるであろう。世界は新しい政治指導者と新しい国際世論を迎えて，1970年代以降に新時代を築くことになるのであった。

● 引用文献 ●

岩間陽子, 2000「ヨーロッパ分断の暫定的受容——一九六〇年代」臼井実稲子編『ヨーロッパ国際体系の史的展開』南窓社。

上原良子, 1994「フランスのドイツ政策」油井大三郎・中村政則・豊下楢彦編『占領政策の国際比較』三省堂。

川嶋周一, 2000「エリゼ条約の成立と戦後ドイツ=フランス関係史(1)・(2)」『北大法学論集』第51巻第1・2号。

木畑洋一, 1996『帝国のたそがれ——冷戦下のイギリスとアジア』東京大学出版会。

木畑洋一, 1998「危機と戦争の二〇年」『岩波講座世界歴史24 解放の光と影』岩波書店。

佐々木雄太, 1997『イギリス帝国とスエズ戦争——植民地主義・ナショナリズム・冷戦』名古屋大学出版会。

ソーン, クリストファー／市川洋一訳, 1989『太平洋戦争とは何だったのか——1941〜45年の国家, 社会, そして極東戦争』草思社。

田中俊郎, 1980「欧州統合の理念とその歴史的展開——欧州共同体の歩

み」細谷千博・南義清編『欧州共同体（EC）の研究——政治力学の分析』新有堂。

立川京一，2000『第二次世界大戦とフランス領インドシナ——「日仏協力」の研究』彩流社。

廣田功，1998「フランスの近代化政策とヨーロッパ統合」廣田功・森建資編『戦後再建期のヨーロッパ経済——復興から統合へ』日本経済評論社。

細谷雄一，2001a「ウィンストン・チャーチルにおける欧州統合の理念」『北大法学論集』第52巻第1号。

細谷雄一，2001b「シューマン・プランとイギリス，1948年-1954年——欧州統合のリーダーシップをめぐる構想と外交」『日本EU学会年報』第21号。

細谷雄一，2001c『戦後国際秩序とイギリス外交——戦後ヨーロッパの形成 1945年～1951年』創文社。

松岡完，2001『ベトナム戦争——誤算と誤解の戦場』中公新書。

矢野暢，1986『冷戦と東南アジア』中央公論社。

渡邊啓貴，1998『フランス現代史——英雄の時代から保革共存へ』中公新書。

Bitsch, M.-T., 1996, *Histoire de la Construction Européenne*, Edition Complexe.

Bossuat, G., 1996, *L'Europe des Français 1943-1959 : La IV Republique aux sources de l'Europe communautaire*, Sorbonne.

Bozo, F., 2001, *Two Strategies for Europe : De Gaulle, the United States and the Atlantic Alliance*, Rowman & Littlefield.

Griffiths, R. T., 2000, *Europe's First Constitution : The European Political Community, 1952-1954*, Federal Trust.

Guillen, P., 1992, "Europe as a Cure of French Impotence ? The Guy Mollet government and the Negotiation of the Treaties of Rome" Ennio Di Noflo, ed., *Power in Europe ? II Great Britain, France, Germany and Italy and the Origins of the EEC 1952-1957*, Walter de Gruyter.

Heuser, B., 1997, *NATO, Britain, France and the FRG : Nuclear*

Strategies and Forces for Europe, 1949-2000, Macmillan.
Kent, J., 1993, *British Imperial Strategy and the Origins of the Cold War 1944-49*, Leicester University Press.
Loth, W., 1996, *Der Weg nach Europe : Geschichte der Europaischen Integration 1939-1957*. Vandenhoeck & Ruprecht.
Loth, W., 1999, "Franco-German Relations and European Security, 1957-1963", in Anne Deighton and Alan S. Milward, eds., *Widening, Deepening and Acceleration : The European Economic Community 1957-1963*, Nomos Verlag.
Louis, Wm. R., 1986, "American Anti-Colonialism and the Dissolution of the British Empire" in Wm. R. Louis and Hedley Bull, eds., *The Special Relationship : Anglo-American Relations since 1945*, Oxford University Press.
Lundestad, G., 1998, *"Empire" by Integration : The United States and European Integration, 1945-1997*, Oxford University Press.
May, A., 1999, *Britain and Europe since 1945*, Longman.
Milward, A., 1992, *The European Rescue of the Nation-State*, Routledge.
Spierenburg, D. and Poidevin, R., 1994, *The History of the High Authority of the European Coal and Steel Community : Supranationality in Operation*, Weidenfeld & Nicolson.
Stirk, P. M. R. and Weigall, D., eds., 1999, *The Origins and Development of European Integration : A Reader and Commentary*, Pinter.
Stockwell, A. J., 1999, "Southeast Asia in War and Peace : The End of European Colonial Empires" in Nicholas Tarling, ed., *The Cambridge History of Southeast Asia : Volume Four*, Cambridge University Press.
Strang, W., 1961, *Britain in World Affairs*, Faber & Faber.
Trachtenberg, M., 1999, *A Constructed Peace : The Making of the European Settlement 1945-1963*, Princeton University Press.
Young, J. W., 1984, *Britain, France and the Unity of Europe*, Leicester University Press.

第4章 | 多極化する世界の中のヨーロッパ

○ワルシャワ・ゲットー蜂起記念碑の前でひざまずくブラント西独首相（1970年12月6日。写真提供：AP/WWP）

第二次大戦後に確立された米ソ2極体制は，60年代末から揺らぎ始める。1968年に世界を吹き荒れた学生運動の嵐のあと，西ヨーロッパでは指導層の世代交代が始まり，新しいヨーロッパ外交が始まる。欧州統合は，第1次拡大による地理的拡がりとともに，経済・通貨政策や政治・外交政策のより緊密な協調へとアジェンダを拡げ，西ドイツの政策転換から，米ソのデタントをより深化させたヨーロッパのデタントが始まる。

1 1968年

　時代を画する年というのは多々あるが、その年がある世代のアイデンティティの核となるような年はそう多くはない。20世紀後半においては、1968年というのがまさにそのような年であった。この年、確かに1つの体験がヨーロッパ中の若者に共有され、この後その世代は、「68年世代」と呼ばれるようになる。1968年は、時代を支える中心的世代が交代し、それとともに時代精神が変わった年であった。世界中で発生した学生運動は、社会を巻き込み多くの混乱を経つつ、新しい時代精神をつくっていった。

　同時にこの年は、経済・通貨危機の年でもあった。「経済の奇跡」と呼ばれた西ドイツ経済の復興を中心に、1960年代のヨーロッパは、戦争の陰を振り払うように経済発展を続けてきた。それは、戦後西ヨーロッパの政治・安全保障体制が固まり、またローマ条約以後、ヨーロッパ共同体の中での統一市場という発展の枠組みが示されたのち、その果実が実り、収穫される季節であった。しかし、10年を経て、ヨーロッパはもう一度設計図の引き直しが必要な時期を迎えていた。

ヨーロッパ国際政治の変容

　1789年フランスに始まった市民革命の理念は、何度もの挫折を乗り越え、1968年の経験を経たのち、広くヨーロッパ社会の同世代に共有される理念となった。「68年世代」は、思想的には混乱していたものの、結果的に絶対的な国家主義、キリスト教の古典的道徳観、冷戦的な二元論という3つの正統主義から自らを解放するこ

とにより，新しい時代を準備した。

　絶対王政のヨーロッパにおける国民は王の臣民であったが，1970年代以降の西欧においては，国民が完全に主役となり，国家は忠誠の対象から，さまざまなガヴァナンスの機能を提供する機構へと変質していった。このような機構は，同様の機能を提供する他の枠組みと代替可能であり，またそれぞれの機能によって異なる主体に委譲可能であった。2つの大戦を戦う過程で厚くなっていたヨーロッパ国民国家の殻は，この過程で突き破られ，多層的な新しいヨーロッパ統合の時代への下地が作られた。

　この年の変化は，東欧諸国までをも揺るがした。自由主義の伝播が遅かった東欧においても，人権と自由主義の思想が共有されることにより，ヨーロッパの一体性の再生過程が始まった。自由主義と共産主義という二元論の絶対性は意識の上で揺り動かされ，体制を越えた「ヨーロッパ」の連帯の可能性が問われた。東欧諸国においては，この年の改革はいま一度挫折する運命にあった。「プラハの春」の挫折は，その最大の悲劇であった。しかし，東欧における自由主義の理念は途切れることなく水面下で生き続け，1970年代後半以降，各国における反体制運動として息を吹き返した。

　東西2極体制という硬い枠の中に置かれた戦後ヨーロッパの国際政治は，1970年代のデタント（緊張緩和）を通じて揺るがされ，新冷戦期に一見もとの構造に戻るように見えるものの，実はデタント期に作られた枠組みは，二度と消えることはなかった。制度を共有する「中心」と，理念を共有し，制度の共有をめざす「周辺」が存在し，中心の周辺への拡大を目標とする多層的なヨーロッパ統合の進展過程の原型が，この時代に形成され始めた。

Column ⑦　1968年

　1968年というのは，日本ではそれほど意識されていないかもしれないが，少なくともヨーロッパにおいては確実に1つの時代の切れ目として意識されている。そのような年としては，他に市民革命の嵐が吹き荒れた1848年，東欧革命の年となった1989年があるが，これに対して1968年は世界的な学生運動の年であった。西欧では，この年の学生運動に参加した世代は「68年世代」と呼ばれ，社会・文化革命の担い手となった。日本ではいわゆる「全共闘世代」にあたる，戦後ベビーブーマー世代である。日本でも1968年3月には，学生運動によって東大の卒業式が中止になっており，夏には安田講堂が占拠された。その影響で翌年の東大入試も中止になっている。

　西欧の第二次大戦後の戦後復興を担った世代は，伝統的・キリスト教的価値観に基づいて社会を再建し，経済復興を何よりの目標とした。これに対して68年世代は，伝統的な男女観，家族観，大学観，秩序観に疑問符を突き付け，これに代わる新しい価値観を求めた。東洋の価値観，毛沢東主義，インド哲学，瞑想法，禅，麻薬，フリーセックス，等々あらゆるものが試みられた。60年代初めから新しいポップカルチャーを築いてきたビートルズが新境地を開くのが，67年から70年にかけてであっ

米ソ2極の揺らぎ

　世界中で1968年は，戦後形成された秩序の正統性が根本から揺るがされた年であった。アメリカではこの年は，旧正月明けのヴェトナムにおけるテト攻勢に始まった。共産主義と戦い，世界に自由をもたらすことこそ正義と信じて疑わなかったアメリカが，この年，この戦争の不当性を確信するようになった。アメリカ中の大学キャンパスで，ヴェトナム戦争への抗議運動が繰り広げられていた。ジョンソン大統領が，大統領選でもはや再選をめざさないことを発表した時，これらの学生たちは，歓喜の声をあげて部屋から飛び出し，夕暮れの戸外で抱き

> た。66年8月をもってライブ活動を停止した彼らは，個々人がそれぞれの方向性を模索しつつ，*Sgt. Pepper's Lonely Hearts Club Band*（1967），*Magical Mystery Tour*（1967），*The Beatles*［White Album］（1968），*Yellow Submarine*（1969），*Abbey Road*（1969），*Let It Be*（1970）と，伝説的作品を続出した。69年はまた，アメリカにおいて伝説となったウッドストック・フェスティバルの年でもあり，記録映画『ウッドストック』を通じてこの時代の若者のエネルギーを感じることができる。
>
> このような価値観の多様化は，冷戦と自由主義の二元論からの精神的解放へとつながり，ヨーロッパのデタントへの支持基盤を作った。70年代に入ると，これらの学生運動の一部はいわゆる急進化してテロに走り，最終的には力を失うが，他方で80年代前半の反核運動，後半の環境運動（緑の党）などは，この世代の生き残りがリードしたものである。1968年はジャーナリスト，歴史家の想像力をとらえ続けており，この年のできごとを扱った多くの本が出版されている。一例としては，1996年にドイツで行われた1968年に関する国際会議の内容が，Carole Fink, Philipp Gassert, and Detlef Junker ed., *1968: The World Transformed* (Cambridge University Press, 1998) として出版されている。

合って喜んだ。翌年登場したニクソン政権は，自由主義陣営におけるアメリカの役割についても，冷戦の戦い方についても，まったく異なる信念を持っていた。

　ソ連圏においても，この年支配の正統性が根本から揺さぶられた。チェコスロヴァキアにおいては，他の東欧諸国の例に違わず，1953年のスターリンの死後，短い不安定な期間を経て，ソ連に忠実なノボトニー政権が支配していた。しかし，67年後半から，作家同盟の批判的発言，学生の抗議運動，党指導部内の対立によって彼の支配は揺さぶられ，年明けの68年1月の共産党中央委員総会において，

ノボトニーは共産党第一書記を辞任した。後任には、スロヴァキア共産党のドプチェクが選ばれた。こののち、「プラハの春」と呼ばれる改革運動が始まった。

　4月5日の党中央委員会総会で新しいチェコ共産党行動綱領が採択され、大胆な改革路線が打ち出された。6月27日には、有名な「二千語宣言」が新聞紙上に現れ、10日余りにして国内で3万数千の署名を集めた。これらの動きに対して、7月には、ソ連その他の東欧諸国の代表が圧力をかけ始めた。危機は回避されるかに思われた。しかし、8月20日の夜、ソ連、東ドイツ、ポーランド、ハンガリー、ブルガリア各国軍はチェコスロヴァキア国境を越え、ほとんど無抵抗のチェコスロヴァキアを占領した。チェコスロヴァキア国民は、精一杯の非暴力的抵抗を繰り広げたが、翌年春にはドプチェクが第一書記の座から降ろされ、反改革派に取って代わられた。

　ソ連は、同様の事態を避けるために、68年11月にいわゆる「ブレジネフ・ドクトリン」を明確にし、個々の社会主義国に主権は存在するものの、それと「社会主義共同体」の全体利益が対立するときは、前者は後者のために部分的に制限されることもやむをえない、ということを再確認した。

　結局、東側においてはソ連支配が再確認され、多極化の芽は摘まれた。自由選挙による名誉ある撤退を許されない共産党支配体制は、固定化されたままさらに20年存続する。しかし、この時点ですでに明らかになっていた体制の問題点は、この後も着実に体制を蝕み、内部からの崩壊へと向かわせていた。構造改革をなしえなかった共産主義諸国は、デタントを通じて西側経済から発展の秘密を盗み、自らの経済を改革しようとした。まずヘルシンキ会議において経済・技術協力の基盤をつくり、その後西側から人、物、資本を入れ

ることによって，社会主義経済を何とか立て直そうとする努力が始まった。しかし，結局のところ東側経済は，「情報化革命」と呼ばれる経済の質の変化に対応できず，内部から崩壊する定めにあった。他方,「プラハの春」の間に蒔かれた改革の種は，この後の冬の時代を生き抜き，ヘルシンキ宣言後,「憲章77運動」の時代に再び芽吹くのであった。

西ヨーロッパの学生運動

西ヨーロッパにおいても，変化の波は着実に押し寄せた。ヴェトナム戦争への抗議運動，中国の文化大革命など，いくつかの要素に触発されて，しばらく前から学生運動は世界的な広がりを見せ始めていた。政治，社会的背景に加えて，人口構造の変化が，既存の大学制度に大きな圧力を加えていた。第二次世界大戦後のいわゆるベビーブーマーたちが，戦後の豊かな消費社会に支えられて，それまでにない割合で大学に進学し始めており，選ばれた階層のエリート教育機関であった19世紀的な大学のあり方，19世紀的なモラルや秩序観に縛られた社会，忠誠心の対象たるべき国家を根本的に問い直そうとしていた。

この年初めから，ヨーロッパ各地で学生の抗議運動が発生し，増加し始めていた。ヴェトナム戦争への抗議は，そのままアメリカ型資本主義への抗議へとつながり，既存の政治体制への否定へと，学生たちの主張は過激化していった。西ベルリンでは4月11日に学生運動のリーダーの1人であったルディ・ドゥッチケが，ミュンヘンからやって来た22歳の男に街頭で撃たれて重体になるという事件が起きた。この事件はドイツ連邦共和国史上，未曾有の抗議行動を引き起こした。ドゥッチケ暗殺未遂はネオ・ナチ的傾向を持つ若者の犯行とみなされ，右翼と見られていた新聞社のアクセル・シュプリ

ンガー社の新聞発行を止めるため、何万人もの若者が通りに繰り出した。新聞の印刷所は6万人の若者により4日間占拠され、2万人以上の警官が投入されて、1000人以上が逮捕された。約2000人が負傷し、ミュンヘンでは2人の若者が争乱の中で命を落とした。

> 仏五月革命と
> ド=ゴール退陣

しかし、何よりもこの年は、フランス「五月革命」という言葉で記憶されている。厳密には、この年5月フランスで起こったことは、「革命」の名には値しない。第五共和制は、一時的に無政府状態に等しくなったものの、結局1カ月足らずで元のド=ゴール体制に復帰した。政治体制の根本的変化という意味では、フランスの5月危機は革命ではなかった。しかし、人々の意識を大きく変え、不可逆的に時代の変化を推進したという意味では、一種の革命であった。

パリ近郊のパリ大学ナンテール分校で始まった学生の抗議運動は、ナンテール校の閉鎖をきっかけに5月にはパリのソルボンヌ大学に飛び火した。ソルボンヌの中庭に集まった学生の中には、「赤毛のダニー」として五月革命の伝説的存在となる、ダニエル・コーン=バンディットもいた。警察の介入をきっかけに争乱は広がり、カルチェ・ラタン全域が巻き込まれていった。バリケードが築かれ、市街戦もどきの衝突が繰り返され、抗議運動は他の都市へと飛び火した。

5月13日には、30万人のパリ市民が、学生たちへの連帯と警察への抗議の意を露にして市街を行進し、CGT（労働総同盟）が呼びかけた24時間ストが開始された。学生たちは大学を占拠し、自主管理によるコミューン設立が宣言された。ストと工場占拠の波がフランス全土に拡がり、経済・社会活動は麻痺状態に陥った。ド=ゴール

政権は，強硬策と懐柔策の間を揺れ動いた。ド=ゴール退陣を求める声が強まる中，28日にはフランソワ・ミッテランが大統領職を担う用意があること，ピエール・マンデス=フランスが首相職に就くことに同意したことが公表された。政権交代は目前かと思われた。

ド=ゴールは，5月29日午前，密かに首都をヘリコプターで抜け出し，午後2時40分，ドイツのバーデン・バーデン近郊に立ち降りていた。そこで大統領はドイツ駐留のフランス第5軍司令官マシュ将軍を訪れ，辞意をもらした。「みんな終わってしまった。共産主義者たちが国を完全に麻痺させてしまった。私はもはや何も制御していない」。こうド=ゴールは語ったといわれている（Lacoutre, 1993）。

しかし，マシュ将軍に説得されるうちに，やがて翻意したド=ゴールは，4時25分，再びバーデン・バーデンをヘリコプターで飛び立った。翌日パリに戻ったド=ゴールは，午後4時30分，ラジオを通じてフランス国民に呼びかけた。彼は自らが辞任しないことを表明するとともに，国民議会を解散し，総選挙を行うこと，社会改革のための国民投票は延期すること，必要であれば憲法の範囲内で力を用いてでも秩序を維持することを表明した。

パリ市民はド=ゴールを支持した。演説ののち1時間ほどすると，人々は通りに出てエリゼー宮へと向かい始めた。人々の波は瞬く間にふくれあがり，シャンゼリゼ通りを埋め尽くした。第五共和制は生き延びた。

5月29日のド=ゴールの行動に関しては，真に辞任を考えていたとする説と，ド=ゴールお得意の大芝居を打ったとする説があり，真相は不明である。確かにド=ゴールはもう一度勝った。しかし，これは彼の最後の勝利であった。仏全土を大混乱に陥れた，社会・

経済改革の遅れは解決されていなかった。そして,それは数カ月後に通貨危機の形でド=ゴールを襲い,今度こそ彼の政治生命にとどめを刺した。

6月23日と30日に行われた総選挙では,ド=ゴール派は485議席中360議席を獲得し,大勝した。しかし,安定政権も仏経済への信頼を回復するには十分でなかった。労働者層の経済要求に応えるためにも,クーブ・ド=ミュルビル蔵相は拡大経済政策をとり続けた。11月にマルク切り上げの噂が起こると,たちまちフランは厳しい防衛戦を戦わざるをえなくなった。それでもド=ゴールは断固としてフランの価値維持を表明し,一連の厳しい金融引き締め政策をとった。しかし,このころからド=ゴールは確実に求心力を失っていった。自らの進退をかけた1969年4月27日の国民投票に敗北したド=ゴールは,翌28日午後0時10分に引退を表明した。

世代交代の年

ド=ゴールとともに,確実にヨーロッパにとって1つの時代が終わった。彼は,戦後ヨーロッパを形作った偉大な19世紀人の1人であった。チャーチルが去り,アデナウアーが去り,そしてこうしてド=ゴールが去った時,確実にヨーロッパにおける1つの時代が過ぎ去った。彼とともに,ヨーロッパが地上で最も偉大な文明であった時代を生きた世代は去った。

ド=ゴールは,米ソ2極時代にあって,その体制を最後まで受け入れず,もう一度フランスの独立と偉大さを回復することによって,ヨーロッパを世界政治に復権させることをねらった。彼の世界は19世紀的な勢力均衡(バランス・オブ・パワー)の世界(第1章3参照)であり,その秩序観,国家観とモラルも19世紀的であった。自由主義と共産主義,善と悪,アメリカ陣営とソヴィエト陣営に引き裂かれた世界を彼は受け入れ

ず，正面からこれに挑んだ。しかし，フランス1国にはもはやこの偉業を成し遂げる力はなかった。

 ある意味では，まさに彼が去った瞬間，彼が実現したかった世界が，彼が意図したのとはまったく異なる形であったにせよ，実現し始めたことは皮肉である。西側世界におけるアメリカの絶対的地位は，すでに揺らいでいた。1969年に登場したニクソン政権は，米ソの2極対立を，中ソという2つの共産主義大国と緊張緩和を作り出すことによって，意図的に多極化させた。アメリカは，安全保障面においても経済面においても，絶対的な制度の保障者の地位から降り，同盟国により大きな責任を与えることを選んだ。

 その結果ヨーロッパは，より自立し，多極化の一端を担う努力をしなければならなかった。経済において，ヨーロッパは「祖国」を単位としてではなく，「ヨーロッパ」を単位として時代の荒波を乗り越える戦略を選択した。寛大な援助の提供者から通商上のライバルへと変わっていったアメリカに対して，ヨーロッパは1国単位ではなく，ブロックとして交渉のアクター（行為主体）となることによって対抗していった。アメリカが，金―ドル兌換の停止という形で世界の通貨体制の保証者の地位から降りたとき，その荒波を乗り越えるために，ヨーロッパは現在のユーロに連なる通貨協力を発足させた。そして，米ソの核の均衡時代において，ド=ゴールが提唱したのとは異なる形ではあったが，ヨーロッパは独自の概念によるデタントを構築していった。その過程を担ったのは，20世紀生まれの政治家たちであった。

2 世界経済の多極化とヨーロッパ統合

ECの第1次拡大

ヨーロッパに学生運動の嵐が吹き荒れた1968年は,EEC(欧州経済共同体)の関税同盟が完成した年でもあった。ローマ条約の予定より2年早い関税同盟の完成を受けて,共同体はさらに,共通通商政策を本格的にスタートさせた。60年代中盤に難産の末,共通農業政策(Common Agricultural Policy ; CAP)もスタートし,ド=ゴールの反対で道を阻まれていたECの固有財源も,1970,75,79年といくつかの段階を経て確立されていき,ECは財政的にも安定した基盤の上に存立できるようになっていった(南,1980)。

ド=ゴールの退場で,新たに道が切り開かれたもう1つのテーマは,イギリスのEC加盟であった。世界経済が困難な時代に入った中で,自らの活路をどの方向に見出すかの選択を迫られたのがイギリスであった。1961年のEEC加盟申請の際には,コモンウェルス(英連邦)や英米の特別な関係への配慮という点から,イギリスにはまだまだ迷いがあった。直接の「ノン」は63年にド=ゴールから言われたものの,そこにはまだ,真剣にヨーロッパと命運を共にする準備ができていないイギリスの本心を見透かされた面があったことは否めない。

続くウィルソン労働党政権の加盟申請(1967年)当時には,すでにイギリス経済再生のためにも,イギリスの国際的役割を取り戻すためにも,残された道はEEC加盟しかないという意見が数多く出されていた(Young, 2000)。しかし,ウィルソンのヨーロッパ主義

には，かなり便宜的なところがあったことも事実であり，この申請も 2 度目のド=ゴールの拒絶にあった。

　英仏独での政権交代によって，イギリスの EC 加盟に新局面が訪れた。長かったド=ゴール時代が終わったことにより，フランス側にもイギリスの加盟問題に関して，より実務的態度で検討する準備が生まれた。西ドイツでは1969年秋にブラント社民党政権が生まれ，新しい東方外交を推進する構えを見せていた。仏ポンピドー政権は，この西ドイツを牽制するためにも，より強力な欧州の枠組みの必要性を再認識していた。そして，70年 6 月に登場したヒース英保守党政権は，それまでの英政権で最も親 EC 的（当時の表現では，親共同市場；pro-market）な政権であった。ヒース新首相は，50年にアトリー政権のシューマン・プランへの冷淡な対応を批判して以来，一貫して親ヨーロッパ派であった。ヒースは早速 6 月30日にブリュッセルで英国交渉団に正式の意思表明をさせ，10月には本格的交渉に入った（Gowland and Turner, 2000）。他の EFTA（欧州自由貿易連合） 3 カ国（アイルランド，ノルウェー，デンマーク）と並んでの加盟申請であった。

　1969年12月のハーグ首脳会議は，EC 史上で非常に重要な転換点の 1 つであった。「完成・強化・拡大」がスローガンとして掲げられたこの会議で，CAP（共通農業政策）財政について主としてフランスの要求に沿った合意がなされ，フランス以外の 5 カ国が望んでいた，共同体のさらなる拡大への意思が再確認され，金融，外交政策の分野での協力の可能性が検討されることとなった（金丸，1995；1996）。

　ウィルソン政権にとって，イギリスになるべく有利な CAP に関する決定をもたらすことが加盟申請の 1 つの動機であったのだが，

この願いはかなわず，ヒース政権はフランスに有利な共通農業政策を，既成事実として受け入れざるをえなかった。これはとりもなおさず，フランスに対抗する形でのEC加盟は無理であることを，イギリスが悟ったことを示していた。この点では，イギリスはやっとのことで5年の過渡期間を認めてもらい，農業生産者への所得補助を基調としていたそれまでのシステムから，農産物への価格補助型のECシステムへの切り替えを行った。コモンウェルスからの輸入品，EC独自財源に関しても，同様に過渡期間が設けられた。結果的には貿易大国であるイギリスは，多くの財源をECに提供する割には，フランスほどには共通農業政策から恩恵を受けなかった。サッチャー期まで引きずられる問題構造が，この時すでに存在していたわけであるが，ヒース政権は，外から影響力を及ぼそうとするよりも，中に入ってから漸次的に事態をイギリスに有利に改善していく方に望みを託した。

　交渉は決して順調に進んだわけではなかった。1970年の年末ごろからフランスの態度は硬化し，再びフランスが拒否権を使うのではないかという憶測が取り沙汰された。71年3月にはジスカール＝デスタン仏蔵相によって，英ポンドに関する不安が持ち出された。ポンドの安定性，その準備通貨としての性格が，経済通貨同盟（EMU）計画に悪影響を及ぼすことが懸念されていた。

　最終的に英仏間の問題は，1971年5月20-21日の首脳会談で解決された。首脳会談に向けて，イギリスの駐仏大使とフランスの外務次官の間で極秘の準備交渉が重ねられた。最後にヒース首相とポンピドー大統領との間で11時間に及ぶマラソン協議が行われ，英仏首脳は互いに結果について満足したことを報告した。フランス側は，ポンドに対する不安がイギリスの対応によって解消されたことを表

明し，イギリスは，EMU が進展しようとも，加盟国は国家としてのアイデンティティを喪失しないことを確認したと表明した。EC 加盟がイギリスの国家主権の侵食につながるという，英国内の根強い反論を意識してのことであった。

ヒース政権は，7月7日の白書でイギリスの EC 加盟の条件を提示した。加盟が主権喪失につながるという議論に反駁するにあたっては，1966年のルクセンブルクの妥協（第3章2参照）が非常に役立った。ヒース政権は，共通農業政策が英国内の食料価格を押し上げ，コモンウェルス貿易を弱体化させるであろうことは認めたが，にもかかわらず，イギリスは加盟により技術的，経済的に恩恵を受け，世界の中でのイギリスの声を強化することができると論じた。その際には，60年代の EEC 6 カ国経済の急成長ぶりが傍証とされた。

2度の失敗を乗り越え，やっと合意にいたったイギリスの EC 加盟であったが，予想に違わず国論は二分された。産業界は全般的に加盟に好意的であり，賛成キャンペーンを展開していた。しかし世論は流動的であり，保守党内部からの造反も予想されていた。最終的に10月下旬に，戦後最長の6日間の討論を経たあと，英国下院は356対244でイギリスの EC 加盟に賛意を表した。保守党内からは38名の造反者がでたが，逆に労働党内から69票の賛成票が投じられた。

イギリスとヨーロッパの関係をめぐる議論は，こののちも現在のユーロ加盟是非論にいたるまで続いているのであるが，1972年1月22日に署名され，73年1月1日に実現したイギリスの EC 加盟は，イギリスがヨーロッパの方を向いた決定的な一歩であったことは間違いない。これは，それ以前の「帝国」（コモンウェルス）とアメリカとの特別な関係を絶対的に優先させる立場から，よりヨーロッパ

の方にイギリス外交の重心がぐっと傾いた,歴史的な決断であった。そして,同時にアイルランド,デンマークの加盟が決まったことにより,EC 自身も,安定と繁栄を拡大させていく共同体としての,歴史的ダイナミズムの方向性を得たのであった。当初加盟国であった6カ国は,このあとも統合推進の中心であり続けたが,その中心に引き寄せられる周辺という階層的な関係が,欧州統合の枠組みの中で生まれたのであった。

通貨協力の発足

EEC 発足当時,アメリカは EEC を,自らをモデルとした「ヨーロッパ合衆国」の萌芽として,また,貿易および投資の市場の拡大として歓迎していた。しかし,アメリカが世界経済における圧倒的地位を失うにつれこの態度は変化し,むしろ露骨に EC をライバル視する雰囲気が強まっていった(Lundestad, 1998)。1958年以後,アメリカの国際収支は赤字に転じ,次第に赤字幅を大きくしていった。当時のブレトンウッズ体制下では,ドルは1トロイオンス当たり35ドルの比率で金と交換できることになっていた。黒字国にはドルよりも金保有を選ぶ国が少なからずあったため,アメリカからの金流出が次第に深刻な問題となっていた。ケネディ大統領が,自らの最大の懸念は核兵器と国際収支の赤字であると側近に語っていたことは,象徴的である(シュレジンガー,1966;田所,2001)。

アメリカは,国際収支改善のためにさまざまな努力を取り始めていた。ヨーロッパ諸国に対しアメリカからの輸入増大を求め,GATT その他の場でヨーロッパの市場開放を強く求めたのもその1つであった。60年代,米欧間ではいくつかの通貨危機を乗り切りつつ,多角的な通貨に関する協力体制整備の努力が続けられた。しかし,国際通貨体制をアメリカが支えきれなくなりつつあるという

問題は，根本的には解決されていなかった。

通貨の問題が最初にヨーロッパを直撃したのも，1968年から69年にかけてであった。ここでもヨーロッパは，ECの枠組みで，アメリカ依存から脱却する解決策を模索した。1967年にイギリスがポンド防衛に失敗し，11月にポンド切り下げを行った際は，心配された連鎖反応は回避された。しかし，1968年5月危機の際，仏全土を襲った労働争議の波は，仏経済に大きな損害を与えた。政府が認めた賃金引き上げとその後の物価上昇により，フランスの国際収支は急激に悪化した。アメリカのドル垂れ流し政策を批判し続けてきたド=ゴール大統領は，自らの威信をかけてフラン切り下げを拒絶したが，フランスから大量の資本が流出することを防ぐことはできなかった。逆に西ドイツにおいては，66-67年の経済不況を乗り切ったのち，68年から経常収支黒字が拡大していった。このためマルク切り上げを予想した外資，すなわちドルが流入し，フランとは逆の状態で投機にさらされることになった。

結局，1969年8月10日にフランスは11.1％のフラン切り下げを行い，西ドイツは約1か月通貨をフロートさせたのち10月27日に9.29％のマルク切り上げを行った。通貨の変動は，ECの共通農業政策を危険にさらした。ド=ゴールは，「CAPなしには共同市場はありえない」というほどフランスの農業を重視しており，この姿勢は基本的に，その後の仏政権にも受け継がれていた（Moravscik, 1998）。共同農業市場において農産物は，UA（Unit of Account）という金（＝ドル）にリンクされた統一計算単位をもって価格を付けられていた（1 UA＝0.88671g 金）。通貨切り上げを行った西ドイツでは，農産物だけは対UAで一定価格に据え置かれるため，実際にはマルクでは値下がりした。逆に通貨切り下げを行ったフランスで

は，その分農産物のフラン価格が上昇することになった。各国は，自国の農家保護のための施策に走ることになった。フランスは，フラン切り下げ直後から，一時共同農業市場を離脱した。西ドイツは共同市場にはとどまったが，まず輸入農産物に特別課徴金を課す手段をとり，その後自国農民の所得減少分を補償することをECで押し通した。このように通貨の変動は，共通農業政策そのものを危機にさらすことになった。この矛盾を取り除くためにも，ECは為替変動リスク除去の問題に取り組まざるをえなかった（田中，1996）。

EC委員会は，1969年2月にはいわゆるバール覚書を提出し，加盟国の経済政策，とりわけ通貨政策のより緊密な協調の必要性を訴えていた。69年12月のハーグ首脳会議において，EC諸国の首脳たちは，EMUを欧州統合の目標とすることを決定した。70年3月，ウェルナー委員会が組織され，5月に中間報告が，10月には最終報告が出された。各国，とくに独仏間でこれを受けてさらに交渉が重ねられ，71年2月にEC理事会で，EMUを向こう10年で段階的に実現する計画が採択された。この案によれば，為替変動幅は3段階を経て縮小し，10年後には為替変動幅がゼロになり，事実上の統一通貨が実現されるはずであった。

ただし，最大5年に及びうる第1段階終了後に，計画全体を見直しうるいわゆる「清算条項」が付けられていた。この背景には，通貨・経済政策の統合の重要性を説き，政治的統合の並行的発展を主張した「エコノミスト」（西ドイツ，オランダ，イタリア）と，早期の通貨変動幅縮小をめざし，そのための補完的措置として金融支援メカニズムの創設を要求した「マネタリスト」（フランス，ベルギーなど）との対立があった（ハッセ，1992）。西ドイツは，経済政策の統合をともなわない通貨統合には強い懸念を抱いていたが，1969年に

成立したブラント社民党政権は,東方政策を推進する上でも西側諸国の支援を必要としており,欧州統合に消極的と見られることは避けたかった。

計画通りであれば,1971年6月15日から加盟国の為替変動幅縮小が実行されるはずであった。しかし,5月に入ると再び激しいマルク買いの投機が起こり,西ドイツの外国為替市場は閉鎖され,スイス,オランダ,オーストリアなどの市場も続いて閉鎖された。5月8日に急遽開催されたEC臨時理事会において,対ドル共同フロート(当時の状況では,実際上共同切り上げ)を望む西ドイツと,これに反対するフランス,イタリアなどが対立した。結局,翌9日になっても理事会で妥協案は見出されず,第1次EMU計画は頓挫したのであった(田中,1996)。各国は個別の対応をとることになった。西ドイツとオランダはそれぞれ,為替レートをフロートさせることを9日中に発表した。翌10日,これらの国の外国為替市場は再開され,変動相場制が実施された。スイス,オーストリアは自国通貨を切り下げた。

この後,通貨の問題は,すぐまた危機的局面を迎えた。1971年8月15日,ニクソン大統領は,金―ドル交換停止,一律10%の輸入課徴金の賦課,などを内容とする「新経済政策」を発表した。これに先立つことちょうど1カ月前,キッシンジャー極秘訪中後の7月15日に発表されたニクソン訪中とともに,いわゆる「ニクソン・ショック」と呼ばれている。金―ドル交換停止によって,ブレトンウッズ体制は崩壊し,世界は変動為替相場制へ移行した。この年アメリカは初めて,国際収支だけでなく貿易収支でも赤字に陥り,ニクソン政権はさまざまな経済団体の圧力もあり,非常に保護主義的になっていた。その後,12月18日にワシントンのスミソニアン博物館で,

スミソニアン協定が締結され,ドルを中心として諸国の通貨の変動幅が±2.25%(合計4.5%)とすることなどが決められた。しかし,ドルと金の交換は回復されず,長期的な通貨体制の問題には解答が出されなかった(田所,2001)。

この状況に対応するための一種の自衛策として,EC側も相互の通貨の変動幅を一定範囲に保とうとしたのが,いわゆる第1次スネーク(欧州為替相場同盟)であった。1972年3月にEC6カ国は,そのままでは9%(±4.5%)に達することになるEC諸国通貨間の変動幅を,対ドル変動幅と同じ4.5%(±2.25%)にする決定を行った。この変動幅を維持するため,各国中央銀行は介入を義務づけられた。「トンネルの中のヘビ」と呼ばれたこの制度は,先の経済・通貨同盟計画とは異なり,各国が通貨主権を完全に維持したまま行う,単なる域内通貨協力の制度化の試みであった。

1972年4月にスネークはスタートしたが,スミソニアン体制の崩壊(73年2-3月),第一次石油危機(73年10月-)という次々と押し寄せる大波には勝てなかった。イギリス,イタリア,アイルランド,そしてフランスが74年1月までに離脱し,ドイツ・マルクを中心として,ベネルクス3国,デンマークのEC5カ国と,準参加のノルウェー,スウェーデンからなる「ミニ・スネーク」に転じ,ECの制度とは言い難くなった。これらの諸国は西ドイツの経済政策,金融政策に追随することが容易であったため,ミニ・スネークは一種の「マルク圏」の共同フロート制となった。

通貨統合は,1970年代も終盤になってやっと息を吹きかえす。70年代中盤に独仏で政権交代が起こり,西ドイツのシュミット首相とフランスのジスカール=デスタン大統領のボン=パリ枢軸が,この問題に関しても新たな推進力を与えた。78年4月,コペンハーゲン

で開かれた欧州理事会でシュミット西独首相は欧州通貨制度（EMS）構想を提唱し、これにジスカール=デスタン大統領も熱い賛意を送った。最終的に12月のブリュッセル欧州理事会で決断が下され、翌79年3月にEMSは発足した。これは第1次スネークと同じ共同フロート制であったが、その機能が強化され、新たなECU（欧州通貨単位）という通貨単位、域内固定相場制を維持するためのメカニズムである為替相場メカニズム（ERM）、金融支援のための信用メカニズムが導入された。いく度もの挫折にもかかわらず欧州通貨統合が少しずつ進展していった上では、19世紀以来の欧州における数々の関税同盟・通過同盟の記憶が大きかったであろう（第1章4参照）。レジスタンスの戦士であったジスカール=デスタンと、ドイツ国防軍で戦ったシュミットであったが、2人は堅い友情に結ばれ、EMS創設と並んで、欧州理事会の強化などを行い、欧州統合に勢いを取り戻させるために大きな役割を果たした（金丸，1996）。

政治・外交協力の模索　ニクソン政権登場とともに表面化し始めたアメリカの覇権の揺らぎは、1973年の第一次石油危機によって決定的となった。ニクソン・ショックがアメリカによる意識的な多極化の試みであったとすれば、石油危機はまったく意図せざる形で国際秩序に関するアメリカの力の限界を示した。それまでに始まっていた日本やヨーロッパのアメリカ離れは、これによってさらに加速した。日欧ともに、石油の安定確保のため、中東との独自の外交ルート開拓に躍起となった。これは、アメリカとの同盟関係を根底から揺るがすものではなかったが、その枠内で、日欧がより自律的なプレーヤーとなることを意味していた。

　第一次石油危機以後、1970年代のヨーロッパ経済は、インフレ、国際収支の赤字、不景気、失業の増大という困難な時代を迎えた。

しかし同時に，この時代は，80年代中葉以降，新たにヨーロッパの時代がやって来る種が着実に蒔かれていた時代でもあった。通貨協力の試みもその1つであった。外交政策の協調においても，まだまだシンボリックな段階にとどまってはいたが，具体的な試みが始められた。69年12月のハーグ首脳会議では，ECの「完成・強化・拡大」がスローガンとして掲げられたあと，各国外相が政治統合のための方法を検討した結果が「ルクセンブルク報告」（70年10月27日）としてまとめられ，この報告に基づいてEPC（欧州政治協力）が発足した。これによりEC各国は，任意の政府間協力を基調として，外交政策に関して緊密に意見を交換し，調整を行う協調の制度化を進めていった。当初は，年2回の外相会議と政治委員会，作業グループの設置が合意されていた。74年12月のパリ首脳会議以後，首脳会議が「欧州理事会」（European Council，閣僚級から構成される通常の理事会とは区別される）として制度化され，最低年2回，その時の議長国において開催されることとなった。また，外相会議も年4回に拡大された（辰巳，2001）。

当初からEPCの中には，単なる政府間の外交政策の協調を緊密化しようとする派と，それを何らかの政治同盟への萌芽と見る派との2つの流れがあった（Nuttal, 1992）。そして，この2つの流れの対立は，現在のEU憲法をめぐる議論にまで続いている。EPCは，マーストリヒト条約により初めて共通外交・安全保障政策（CFSP）として，EUの3本柱の1本となったが，そこにいたるまでには長い地味な努力の積み重ねがあった。

これら1970年代に進展した欧州統合は，当時は実質的というよりは，象徴的な意味合いを持つにすぎないと思われていた。それゆえ，関税同盟の完成した60年代，共通市場の完成へ向けて加速度のつい

た80年代に比べて，70年代は「停滞の70年代」と言われている。しかし，80年代の単一欧州議定書（SEA）と市場統合，そしてマーストリヒト条約以後の政治統合，経済・通貨同盟が可能になる地盤は，70年代の地道な努力によって作られていたと評価することは可能であろう。

3 安全保障の多極化とヨーロッパのデタント

米ソのデタントの確立

1970年代のデタントということを考えるとき，多くの人々の念頭に浮かぶ人物は，ヨーロッパではウィリー・ブラント，アメリカではヘンリー・キッシンジャーであろう。デタントという言葉自体は，50年代にすでに使われ始めており，一挙に使用頻度を上げたのは，ド゠ゴールの東欧との「デタント，協商，協力（détente, entente, coopération)」をという呼びかけであった。しかし，ド゠ゴールの果たしえなかった方向転換を実際に行ったのは，西ドイツの若き首相，ウィリー・ブラントであった（Schöllgen, 2001)。

1968年に全ヨーロッパを学生運動の嵐が吹き荒れた後，この世代の歓呼の声に迎えられ，「もっと民主主義を行う勇気を」と訴えたブラント政権が登場した。キッシンジャーが行ったことも，ブラントのいわゆる「東方外交」も，同じデタントという文脈で語られる。しかし，いわゆる米中ソのデタントの立て役者であったキッシンジャーが，ブラントのソ連・東欧との緊張緩和をどのように見ていたかは，彼自身の筆に語ってもらうのが手っ取り早い。

「ニクソン政権は当初，ブラントが東方政策と呼ぶものに対し

大きな留保を付していた。東西両ドイツがお互いを取り込もうとすれば、アデナウアーやドゴールが恐れたようにナショナリスティックで中立的な形で最終的に統一されるかもしれない。……

しかし、ブラントのイニシアティブが勢いを得れば得るほど、ニクソンとその側近は、たとえ東方政策に問題点があろうとも、それに代わるものはいっそう危険なものであると理解するようになった。……

したがって、ニクソンとその顧問達は、『ブラントはアデナウアーとは異なり、大西洋同盟に対して何の愛着も持っていない』と信じてはいたが、それでもなお東方政策を必要なものとして受け入れるようになった。戦後のヨーロッパの現状を覆すことが出来る国は三つだけ、すなわち二つの超大国とドイツであった。ドイツに関しては、統一を他の何よりも優先させると決めた場合に限ってそういう力を持った」（キッシンジャー、1996、下、405-406頁）

このキッシンジャーの記述を読むと、デタントに対して一般的にもたれている明るいイメージとは裏腹に、いかに各国がデタントという政策を自らの国益に有利に誘導しようとしのぎを削っていたかがうかがえる。

ニクソン政権の外交政策は、何よりもヴェトナム戦争で疲弊したアメリカを立て直し、世界におけるアメリカのリーダーシップを再確立することにあった。中ソ対立はニクソン政権の登場以前に始まっていたが、ニクソン大統領とキッシンジャー国務長官（当初は国家安全保障問題大統領補佐官）は、これをたくみに利用した。中ソそれぞれとの関係改善を推進しつつ、中ソの力が一定範囲内で均衡し

ているように，どちらかが圧倒的優勢にならないように気を配り，つねにアメリカが国際政治の力の均衡の要にいられるように腐心した。そして，そのアメリカの地位を利用してヴェトナム戦争を少しでも有利な条件での解決へ導こうとしたのであった。

1970年代前半，米ソ間のデタントの推進力を利用し，一連の軍備管理交渉が結実した。60年代後半に始められていたSALT（戦略兵器制限交渉）は，1972年5月にABM制限条約と戦略攻撃兵器制限に関する5カ年の暫定協定という形になった。また，71年9月に偶発的核戦争防止協定，73年6月に核戦争防止協定などが結ばれた。

これらの条約により，米ソ超大国間の核の均衡は厳密に管理され，キューバ危機時に懸念されたような偶発的核戦争の可能性はかなり低下した。しかし，同時にこれらの軍備管理協定は，どれも冷戦を終了させようという動機は持っていなかった。ニクソン＝キッシンジャー政権が「核の均衡」の重要性を認めていたのは，彼らがまさに「勢力均衡」の信奉者であったからにほかならない。イデオロギー対立の有無にかかわらず，米・中・ソが超大国である以上，自ずから一定限度の対立は生まれ，そこで平和を維持していくには勢力均衡を注意深く管理し続けることこそ枢要である，という考え方が働いていた。

> ヨーロッパの
> デタントの開始

ヨーロッパのデタントは，これとは異なる要素を含んでいた。もちろん，勢力均衡の発祥の地であるヨーロッパ人たちは，勢力均衡の重要性を十分に認識しており，それゆえNATO内における米欧協調と，NATO＝ワルシャワ条約機構間の軍備管理に協力していた。しかし，ヨーロッパのデタントには，核の均衡によって固定化した東西対立の変更の困難さを認識した上で，それを越えて何

とかヨーロッパとしての文化とアイデンティティの一体性を回復させたいという祈りに似たものが根底にあった。

その中心にあったのが，西ドイツの東方政策であった。歴史上，「東方政策」という語は，1969年秋に登場したブラント社民党＝自由民主党連立政権と結びつけられて記憶されている。しかし，東方政策は，分裂国家として西ドイツが発足して以来つねに存在していた。それは，つねに，ドイツがいかなる国であるか，ドイツ人とは誰であるかというアイデンティティにかかわる問題であった。1949年のドイツ連邦共和国（西ドイツ）発足以来続いてきたアデナウアー政権は，これを厳密に自由主義社会のドイツと解釈し，ソヴィエトの軍事力の威圧下に成立した共産主義のドイツ民主共和国（東ドイツ）の存在を認めていなかった。

加えて，途中からはさらに厳密に，東ドイツと国交を樹立する国とは西ドイツは国交を断絶するという，いわゆる「ハルシュタイン・ドクトリン」を打ち立て，存在する唯一の正統なドイツ国家はドイツ連邦共和国であるという立場をとり続けていた。もちろん，このハルシュタイン・ドクトリンには，1955年に国交を回復したソ連という重要な例外があったが，その他の国についてはかなり厳密に適用されていた（Kilian, 2001）。

しかし，このような政策は，東西ヨーロッパ分断の現実が20年以上続く中で，もはや維持しえなくなっていた。とくに決定的であったのは，1961年8月13日のベルリンの壁建設であった。これによってドイツ人は，目に見える形で祖国とヨーロッパの分断の現実を突き付けられた。そして，この壁をぶち破る力を行使することは，東西全面戦争の危険を冒すことであり，その危険を冒す意図はアメリカにもソ連にもまったくないこと，むしろこの壁は，米ソ双方にと

ってとても便利なものであることを，ベルリン危機を通じてドイツ人は学ばざるをえなかった。ここから，政府レベルにおいてはシュレーダー外交，キージンガー首相の「新東方政策」と，現状の中で東欧諸国との関係を改善させようという試みが始まり，同時に社会民主党とブラント市長下のベルリン市政において，分断の苦痛を少しでも緩和しようという政策が始まった（岩間，2000）。

　ブラントのブレーンであったエゴン・バールらによって「小さな一歩の政策」と名づけられた政策は，昨日まで同じ職場，同じ家族に属し，同じ市民であった人々が，壁によって暴力的に別々の世界の住民とされたことによる「人間的苦痛の軽減」をめざしていた。キッシンジャーは，ブラントがアデナウアーと異なり，大西洋同盟に「愛着」(emotional attachment) を持っていなかったと書いている（キッシンジャー，1996，下，406頁）。これは非常に微妙な表現である。ブラントは，西ドイツ国家創設以来，長くドイツの統一にこだわり，NATOの正統性を認めようとしなかった社会民主党の中にあって，いち早くNATOの必要性を認め，西側と共に生きることにしか西ドイツの将来はないことを認め，社会党の政策転換をもたらしたグループの中にいた（Artner, 1985；高橋進，1986）。彼が対米関係を重視する「大西洋派」であったことは，まったく疑いがない。しかし，同時に，自分の街が，国家が，そしてヨーロッパが分断されている状態自体に，「愛着」が持てようはずがなかった。ブラントの東方政策には，そしてヨーロッパのデタントには，何とか冷戦によるヨーロッパの東西分断を乗り越えようとする動機が内包されていた。

　ベルリンにおける「小さな一歩」は，西ベルリン市民がクリスマスから新年にかけての期間のみ東ベルリン訪問を許された，1963年12月の通行証協定に始まった。バールは63年7月にトゥッツィング

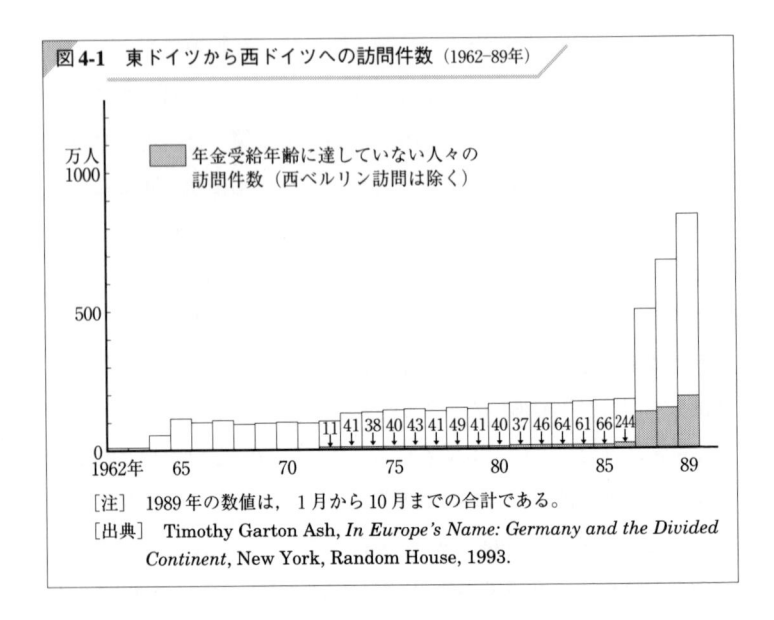

図4-1 東ドイツから西ドイツへの訪問件数（1962-89年）

万人
1000

年金受給年齢に達していない人々の訪問件数（西ベルリン訪問は除く）

500

11 41 38 40 43 41 49 41 40 37 46 64 61 66 244

0
1962年　65　　　70　　　75　　　80　　　85　　89

［注］　1989年の数値は，1月から10月までの合計である。
［出典］　Timothy Garton Ash, *In Europe's Name: Germany and the Divided Continent*, New York, Random House, 1993.

で行った演説で，その東方政策の構想を明らかにした。彼の政策，「接近による変化」は，ドイツ研究者アッシュにより「柔道の投げ」と形容されているように，まず，その人道的側面を強調し，相手の警戒心を解き，相手を自分の懐にまで引き入れようとしていた（Ash, 1993）。そうやって，相手が自分の懐まで入ってきて初めて，次の「投げ」，ドイツにとっては再統一の可能性が出てくるのであった。大連立政権の外務大臣，そして69年の社民党首班政権の首相となったブラントは，この戦略に忠実に，東側の西ドイツに対する警戒心を解くために，さまざまな手段を用いて接近していった。長期的な視野で変化を可能にするためには，まず，現状を肯定し，東ドイツのかかえる不安を解消し，再統一は「多くのステップと多くの途中駅を持つプロセスである」ことを認識することから始めねば

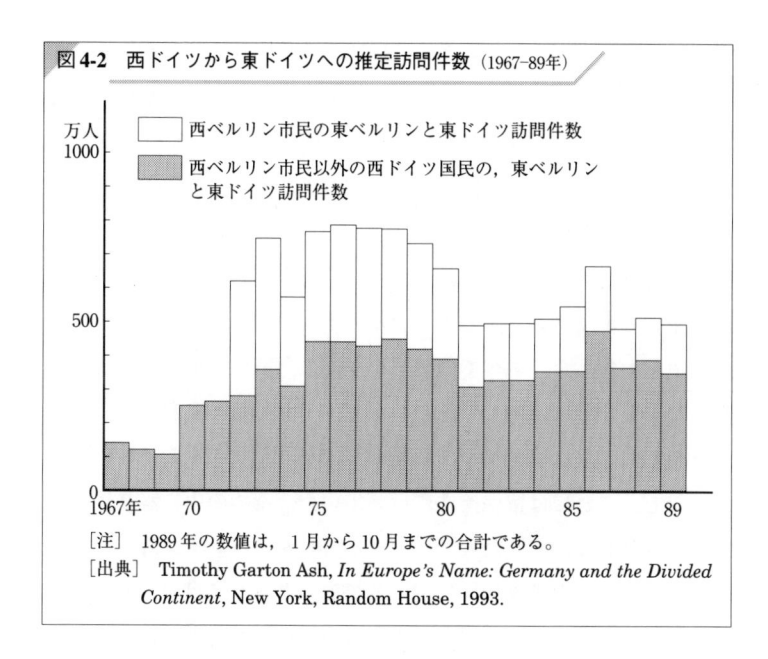

図4-2 西ドイツから東ドイツへの推定訪問件数 (1967–89年)

凡例:
- 西ベルリン市民の東ベルリンと東ドイツ訪問件数
- 西ベルリン市民以外の西ドイツ国民の,東ベルリンと東ドイツ訪問件数

[注] 1989年の数値は,1月から10月までの合計である。
[出典] Timothy Garton Ash, *In Europe's Name: Germany and the Divided Continent*, New York, Random House, 1993.

ならなかった。

しかもこれは,ソ連の全面的支援の下に行われなければならなかった。ソ連の容認しない緊張緩和がどのような結果に終わるかは,1968年のチェコ事件が如実に示していた。ベルリンではすでに53年6月17日に一度,ソ連軍の戦車が市民に発砲する事態を経験していた。あのような事態の繰り返しは避けねばならなかった。キッシンジャーも,68年のチェコ事件が,ド=ゴールのイニシアティブに終焉を告げたと同時に,「皮肉なことに」ブラントのために扉を開くこととなったと書いている(キッシンジャー,1996,下,404-405頁)。すべての道はモスクワから通ずることを理解し,ブラント首相は,70年に腹心のバール首相府次官をソ連との関係改善のためモスクワに送り込んだ。そして,ソ連=西ドイツ間条約の交渉が始められた。

> ソ連・東欧との
> 交流再開

最終的に1970年8月12日に「ドイツ連邦共和国とソビエト社会主義共和国連邦との間の条約」(「モスクワ条約」)は締結された。西ドイツとソ連は,欧州情勢の正常化およびすべての欧州諸国間の平和的関係の発展の促進のために,この地域における「現存する情勢を出発点とする」ことを約した。終戦時からの係争事項であった東ドイツとポーランド間のオーデル＝ナイセ国境線,東西ドイツ間の国境をも含んだ,すべてのヨーロッパの国境の不可侵が確認された(これら「東方諸条約」の協定文は,鹿島平和研究所編『現代国際政治の基本文書』参照。条約交渉の過程は,*Akten*, 1970で追うことができる)。

ただし,これには留保条件が付いていた。条約の中に盛り込むことには成功しなかったため,シェール外相がグロムイコ外相に翌日付で手渡した「ドイツ統一に関する書簡」という文書の中で,前日の条約締結が「ドイツ国民が自由なる自決権の行使の下にその一体性を再び実現しうるような欧州平和状態の達成に努力するというドイツ連邦共和国の政治目標をさまたげるものではない」ことが明記されていた。つまり,ドイツ民族の自決による平和的な再統一の可能性は残されたのである。この可能性は,欧州安保協力会議(CSCE)のヘルシンキ最終文書にも同じような形で残された。

ドイツ人は,政治体制として2つの国家が存在することを認めることを通じて,1民族としてのアイデンティティを守り通す道を残したのであった。アッシュが「柔道」と称した所以である。もちろん,東西ドイツ双方に,これは右派の一部を満足させるための国内政治上のフィクションにすぎず,現実の可能性として東西ドイツの再統一などなくなったと信じた人々はかなりの数で存在した。しかし,歴史は1989年にもう一度,ドイツ民族のアイデンティティを問

いかけることになったのであった。

　ソ連との交渉を追うようにして、ポーランド、チェコスロヴァキアとの関係正常化交渉も行われた。この際も、過去の歴史、現在の分断、将来の統一の可能性がつねに交渉につきまとった。チェコスロヴァキアとは1938年にヒトラーが締結し、ドイツによるチェコ併合へといったミュンヘン条約の無効が確認されて初めて、条約署名が可能となった。プラハ条約は1973年12月11日に署名された。

　ポーランドとの間では、さらにオーデル゠ナイセ線が問題となった。ポーランドが第二次大戦後に併合したオーデル゠ナイセ川東岸のシレジア地方は、長くドイツ人の居住する地域であり、終戦時にドイツ系住民が強制的に自分たちの土地から追い立てられたという経緯があり、双方ともに感情のもつれをかかえたままの交渉であった。結局条約においては、ポーランドの西部国境がオーデル゠ナイセ線であることが「無条件に」認められたが、それでもなお、西ドイツはこれを現在の西ドイツのみに限る拘束と理解し、西側3国宛に将来の統一ドイツがこの条約には拘束されないという書簡を送った。

　ワルシャワ条約署名のために1970年12月7日、ワルシャワを訪れたブラント首相は、ポーランド侵攻、ユダヤ人に対するジェノサイドという、ドイツの重い過去を肩に背負って、ワルシャワ・ゲットーの蜂起記念碑に献花のため訪れた。花輪を記念碑に供えたブラント首相は、そのまま膝を折り、ひざまずいて頭を垂れた。事前には予定されていなかった行動であった。ワルシャワ記念碑の前にひざまずくブラントの映像は世界を駆けめぐり、ドイツ国内でも大きな論争を巻き起こした。賛否両論が激しく闘わされたが、結果としてブラントの行動は、過去の歴史の重みを真摯に受け止めようとす

る西ドイツの態度として，人々に記憶されることになった。

　こうして，ソ連，東欧との関係改善を進行させつつ，ブラントの東方政策は，両ドイツとベルリン問題に取り組むこととなった。両ドイツ問題とベルリン問題は，密接に関連してはいるが，別個の問題であった。ドイツにおける第二次世界大戦は，停戦はなされたものの，ドイツと戦勝国との間の講和条約は締結されておらず，理論的には戦争状態は完全には終結していなかった。ベルリンは，法的には全体として未だ4戦勝国（英米仏ソ）の占領下におかれており，全ドイツの地位に関する権限は4国に留保されていた。したがって，ベルリンの地位について交渉することができるのは，あくまで4連合国であり，そこに両ドイツは直接の交渉者として出ることはできなかった。他方，両ドイツ間問題は，全ドイツの最終的地位を決める交渉でないかぎりにおいて，2つのドイツ間で行われたのであったが，それは，限りなく国家間交渉に似て，しかし，正式な国家間交渉であってはいけないものであった。

　フルシチョフが1958年にベルリン危機（第2章3参照）を引き起こした時に求めたのは，最終的に講和条約を締結して，2つのドイツ国家とベルリンの地位を確定することであった。しかし，ブラントの東方政策は，ヨーロッパの現状を認めはしたものの，ベルリンとドイツに関しては，現状追認までは行わなかった。東ドイツが存在していることを事実上は認めたものの，法的には正式な国家とは認めず，ベルリンも未解決の占領状態に置いたまま，分断の現状にともなう危険や不都合を最小化する努力を行った。ドイツにおける戦後は終わっておらず，ベルリンとドイツ問題の最終的解決は未だ行われていないという立場を崩さなかったわけである。東側にとって最も望ましい解決は，東ベルリンを東ドイツの首都と認めてもら

い,東ドイツを国家承認してもらい,西ベルリンにのみ,何らかの国際的に保障された特別の地位を与えることであった。しかし,西ドイツと西側連合国は,いつの日か平和的にドイツが再統一される可能性を,完全に閉じてしまうことを選ぶことはできなかった。

ベルリンに関しては,英米仏ソ4カ国間で,ベルリン4カ国協定締結に向けた交渉が行われた。これは,エゴン・バールのモスクワ条約交渉が始まった約2カ月後,1970年3月26日に西ベルリンにおいて,かつて4カ国のドイツ統治機関であった管理理事会の建物で始まった。建前上,これはあくまでも4占領国の交渉であったが,モスクワでの西ドイツ=ソ連間の交渉では,ベルリン問題も取り上げられ,西ドイツ側は,独立の「西ベルリン」という政治的単位は受け入れられないこと,ヨーロッパの現状を肯定するなら,ベルリンの現状もそのまま肯定すべきであり,ベルリンの地位の変更は受け入れられないことを当初から明確に伝えていた。この時期すでに連邦政府内では,ベルリンの地位に関する明確な交渉指針が合意されており,それは4カ国に伝えられていた(*Akten*, 1970, Bd. I, pp. 308-311)。

結果的に見ると,西ドイツ政府のベルリン問題に関する希望は,ほぼそのままの形で1971年9月3日のベルリン4カ国協定に反映された。「ベルリン西側地区」と西ドイツ間,東西ベルリン間の通行・コミュニケーションの改善は約束され,両者の結びつきの維持,発展は支持された。しかし,西ベルリンは西ドイツの構成部分ではなく,西ドイツにより統治されず,西ドイツの憲法(基本法)や一般の法律は,そのままでは西ベルリンにおいて効力を持たないことが再確認された。

これら東方諸条約の集大成が,1972年12月21日に調印された「ド

イツ連邦共和国とドイツ民主共和国の関係の基礎に関する条約」であった。すべての東方政策の焦点は，最終的に，第三次世界大戦が起こるとすればその最前線となるであろう，両ドイツ間の境界線をどう扱うかに帰ってきた。その意味で，この条約は，いわばヨーロッパのデタントの扇の要のような存在であった。この条約によっても西ドイツは，東ドイツを法的に国家と認めたわけではないという建前を崩さなかった。したがって，両ドイツ関係は，外交関係とは別種の関係とされ，大使館ではなく「常駐代表部」が交換されたにすぎなかった。「民族の問題」に関して，2つのドイツ国家の間で基本的な見解の相違があることも明記された。当初は国際法上の承認を要求してきた東ドイツとの交渉は，長く困難なものであった (Pothoff, 1997)。最終的には，ウルブリヒトからホーネッカー書記長への東ドイツでの権力交代劇を経たあと，妥結への道が開かれた。西ドイツでも72年4月27日には，ブラント政府はぎりぎり2票差で不信任決議を生き延びた。

東西交渉にあたってのブラントの標語は，「ドイツの土地から二度と戦争が起こることのないように」であった。2つのドイツの国家が，互いにその存在を事実上ではあれ認め，武力不行使を約し，「平等の基盤の上に正常な善隣関係」を樹立すること，相互の領土保全と境界の不可侵を宣言したことの，安定化効果は計り知れなかった。ベルリン（西）と西ドイツ間のトランジット協定（1971年12月17日締結），両独間の交通協定（72年5月26日）やさまざまの付属の議定書等とともに，この条約においてヨーロッパで最も緊張度の高い境界であった両独間の国境は次第に安定し，この境界を越えての人，物，情報の移動が可能となっていった。

ヨーロッパの全体性の復活

両独間、西ドイツと東欧との緊張緩和と並行して、ヨーロッパ全体の現状承認と緊張緩和を達成しようという動きも継続していた。ソ連側は、第二次大戦後のヨーロッパの現状について西側の承認を得て、ヨーロッパの安定化を得ることを、この当時一貫して追及していた。ヨーロッパの国境線の現状、つまりは東欧諸国とソ連自身の国境線が、西側諸国から正統性を認められることは、彼らにとっては、赤軍兵が第二次大戦において血を流してあがなった戦果がようやく西側からも承認を受けることを意味していた。そのためにも、ヨーロッパのすべての国を網羅した安全保障会議を開くという提案を、ソ連は繰り返し行ってきていた。

欧州安保会議へのソ連の提案は、1954年のモロトフ外相の提案まで遡ることができる。66年6月にはソ連のイニシアティブに基づいて、ワルシャワ条約機構のブカレスト会議で「欧州における平和と安定の確保のための宣言」が出された。69年3月19日、ブダペストで開催中であったワルシャワ条約首脳会議が発表した、いわゆる「ブダペスト・アピール」では、それまでの提案と異なり、アメリカの撤退、ワルシャワ条約機構とNATOの同時解消などの、西側にとってとうてい呑めない前提条件が姿を消していた。NATO側は、同年4月ワシントンでの、NATO創設20周年記念の外相会議において、米・加の参加を条件に、欧州安保会議の可能性を検討することを承諾するコミュニケを発表した。ここから、CSCEへの交渉は徐々に始まっていった。

1969年4月5日にフィンランド政府は、準備会議および本会議の開催国となる意図があることを表明し、いわゆる「ヘルシンキ・プロセス」の開催地が決まった。ソ連側は、米・加の会議への参加を

Column ⑧　MBFR と CFE

　ヨーロッパ安保会議のソ連側からの提案に対して，NATO 側も，1968年6月25日に，理事会によって MBFR（相互均衡兵力削減）交渉を提案していた。これは，1967年12月の北大西洋閣僚理事会で採択された「北大西洋同盟の将来の任務に関する報告」（「アルメル報告」）を受けての NATO 側からの軍備管理面でのデタントの試みであった。当初東側は，CSCE の枠内でこの交渉を行うことを主張したが，結局 NATO の主張を受け入れ，73年1月からの予備交渉ののち，11月に本交渉がウィーンで開始された（Foreign and Commonwealth Office, 2001）。

　ニクソン政権がとくに MBFR 交渉に関心を抱いた理由としては，ドル危機とヴェトナム戦争を背景に，米国内に欧州方面の駐留米軍の削減を求める声が強まっており，それに何らかの対応をする必要があったことがあげられている（バー，1999）。東側諸国にとっても，経済状況が厳しくなる中，兵力削減は魅力のある目標ではあった。兵力削減交渉の対象地域は，NATO 側の西ドイツおよびベネルクス3国，ワルシャワ条約側の東ドイツ，チェコスロヴァキア，ポーランドの7カ国で，交渉にはこの他に米，英，加，ソの4カ国が加わり，フランスは不参加であった。

　MBFR 交渉は，形式的には1989年まで継続されたものの，70年代中

認めると同時に，「両ドイツ国家」の会議への参加を要求し，欧州安保会議のテーマは，SALT 交渉，西ドイツの東方諸条約の交渉と密接に連関しつつ進行した（*Akten*, 1970, Bd. I, Dok. 7）。

　1972年という年は，ニクソン訪中，訪ソが実現し，米ソ間では SALT が調印され，両ドイツ間の条約が締結され，まさに米ソ・デタントの頂点の年であったといってよい。そして，EC のイギリス，アイルランド，デンマークへの拡大も決まり，残された全ヨー

盤には勢いを失い，80年代後半に CFE（欧州通常戦力）交渉が始まると事実上意味を失った。ソ連のゴルバチョフ書記長は，86年から新しい欧州の軍備管理交渉を呼びかけており，1987年にはウィーンで非公式協議が始まり，冷戦終結を間近に控えた1989年5月9日に本交渉が開始された。ベルリンの壁崩壊に続く東西間の関係改善を受けて交渉は急ピッチで進み，1990年11月19日のCSCE パリ首脳会議において CFE 条約が調印された（Falkenrath, 1995 ; Kelleher, 1996 ; 金子，2001）。「大西洋からウラルまで」の東西それぞれ4層の配備地域における，戦車，火砲，装甲戦闘車輛，戦闘機，戦闘ヘリコプターの配備総数が定められ，3段階の削減案が合意された（第6章2参照）。

その後ソ連邦が崩壊し，ロシアとチェチェン紛争をふまえた新しい「外縁部文書」が合意された。さらに，その後の時代の変化に条約を適応させるため，全体の見直しも進められ，1999年11月，イスタンブール OSCE 首脳会議において，CFE 条約適合合意が調印された。この結果，運用面での柔軟性に配慮しつつ，ヨーロッパにおける通常戦力を定期的に検証していく措置が確保され，通常兵力の集中による大規模攻撃や奇襲の危険はヨーロッパにおいてはほぼ排除され，軍事的安定に貢献している。

ロッパという枠組みでの戦後秩序の解決を考えるにふさわしいタイミングであった。ニクソン政権はしばらく躊躇したのちに，いわゆる「リンケージ戦略」の名の下に，MBFR（相互均衡兵力削減）交渉，ベルリン協定などの，ソ連邦の全般的穏健化を促すためのインセンティブの1つとして CSCE 交渉に参加することを決めた。こうして，アルバニア，アンドラを除いた全ヨーロッパ諸国と米・加の35カ国が集まり，72年11月22日に予備交渉が開始された

(Maresca, 1985)。

　最終的にこの交渉は,1975年7月30日から8月1日にかけて行われた首脳会議において,ヘルシンキ最終文書として調印された。この最終文書の特徴として,①安全保障(いわゆる第1バスケット),②経済・科学技術および環境分野での協力(第2バスケット),③人道およびその他の分野における協力(第3バスケット)の3つの分野に分かれていたことがあげられる(百瀬・植田,1992 ; Ghebali, 1989)。この3つのバスケットは,ヨーロッパのデタントが何であったかをよく表している。

　まず,第1に核の均衡の時代における共存のための現状の安定化であった。そのため,欧州諸国は,主権平等と相互の主権の尊重,武力不行使,国境不可侵,領土保全,紛争の平和的解決,内政不干渉,人権の尊重,諸民族の平等と自決権,国家間協力,国際法の遵守の原則を,集団的に誓約した。ヘルシンキ最終文書が,当時「ヨーロッパの講和条約」と言われた所以である。キッシンジャーも,ブレジネフにとってのCSCEは,「フルシチョフがベルリンに関する最後通牒で引き出すことが出来なかったドイツの平和条約——そして戦後の現状維持の確認——の代わりであった」と書いている(キッシンジャー,1996,下,435頁)。

　当時多くの人々は,これによってヨーロッパの冷戦は終わったと感じた。戦後の国境線を東西双方が認めあったことにより,正式な講和条約の形は取っていなかったにしろ,第二次大戦後に続いた不安定な状態には終止符が打たれた。そして,この状態を維持,管理するために,軍事的な信頼醸成措置の工夫が施された。ただし,ここでも2つのドイツの平和的統一の可能性は,「参加国は,国際法に従い,平和的手段と合意によって,国境線を変更しうるものと考

える」との一文が最終合意文書中に取り入れられることによって残された。その意味で，この「講和条約」はあくまで留保条件付きのものではあったが，当時の人々はその留保条件がさしたる意味を持つとは思っていなかった。

第2に，経済協力が重要な安全保障上の課題として取り上げられたことに，この時代のヨーロッパ，とくに共産圏のヨーロッパおよびソ連がかかえていた経済状況の深刻さが表れている。ソ連においては，フルシチョフ時代に経済改革の試みが行われたのち，ブレジネフ時代に硬直化した経済は深刻さを増していった。東欧各国においても消費物資の不足は深刻であり，東ドイツにおける緊張緩和への関心，ウルブリヒトからホーネッカーへの権力交代劇には，当時の東ドイツがかかえていた経済問題が深くからんでいた（Grieder, 1999 ; Kopstein, 1997）。デタント開始後，東西間の貿易量は急激に増大した。また，西側諸国から東側への資本の移動が可能になったため，種々の借款の形をとった西側資本が東に流入し始め，それは80年代を通じて膨れ上がっていった（表4-1参照）。

このことの意義は本書第5章で論じられるが，このような物と資本の移動の扉が開かれたのも，ヘルシンキ最終文書による正常化があってのことであった。

第3バスケットにおいては，人，情報，思想の自由移動という視点から，人権問題がテーマとして浮上した。東側は人権問題を取り上げることにはかなりの抵抗を示し，内政不干渉を理由に協議を避けようとした。しかし，最終的にはヘルシンキ会議を破綻させないために，一定の譲歩を余儀なくされた。西側諸国においても，この人的側面に関する関心は国によってさまざまであった。おそらく一番熱心であったのは，分断の現実をかかえていた西ドイツであり，

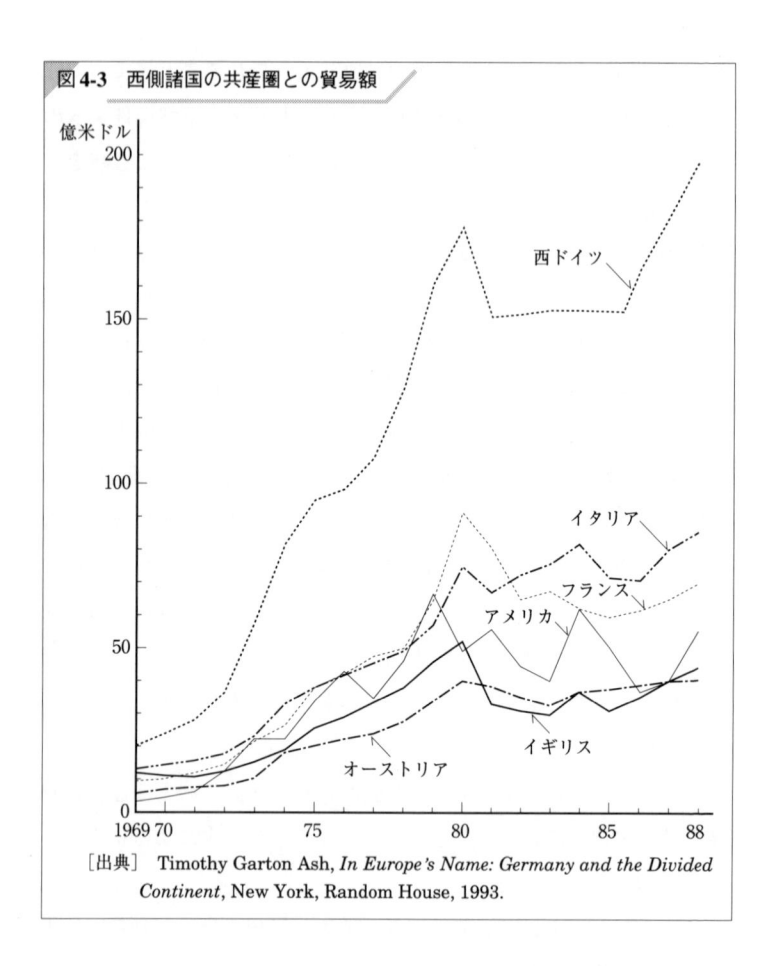

図4-3 西側諸国の共産圏との貿易額

億米ドル

[出典] Timothy Garton Ash, *In Europe's Name: Germany and the Divided Continent*, New York, Random House, 1993.

米英は,一般世論へのセールスポイントとしての価値は見出していても,実効性の面での期待はあまりしていなかったであろう（Foreign and Commonwealth Office, 1997）。

　最終的には,ヘルシンキ文書の第1バスケット冒頭のいわゆる「10原則」の第7原則として,「思想,良心,宗教,信念の自由を含

表4-1 ソ連・東欧諸国のハードカレンシー（硬貨）の負債

（単位：10億米ドル）

	1975年	1980	1984	1985	1986	1987	1988	1989
ブルガリア								
総　　額	2.6	3.5	2.8	3.2	4.7	6.1	8.2	9.2
純　　額	2.3	2.7	1.4	1.2	3.3	5.1	6.4	8.0
チェコスロヴァキア								
総　　額	1.1	6.9	4.7	4.6	5.6	6.7	7.3	7.9
純　　額	0.8	5.6	3.7	3.6	4.4	5.1	5.6	5.7
東ドイツ								
総　　額	5.2	13.8	11.7	13.2	15.6	18.6	19.8	20.6
純　　額	3.5	11.8	7.2	6.9	8.2	9.7	10.3	11.1
ハンガリー								
総　　額	3.9	9.1	11.0	14.0	16.9	19.6	19.6	20.6
純　　額	2.0	7.7	9.4	11.7	14.8	18.1	18.2	19.4
ポーランド								
総　　額	8.4	24.1	26.5	29.3	33.5	39.2	39.2	40.8
純　　額	7.7	23.5	24.9	27.7	31.8	36.2	35.6	36.9
ルーマニア								
総　　額	2.9	9.6	7.2	6.6	6.4	5.7	2.9	0.6
純　　額	2.4	9.3	6.6	6.2	5.8	4.4	2.1	-1.2
東　　欧								
総　　額	24.2	67.0	63.9	71.0	82.7	96.0	97.0	99.7
純　　額	18.8	60.5	53.2	57.4	68.1	78.4	78.2	79.9
ソ　　連								
総　　額	10.6	23.5	21.4	25.2	30.5	40.2	46.8	52.4
純　　額	7.5	14.9	10.1	12.1	15.6	26.1	31.4	37.7
コメコン								
総　　額	34.8	90.5	85.3	96.1	113.1	136.2	143.7	152.1
純　　額	26.3	75.5	63.3	69.5	83.8	104.5	109.7	117.6

［注］これらの数値は、公式なデータをもとにした西側の推定である。とくに東ドイツの場合は、統一後に入手可能になった内部資料によれば、これらの推定は実際より総負債額を低く見積もっていたようである。しかし、依然としてこの表は、問題の大きさを知るのに役立つであろう。

［出典］Timothy Garton Ash, *In Europe's Name: Germany and the Divided Continent*, New York, Random House, 1993.

めた,人権および基本的自由の尊重」が挿入され,市民的,政治的,経済的,社会的,文化的その他の権利が,「人間固有の尊厳から生じる」ものであり,国家の体制に左右されるものでないことが確認された。人権と基本的自由の尊重が,国家間の友好関係の発展に必要な平和,正義と福祉であることを認め,これらの権利と自由のためにそれぞれの国家が努力すると同時に,個々人が自分の権利義務を知り,その上に立って行動する権利を持つことが確認された。第3バスケットでは具体的に,人的交流の増大(家族の再開,結婚,旅行,観光,スポーツ交流等),情報,文化,教育交流について定められていた。

最後に,ヘルシンキ会議後の各種フォローアップ(検証措置)が定められており,最終文書で誓約されたことが実行に移される過程の検証の手段について合意された。ここから「ヘルシンキ・プロセス」と呼ばれる,東欧各国における人権運動を巻き込んだ政治過程が始まることとなった。

ヨーロッパ・アイデンティティの再生

1970年代後半から80年代にかけて,欧州のアイデンティティの1つとして人権意識が育ち,それは現在に至るまで,欧州評議会,欧州連合(EU),欧州安保協力機構(OSCE)等,さまざまな欧州の機関にとっての重要なアイデンティティとなっている。人,物,情報の増大によって育った若い世代のヨーロッパ人としての一体感が,最終的に冷戦の終焉をもたらすにあたっての大きな力の1つとなったことは否めない。その過程での1つの重要な道標が,ヘルシンキ最終文書であった。

ヘルシンキ会議を経て,それまで東西2つに分断されていたヨーロッパに,全体としての意識が再生した。それは,決して均一では

なく,さまざまな体制,信条,経済の発展段階を含むものであった。むしろ,多様であり,多元的であり,時に多層的であることこそが,ヨーロッパであることのアイデンティティの1つであった。自由,人権という思想を核にしつつ,多様な状態を包含し,一方の極にECという統合があり,他方の極にCSCEという緩やかな全体性が存在するヨーロッパであった。

このように,ブラントの東方政策に始まり,ヘルシンキ・プロセスによって全欧的広がりを得たヨーロッパのデタントの特徴は,単なる勢力均衡を作り出すことを越えて,まず現状是認と信頼醸成による安定化,次いで人,物,情報の交流を活発にし,東西間の「壁」を通過性の高いものにし,よって,冷戦の質を変え,ヨーロッパとしての一体感を育てていこうとするものであることであった。そして,ヨーロッパのデタントのこのような特徴は,米ソ間のデタントが崩壊したあとも持続した。米ソ間のデタントは,70年代中盤から崩壊し,80年前後には新冷戦と言われる時代が訪れた。しかしヨーロッパにおいては,70年代に確立された一体感が完全に崩壊することはなく,デタントの果実は冷戦終焉まで継続したのであった。

● 引用文献 ●

岩間陽子,2000「ヨーロッパ分断の暫定的受容――一九六〇年代」臼井実稲子編『ヨーロッパ国際体系の史的展開』南窓社。

鹿島平和研究所編,1987『現代国際政治の基本文書』原書房。

金丸輝男編,1995『ECからEUへ――欧州統合の現在』創元社。

金丸輝男編,1996『ヨーロッパ統合の政治史――人物を通して見たあゆみ』有斐閣。

金子譲,2001「冷戦後のヨーロッパの安全保障と米国」『欧州安全保障

システムの新展開からの米欧同盟の考察』日本国際問題研究所。

キッシンジャー, ヘンリー・A.／岡崎久彦監訳, 1996『外交』上・下, 日本経済新聞社。

高橋進, 1986「ドイツ社会民主党と外交政策の『転換』(1955-1961年)」『國家學会雑誌』第99巻第1・2号, 1-94頁。

辰巳浅嗣, 2001『EU の外交・安全保障政策――欧州政治統合のあゆみ』成文堂。

田所昌幸, 2001『「アメリカ」を超えたドル――金融グローバリゼーションと通貨外交』中公叢書。

田中素香編, 1996『EMS：欧州通貨制度――欧州通貨統合の焦点』有斐閣。

バー, ウィリアム／鈴木主税・浅岡政子訳, 1999『キッシンジャー [最高機密] 会話録』毎日新聞社。

ハッセ, ロルフ・H.／田中素香・相沢幸悦監訳, 1992『EMS から EC 中央銀行へ』同文舘。

百瀬宏・植田隆子編, 1992『欧州安全保障協力会議 (CSCE) 1975-92』日本国際問題研究所。

南義清, 1980「EC における共通農業政策の形成・発展と委員会の役割」細谷千博・南義清編『欧州共同体 (EC) の研究――政治力学の分析』新有堂。

Akten zur Auswärtigen Politik der Bundesrepublik Deustchland (文中では *Akten* と略), *1970*. Bd. I-III, Herausgegeben im Auftrag des Auswartigen Amts vom Institut der Zeitgeschichte, München, R. Oldenbourg, 2001.

Artner, Stephen, 1985, *A Change of Course: The West German Social Democrats and NATO 1957-1961*, Westport, Greenwood Press.

Ash, Timothy Garton, 1993, *In Europe's Name: Germany and the Divided Continent*, New York: Random House.

Falkenrath, Richard A., 1995, *Shaping Europe's Military Order: The Origins and Consequences of the CFE Treaty*, Cambridge, Maasachusetts: MIT Press.

Foreign and Commonwealth Office, 1997, Documents on British Policy Overseas, Series III, Vol. II, *The Conference on Security and Cooperation in Europe 1972-75*, edited by G. Bennett and K. A. Hamilton, London, the Stationary Office.

Foreign and Commonwealth Office, 2001, Documents on British Policy Overseas, Series III, Volume III : *D'etente in Europe 1972-1976*, London : Whitehall History Publishing, Frank Cass.

Ghebali, Victor-Yves, 1989, *La Diplomatie de la Détente : La CSCE, 1973-1989*, Bruxelles, Bruylant.

Gowland, David, and Authur Turner eds., 2000, *Britain and European Integration 1945-1998 : A Documentary History*, London and New York : Routledge.

Grieder, Peter, 1999, *The East German Leadership 1946-73*, Manchester : Manchester University Press.

Kelleher, Catherine McArdle, Jane M. O. Sharp, and Lawrence Freedman eds., 1996, *The Treaty on Conventional Armed Forces in Europe : The Politics of Post-Wall Arms Control*, Baden-Baden : Nomos.

Kilian, Werner, 2001, *Die Hallstein-Doktrin. Der deplomatische Krieg zwischen der BRD und der DDR 1955-1973. Aus den Akten der beiden deutschen Außenministerien* (Zeitgeschichtliche Forschungen ; ZGF 7) Berlin : Duncker & Humblot.

Kopstein, Jeffrey, 1997, *The Politics of Economic Decline in East Germany, 1945-1989*, Chapel Hill : the University of North Carolina Press.

Lacoutre, Jean, 1993, *De Gaulle : The Ruler 1945-1970*, English Translation, New York : Norton.

Lundestad, Geri, 1998, *Empire by Integration ; The United States and European Integration, 1945-1997*. Oxford University Press.

Maresca, John J., 1985, *To Helsinki. The Conference on Security and Cooperation in Europe 1973-1975*, Durham : Duke University Press.

Moravcsik, Andrew, 1998, *The Choice for Europe : Social Purpose &*

State Power from Messina to Maastricht, Ithaca : Cornell University Press.

Nuttall, Simon J., 1992, *European Political Cooperation*, Oxford : Clarendon Press.

Potthoff, Heinrich, 1997, *Bonn und Ost-berlin 1969-1982 : Dialog auf höchster Ebene und vertrauliche Kanäle, Darstelung und Dokumente*, Bonn : Dietz.

Schlesinger, Arthur Meier, 1965, *A Thousand Days : John F. Kennedy in the White House*, Houghton : Mifflin. (A. M. シュレジンガー／中屋健一訳, 1966『ケネディ——栄光と苦悩の一千日』河出書房)。

Schöllgen, Gregor, 2001, *Willy Brandt : Die Biographie*, Berlin : Propyläen.

Young, John W., 2001, *Britain and European Unity, 1945-1999*, Second Edition, London : Macmillan.

第5章 「新冷戦」から冷戦終焉へ

● ヨーロッパの復権をめざして

○ ベルリンの壁にのぼって喜ぶ東ドイツ市民（1989年11月9日。写真提供：AP/WWP）

第二次大戦後30年余り続いた冷戦は，1980年代初めに新たな対立激化の兆しを見せたものの，それから10年も経たないうちに，あっけなく終わった。なぜ，それほどまでにあっけなかったのか。それは，表面的な対立の激しさとは別に，ヨーロッパを中心に緊張緩和をめざした動きが70年代から脈々と続いており，冷戦構造の内側を侵食していたからである。対立と和解が連動しつつ，冷戦終結を導きソ連邦解体をもたらす。

1 米ソ「新冷戦」

> ソ連の新たな膨張

ソ連は，70年代デタントを通して軍事的な緊張緩和の制度化，経済的な交流の拡大を推進する一方，イデオロギー面についてはデタントの枠外とみなすかのような行動をとっていた。とりわけ第三世界で，反資本主義を掲げる民族解放運動への支援を熱心に行った。

1974年にソ連は，紅海とアラビア海に突き出した「アフリカの角」ソマリアとの間に友好条約を結び，次いで1976年にはアフリカのアンゴラでは独立を宣言したアンゴラ人民解放同盟（MPLA）の後押しをした。さらに1977年にはエチオピア，1978年には南イエメンなどに親ソ的な社会主義政権を成立させた。また同じ年にヴェトナムと友好協力条約を結び，カムラン湾に海軍基地を建設した。さらに1979年には，アメリカの裏庭である中米ニカラグアでオルテガ率いるサンディニスタ民族解放戦線が政権を奪取し，ソ連寄りの姿勢を明らかにした。これらは，権力政治（パワー・ポリティクス）のレベルでは平和共存を標榜してCSCEプロセスに参加しながら，イデオロギーのレベルでは平和共存を拒否し，反西側的な民族解放運動を支援するという，ソ連のデタント理解を如実に物語っていた。

ところが，1977年に発足した米カーター政権が「人権外交」を唱え始めたことは，アメリカによるイデオロギー面での反攻を意味した。とりわけ大統領安全保障担当補佐官のポーランド系アメリカ人ブレジンスキーは対ソ強硬派で，人権問題をめぐってソ連を激しく非難したので，米ソ関係は急速に悪化の兆しを見せた。

しかし，米ソ関係を決定的に悪化させ，いかなる意味においてもデタントを後景に追いやったのは，1979年末のソ連軍によるアフガニスタン侵攻であった。同年12月27日，アフガニスタンでクーデタが起こり，親ソ派のカルマル政権が発足した。ソ連は同政権の要請に応える形で8万5000人規模のソ連軍をアフガニスタンに進出させ，首都カブールほか主要都市・拠点を制圧した上で，反カルマル勢力と戦闘を展開した。

　カーター政権はソ連の行動に対して1980年1月，第二次戦略兵器削減協定（SALT Ⅱ）批准延期，対ソ穀物輸出大幅削減，高度科学技術品目を含む輸出制限などの制裁措置を発表し，西側諸国に対して同調を促した。加えてアメリカは，同年開催のモスクワ・オリンピックのボイコットを呼びかけた。さらにカーターは，軍事力を行使してでもペルシャ湾岸での石油を中心としたアメリカの死活的利益を守るとする「カーター・ドクトリン」を打ち出し，国防費の増額を発表した。

　これが，米ソ「新冷戦」とも「第二次冷戦」とも呼ばれる時期の始まりであった。米ソ両首脳は，1979年6月にウィーンでカーターとブレジネフがSALT Ⅱ交渉の際に会談して以来，1985年11月まで約6年半にわたり会合を持つことはなかった。これは1972年から75年までの間に，毎年のように計4回首脳会談をしていたころとは対照的であった。

ヨーロッパにおけるINF問題

　ヨーロッパ大陸に目を転じてみても，この時期，東西関係を悪化させる事態が発生していた。それは，1977年にソ連が，中距離核戦力（INF）の柱として最新式のミサイルSS 20を配備し始めたことであった。INFとは，射程距離が500 km以上5500 km以下の

地上発射による弾道ミサイルもしくは巡航ミサイルを指す(「ユーロミサイル」「ヨーロッパ戦域ミサイル」「中射程弾道ミサイル」などとも呼ばれるが、ここではINFで統一する)。

アメリカは、1960年代半ばまでイギリス、イタリアとトルコに「トール」あるいは「ジュピター」というINFを有していた。しかし、直接アメリカからソ連領内を攻撃できる長射程の戦略核ミサイルが整備されたのと、キューバ危機(1962年)の際、キューバからのソ連のミサイル撤収に対する一種の取り引きとしてトルコからINFを撤去する必要があったのとで、廃棄されていた。他方、ソ連は西欧の主要都市を射程に置くSS4とSS5というINFを保有していた。しかしこれらは旧式で、CEP(半数必中界=50%の弾頭が到達する目標半径)が1kmから2kmと命中精度が悪かったため、西欧諸国にとっても深刻な脅威ではなかった。

ところが1977年から配備が始まったSS20は、CEPが550mと、それまでのソ連のINFに比べて命中精度が格段に向上していただけでなく、車両発射式なので可動性が高いため、発見・破壊が困難であった。その上、弾頭がMIRV(個別誘導多弾頭)化された3個の核弾頭を搭載していたため、最終的に650基の配備が完了されると、従来のSS4、SS5に比べて、弾頭数が約5倍の2000発近くに及ぶことになった。このようにSS20の配備は、性能の向上と弾頭数の大幅な増加によって、西欧諸国に重大な脅威を与えた。

さらにSS20はINFの特性として、西欧全域を確実に射程内に収めたのに対して、アメリカはアラスカの一部を除いて射程外にとどまるという状況を生み出した(図5-1参照)。このため専門家の間では、SS20が西欧とアメリカとの利害を「切り離し(デカプリング)」かねず、その結果、ヨーロッパ戦域で限定核戦争の脅威が高

図 5-1 INF の射程

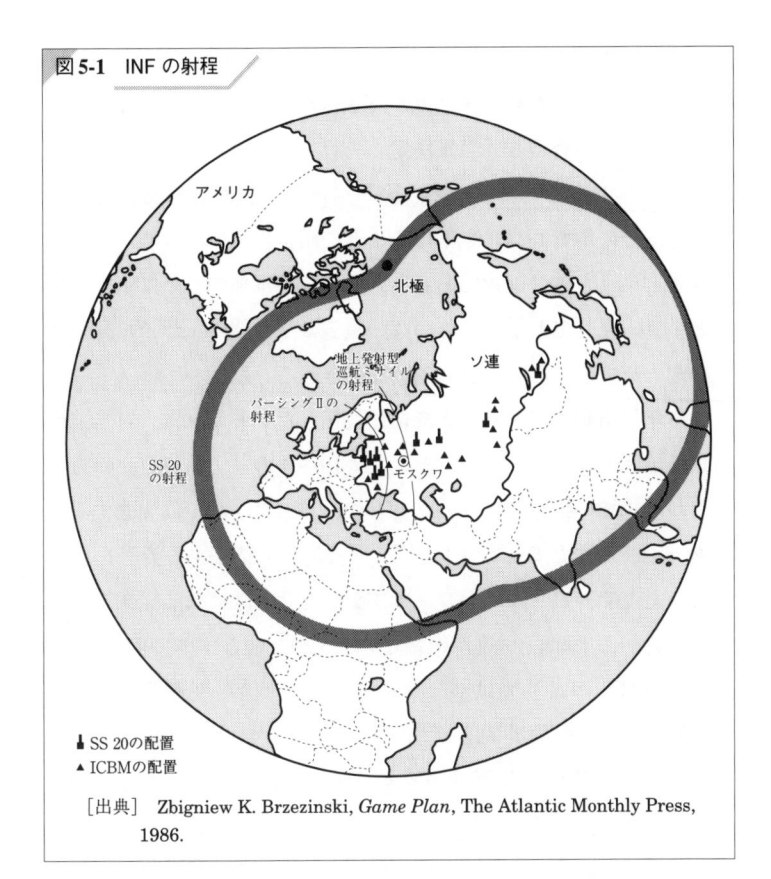

アメリカ
北極
地上発射型巡航ミサイルの射程
パーシングⅡの射程
ソ連
SS 20 の射程
モスクワ

⬛ SS 20の配置
▲ ICBMの配置

［出典］ Zbigniew K. Brzezinski, *Game Plan*, The Atlantic Monthly Press, 1986.

まると考えられた．

　こうした状況を受けて，1979年12月12日のブリュッセルでのNATO 外相・国防相級理事会は，ソ連の SS 20 配備に対抗するため，従来のパーシングⅠ型弾道ミサイルの射程と命中精度を向上させたパーシングⅡ（108基）と，海上発射型巡航ミサイル「トマホーク」の地上発射型巡航ミサイル BGM-109 G（468基）のヨーロッパ

への配備（英，西独，伊，蘭およびベルギー）を推進し，同時にINFの軍縮を実施するためアメリカがなるべく早期にソ連と交渉を開始するという，いわゆる「二重決定」を行った。これは，アメリカをヨーロッパ大陸につなぎとめ，INFに関して戦略的均衡を達成した上で，その均衡レベルを下げることで限定核戦争の可能性を低下させるという苦渋の選択であった。しかし，軍縮のために軍拡をするという一見してわかりにくいこの決定は，西欧のミサイル配備予定の国々を中心に激しい反対運動を引き起こした。

1981年に第40代アメリカ大統領に就任したレーガンは，対ソ強硬の軍拡論者とみられていた。そのため1979年の「二重決定」の方針，とりわけ軍縮の推進に従うのかどうか，ヨーロッパでは懸念する声もあった。しかしレーガンは，「二重決定」を踏襲する姿勢を明らかにした上で，11月に「ゼロ・オプション」と呼ばれる提案をソ連に行った。これは，ソ連が配備中のSS 20を含むすべてのINFを廃棄すれば，アメリカはパーシングⅡ，地上発射型巡航ミサイルBGM-109 Gの配備計画を断念するというものだった。これこそ1987年に合意されたINF全廃条約の原型であった。しかしこの時点ではソ連は，すでに配備されたミサイルとまだ配備もされていないミサイルとの取り引きは非現実的だとして，この提案を拒否した。

その後，およそ2年にわたって交渉が難航したポイントは，ソ連が自らのINF配備を，英仏がすでに核ミサイルを保有していることを理由に正当化し，アメリカによる新たなINF配備を阻止しようとしたこと，およびソ連がヨーロッパ部でのINFの削減分を極東に回そうとしたこと，の2点であった。こうして1983年11月14日，アメリカはついにイギリスへのINF配備を開始した。これに対してソ連は同月23日，INF交渉の一方的打ち切りを発表した。数週

間後にはSTART（戦略兵器削減交渉），MBFR（相互均衡兵力削減交渉）も中断された。こうして70年代のデタントとは一転して，ヨーロッパ大陸には重苦しい冬が訪れたのであった。

レーガンの対ソ政策

1981年1月，大統領に就任したレーガンは，ソ連の膨脹への対抗として軍事費を大幅に増大させた（1981年の1710億ドルから86年には3760億ドルに）。またカーター政権下で凍結されていたB-1爆撃機計画を再開し，MX大陸間弾道ミサイル，トライデント型潜水艦の増強を行った。さらに海軍は退役寸前の艦艇まで動員して，それまでの454隻から，航空母艦15隻を含む「600隻艦隊」建造に向けて努力を傾注し，グローバルな関与への決意を明確に示した。

また世界的にも反ソ勢力を積極的に支援し，中米ニカラグアにおける反革命勢力コントラへの支持を明確にするとともに，1983年10月には，南米の小国グレナダの政権が左傾化したことを理由に軍事介入した。この1983年はソ連空軍機による衝撃的な大韓航空機撃墜事件が発生した年でもあり，米ソ関係は「ここ20年間で最低のところまで悪化している」(Strategic Survey : 1983-1984, 1984) と評された。レーガンがソ連を「悪の帝国（evil empire)」と指弾したのも，1983年であった。

さらに同じ1983年3月，レーガンは「戦略防衛構想」(SDI，通称「スター・ウォーズ」計画）を発表し，弾道ミサイル防衛システム（BMD）の開発に着手した。この構想は，核弾頭搭載の弾道ミサイルを宇宙配備の兵器を含む多段階のシステムで完全に無力化するという軍事的ねらいとともに，このシステムに対抗しようとするソ連に技術的・経済的に厖大な負担を強いることで打撃を与え，破綻させるという政治的ねらいを有しているとみられていた。

ところでレーガンの対ソ政策においては，このような軍拡の側面が強調されがちだが，次の2点からそれは必ずしも正確ではない。

第1に，アメリカの軍拡はカーター政権時に着手されたものであった。カーター政権の国防長官であったハロルド・ブラウンが言うように，「われわれカーター政権がハイテク兵器の計画を練り，レーガン政権がそれを購入して訓練を施し，ブッシュ政権が（湾岸戦争で）実際に使った」（Duignan, 2000）のであった。

第2に，レーガンはそのイメージとは異なり，理想主義とも言いうるほどの核廃絶論者であった。このことはSDI構想提案の背景をなしており，のちのINF全廃条約を理解する上でも重要な要素である。レーガンは50年代からの相互確証破壊（MAD）戦略に批判的であって，核のない世界を夢見ていた。パウエルが言うように，「レーガンは核による絶滅の脅威を逆転させようと夢みる夢想家」なのであって，そのレーガンにとって「SDIの傘は核兵器を時代遅れにするために考えられたもの」なのであった（パウエル＝パーシコ，2001）。

レーガンの対ソ姿勢の変化が顕著に表れたのは，1984年1月16日の演説であった。ここでレーガンは，それまでの常套句であったソ連の「冒険主義」や「膨張主義」への批判に代えて，「共通の利益」の強調を行い，「封じ込め」に代えて協力と対話の重要性を説き，軍拡に代えて軍備管理の必要性を訴えた。これ以降レーガンは，その対ソ姿勢を一貫して和解的なものに変化させて，2期目に入るのである。

「新冷戦」から冷戦終結へとつながった米ソ和解の動きの背景として，ゴルバチョフの役割がクローズアップされ，レーガンの役割は受動的であったという理解がしばしばなされている。しかし，

レーガンの対ソ政策の変化は，ゴルバチョフの書記長就任前のことであった。冷戦終結というゴールに向けて「ゴルバチョフがボールをとって走ったのは間違いないが，ボールを投げ入れたのはレーガン大統領だった」(Fisher, 1997) という評価も，決して的外れとは言えない。

「帝国」支配の動揺

デタントを利用して軍拡を行い「新冷戦」に直面したソ連であったが，ソ連・東欧ブロックは，経済問題を中心に内側から腐食が始まっていた。そのことを最も象徴的に示したのが，1980年のポーランドにおける「連帯」運動の勃発であった。

1970年にポーランド首相に就任したギェレクは，前任者であるゴムウカが経済不振から失脚したのを受けて，経済改革を旗印に掲げていた。ギェレクの手法は，デタントの波に乗って西側から外資を積極的に導入し，最新の技術を導入して強引な工業化を行うことであった。これは一定の成果をあげ，70年代初期にポーランドは「小さな奇跡」と呼ばれるほどめざましい工業発展を示した。しかしギェレクの政策はもっぱら外資頼りで，国内の非効率な国営工業部門の生産性向上を実現するような抜本的構造改革は実施されなかった。また皮肉なことに，外資に頼ったため西側の不況の影響を受けやすくなり，その結果，70年代の2度の石油危機によって西側経済が不況に陥ると，輸出が伸びずに対外債務がますます巨額のものに膨らんだ。これは多かれ少なかれ，他の東欧諸国，とりわけ東ドイツ，ハンガリーがたどった道でもあった。

1976年6月，ギェレクは財政の健全化のため食肉の補助金を削減し，予告なしに基礎的な食料品価格の大幅な値上げを発表した。しかし労働者は反発し，各地でデモやストライキが頻発した。結局ギ

ェルクはストライキを鎮圧したものの,食料品値上げは撤回せざるをえなかった。しかし,財政の不均衡はすでに限界に達していた。1975年から80年夏までの間に,ポーランドの西側に対する債務は約3倍に膨脹した(第4章表4-1参照)。

この食料品値上げ事件のときに,逮捕された労働者の救済にあたったのが,反体制運動の知識人からなる「労働者擁護委員会(KOR)」であった。この設立は言うまでもなく,前年の1975年に調印されたCSCEヘルシンキ最終議定書によって促されていた。労働者擁護委員会は労働者の人権を救済するために法廷闘争を行い,労働者の信頼を勝ちえた。ポーランドの反体制運動は,伝統的に労働者と知識人の分裂を特徴としていたが,ここにいたって彼らが統合された。労働者擁護委員会は,労働者と知識人の提携のための触媒となったのである。これは「連帯」運動の原型であった。

1980年7月,あらためて食肉の値上げ(40-60%)が発表されると,再びいくつかの工場でストライキが始まった。この中でグダインスクのレーニン造船所では,各地の工場と調整をはかりながら政府と交渉を行うことに決め,工場間ストライキ委員会を結成した。この委員会は,ストライキが食肉値上げに端を発したにもかかわらず,経済的要求のほか,自由労組結成承認,ストライキ権承認,検閲の緩和,経済政策への発言権確保,出版・言論の自由など,政治的要求も掲げていた。政府との交渉の末,工場間ストライキ委員会が「国家における党の指導的役割と現存の国際同盟体制」を受け入れる代わりに,政府が自由労組結成を認めるという内容を含むグダインスク合意が成立し,8月31日に調印が行われた。これによって「連帯」労組が正式に結成され,レーニン造船所の電気工レフ・ワレサが議長に選出された。

しかしグダインスク合意以降の16カ月の間,「連帯」は穏健派指導者ワレサの努力にもかかわらず, 次第に急進的な政治要求を掲げるようになった。他方, 共産党政権側はこの間, 無策と混乱を重ね, 経済危機は一向に改善されないなど, ますます統治能力の低下ぶりをさらけだした。結果的に軍人のヤルゼルスキが首相, 国防相, 第一書記を兼務したことは, 共産党の凋落ぶりを象徴していた。

　1981年12月13日, ヤルゼルスキは突如, 非常事態宣言（戒厳令）を出し, 救国軍事評議会を設置して自ら議長に就任した。政府はワレサ等「連帯」活動家約6700人を逮捕し, ストライキを鎮圧した。一時は900万以上のメンバーを集めた「連帯」労組は総崩れとなり, ごく一部の指導者が地下に潜った以外, 主な指導者は逮捕された。

　ところでヤルゼルスキはのちに回想録で, この措置がソ連の直接介入を防ぐために必要だったとして正当化した（Jaruzelski, 1992 ; ヤルゼルスキ, 1994）。はたしてヤルゼルスキが主張するように, ソ連の直接介入は間近に迫っていたのだろうか。

　この点について, 新たに公開された史料を駆使した最近の研究（Wlodka, 1992 ; Kramer, CWIHP ; 金, 1998）によると, ソ連指導部は早くも1981年4月にヤルゼルスキに対して, ポーランドに戒厳令を施行するよう促していた。しかし政治局は, 戒厳令導入で連帯を抑え込めるかどうか, 決して楽観視はしていなかった。そして注目すべきは, たとえヤルゼルスキが戒厳令導入に失敗し, ポーランドが最終的に社会主義ブロックから離脱するようなことになったとしても, 軍事介入はできないという認識でソ連指導部はほぼ一致していたことであった。その理由はソ連自身の経済状態にあった。すなわち, ポーランドに介入した場合に西側が発動するであろう経済制裁は, アフガニスタン侵攻時以上となることが予想された。それは,

すでに不振をきわめていたソ連経済に壊滅的な打撃を与えかねない，という認識であった。

これは弱さの自覚であった。こうした認識は，たとえばアフガニスタン侵攻決定の際にはまだ見られなかった。そもそも「連帯」が16カ月もの長きにわたって活動しえたのも，ポーランド共産党の統治能力の低下と，その後ろ盾となるべきソ連のブロック管理能力の低下のためであった。これは，1956年のハンガリー動乱（第2章3参照）や1968年のチェコスロヴァキアにおける「プラハの春」（第4章1参照）の時とは明らかに異なっていた。

「新冷戦」とは一見，米ソが互いにしのぎを削って角逐していたという印象を与える。しかし実態はやや異なる。ソ連では1964年から実に18年の長期にわたって権力を握っていたブレジネフが，1982年11月に死去した。後任にはKGB議長のアンドロポフが就任したが，腎臓病のために短命政権に終わった。続いて登場した高齢のチェルネンコも数カ月で死去するなど，ブレジネフ政権末期からソ連側は積極的政策を展開する状況にはなかった。「新冷戦」は，ソ連側から見れば明確な指針も打ち出されない，一種の惰性によってもたらされた古い冷戦体質の残滓であったともいえる。こうした状態は，レーガン政権が2期目に入り，1985年3月にゴルバチョフ書記長が登場するまで続いた。

「惰性」のつけは高くついた。アフガニスタンでは一向に明確な軍事的成果が上がらない中，次第にソ連軍兵士の死傷者が増え始め，ソ連にとっての「ヴェトナム」と化していた。またポーランドでの「連帯」運動の高揚は，共産主義者がいかに社会で正統性を有していないかを，まざまざとさらけ出すことになった。さらに衝撃的な

ことは,ブロックの盟主ソ連にも,もはやポーランドに介入する余力は残っていないということであった。「帝国」は確実に蝕まれていた。

2 ヨーロッパ・デタントの継続

デタントをめぐる米欧の乖離

ヨーロッパでの70年代デタントについて,アメリカではソ連を利するだけだという懐疑的な声が議会内外にあった。しかし,1977年に大統領に就任したカーターは当初,ソ連との軍備管理に情熱を燃やし,デタント継続に関心を寄せていた。それだけに,1979年6月のSALT II 調印からわずか半年後に起きたソ連軍によるアフガニスタン侵攻の報は,カーターに大きな衝撃を与えた。

ソ連にだまされ利用されたというデタント理解は,とりわけ軍事面で強かった。アメリカはカーターが当初,軍備拡充に強い関心を寄せなかった分,ソ連に軍事力で追い上げられ,70年代末にはICBM, SLBM(潜水艦発射弾道ミサイル)ともに,ソ連がアメリカの1.5倍の数を保有するにいたっていた(Kugler, 1993)。そのためアメリカは,自国の軍事力再建を掲げるとともに,同盟国である西欧,日本などへも応分の協力と負担を求めてきた。

しかし西欧諸国にとってのデタントは,アメリカにとってのそれとは意味を異にしていた。西欧諸国はデタントに際しても,ソ連に過度の期待や幻想を抱くことはなかった。むしろ地理的近接性や歴史的なつながりなどから,デタントのもたらす実務的な関係の拡大を強く意識していた。そのことをよく示したのが,ソ連からのエネ

ルギー供給問題であった。

　西欧諸国は70年代デタントの成果として，西シベリアから西欧へ天然ガス供給のためのパイプラインを設置する計画を推進した。これができれば，安価なエネルギーが安定的に供給されるのみならず，経済的な相互依存が進み，デタント継続を下支えすると考えられたのである。

　しかし，ソ連がアフガニスタンに侵攻して以来，ソ連に対して制裁を行っていたアメリカは，パイプラインを通してソ連に対する西欧の脆弱性が高まるのを懸念し，この計画に反対した。さらに1981年12月29日，ヤルゼルスキの戒厳令施行にソ連が圧力をかけたことを理由に，レーガンはさらなる対ソ制裁の一環として，アメリカのパイプライン技術のソ連への輸出を禁止した。その6カ月後の1982年6月18日にアメリカは，アメリカの技術を使っている西欧の企業やアメリカ企業の西欧の子会社に対しても，パイプライン契約の破棄を求めた。こうしたアメリカの一方的な措置は，西欧側から激しい反発を引き起こした。

　なお悪いことにアメリカは，パイプライン問題についてはこのような厳しい措置をとる一方で，アフガニスタン侵攻時からの制裁措置であった対ソ穀物禁輸については，1982年の議会選挙を念頭に，農民からの不満を考慮に入れて，ソ連と新たな穀物輸出協定を締結し輸出を再開した。こうしたアメリカのダブル・スタンダード（二重基準）に反発した西欧諸国は，天然ガス・パイプライン計画断念を拒否した。こうして，1980年にはアメリカとソ連の間の貿易は半減し，その後も低迷したにもかかわらず，西欧のソ連との貿易は順調に伸びるなど，ソ連に対する米欧間の対応には亀裂が生じた（第4章図4-3参照）。

異なるデタント理解に基づいた西欧とアメリカの対応の違いは，ポーランドの「連帯」運動が戒厳令によって弾圧された際にも浮かび上がった。アメリカは自由を押しつぶした戒厳令を強く非難し，1981年12月の戒厳令公布直後から，ポーランドおよびその背後にいるとみなしたソ連に対して，食糧援助停止，輸出信用保険の更新中止など，厳しい経済制裁措置を科した。

　ところが，西欧諸国は必ずしもアメリカに同調しなかった。とりわけポーランドとの経済的関係を拡大させていた西ドイツは，「安定」という側面を重視して，戒厳令を冷静に見守る姿勢を示した。EC委員会も同じ12月，ポーランドに対して食糧などを中心とする緊急援助を決めた。このように西欧諸国は，米ソ「新冷戦」にもかかわらず，実務的レベルを中心としたデタントを継続させていた。

　以上に比べると，1975年のヘルシンキ宣言によって開始されたCSCEプロセスは，米ソ関係の悪化の影響を受けて停滞した。非政府間レベルでCSCEプロセスがヨーロッパ・デタントに与えた効果は，その評価が簡単ではないが，少なくとも政府間レベルでは，CSCEプロセスが次に前進を見せるためには，ゴルバチョフ政権の誕生を待たなくてはならなかった。

西独・東独関係——「小デタント」の展開

　米ソ「新冷戦」にもかかわらず，ヨーロッパにおいて自律的なデタントが継続したもう1つの例としては，西独―東独関係（以下，両独関係）の展開をあげることができる。

　両独関係はブラントによる東方外交以来，静かに，しかし着実に改善されていった。1980年までに両独貿易は，東ドイツの対外貿易の10％を占めるようになった（西ドイツにとっては2％にすぎなかった）。もっとも両独貿易は，通常の市場経済の国家間貿易とはやや

趣が異なっていた。そもそも東ドイツ経済は、80年代までに構造的不振に陥っていた。相変わらず重工業・機械工業中心の投資が行われていたにもかかわらず、先進国での技術革新についていけなくなり、結果として西側はもとよりソ連にも売るものがなくなったのである。

そのため、東ドイツはますます西ドイツの信用供与に依存するようになった。1980年代当初は両独貿易における東ドイツの負債はさほど大きくなかったが、1984年に両独貿易が70億マルク以上というピークに達すると、東ドイツは西ドイツに13億マルクの債務を負った。このように両独貿易は、東ドイツにとっては実質的に西ドイツから資金援助を受けることを意味していた。他方、西ドイツにとっては人と物の移動・交流を通して、「ベルリンの壁」を少しでも低くするというねらいがあった。

事実、1980年代前半には毎年数万の東ドイツ市民が、離ればなれになった家族の健康問題などを理由に西ドイツを訪れることができるようになった。1987年にはその数は120万に達し、1988年には300万に達した。人の移動の自由はCSCEの定める原則でもあったが、同時期に両独貿易の進展が見られたことは決して偶然ではない。

より露骨な「自由買い」と呼ばれるものもあった。これは、東ドイツの秘密警察が中心となって実施していた。彼らは収監している東ドイツ市民のうち、西ドイツに家族や親戚があったり、なんらかの理由で西ドイツの関心を引いたりしている東ドイツ市民のリストを集めていた。西ドイツ政府または西ドイツ市民が資金を提供することで、こうした東ドイツ市民は西ドイツに引き渡された。

この「自由買い」は次第に活発になり、1人当たり数千から数万マルクを東ドイツにもたらすようになった。こうして「自由買い」

は，1964年の3800万マルクから1984年には3億8700万マルクへと膨れ上がった。ドイツ統一後の計算では，1963年から1989年までの間に西ドイツは「自由買い」で35億マルクを支払ったとされている。その見返りとして東ドイツは，3万3756人の主として政治犯を西ドイツに引き渡し，25万の離散家族の再会を認めた（Smyser, 1999）。

　その他にも東ドイツは，さまざまな機会に西ドイツから支払いを求めた。それは，たとえば西ドイツ市民が東ドイツを旅行する際の，西ドイツ政府による通過ビザ一括支払いや外貨の最低交換義務，西ドイツから車両で東ドイツに乗り入れる際の道路使用料一括支払いなどであった。

　両独貿易以外での西ドイツによる東ドイツへの支払いは，1988年までに250億から300億マルクになった。これは1975年から1988年まで，毎年20億マルクが支払われたことになる。さらに，民間レベルでも個人や企業が東ドイツに支払いを行った。その結果，官民合わせると戦後40年以上にわたって，合計で750億マルクから1000億マルクが西ドイツから東ドイツに支払われた（Smyser, 1999）。

　1982年に首相に就任したヘルムート・コールは，表向きドイツ統一をブラントやシュミットよりも声高に叫んでいたものの，従来のやり方を踏襲した両独関係改善にも熱心に取り組んだ。1983年6月にコールは，東ドイツに対して10億マルクの融資の保証を行った。これに対してホーネッカーは，両独国境付近に設置されていた6万丁の自動銃撃装置の撤去を約束した。

　コールとホーネッカーは1984年2月のアンドロポフの葬儀で初めて顔を合わせ，約2時間の会談を行った。この際ホーネッカーは，1984年9月に西ドイツを訪問するようにとのコールの招待を受諾した。1984年7月に西ドイツは，再び東ドイツ向けに9億5000万マル

クの信用供与を行った。しかしソ連は,西ドイツからの融資が膨え続けることで,東ドイツへの西ドイツの影響力が拡大することを懸念していた。そのためソ連は,ホーネッカーの西ドイツ訪問にも反対し,8月にはクレムリンにホーネッカーを招いて説得を重ね,ついに西ドイツ訪問を断念させた。結局,ホーネッカーの西ドイツ訪問は,ゴルバチョフが改革をより一層進展させた1987年になってようやく実現した。

このように80年代の両独関係は,米ソ「新冷戦」とはかなり異なった論理の下で展開した。主として経済的な理由にせよ,人と物の移動が進んだことは,一面では「新冷戦」の暴発を抑えてヨーロッパ・デタントの継続を支え,歴史の後知恵的に言えば,ドイツ統一を水面下で手繰り寄せたのであった。

ソ連・東欧ブロックの弛緩

80年代のヨーロッパにおけるデタントの継続は,来るべき冷戦終結にとっての伏線をなした。しかし,デタントの副次的効果として忘れてはならないのは,盤石とされたソ連・東欧ブロックの弛緩であった。

そもそもソ連・東欧ブロックの結束は,主としてドイツ脅威論とソ連による安価で安定的なエネルギー供給とに支えられていた。

1968年以降,ブラント首相による東方外交が展開され,やがてデタントが訪れると,ドイツ脅威認識は大幅に低下した。とりわけ,1970年にポーランドと西ドイツの間でオーデル=ナイセ線を国境と認める条約が調印され,1972年には東西両独基本条約が締結され,翌年,両ドイツが国連同時加盟を果たし,西側が事実上ドイツ分断を受け入れると,ますますドイツ脅威論は現実にそぐわなくなった。

またエネルギー供給についても,ソ連自身の経済不振もあって,

第一次石油危機後の1975年以降，ソ連産原油の東欧向け価格は過去5年間（その後3年間に改定）の国際市場価格の平均にスライドして決定されることになった。そうなると，西側経済の構造転換によって原油価格が低迷した場合，もはや東欧向けエネルギー供給を割安価格で行うことができなくなり，次第に東欧向け原油の価格が上昇し始め，やがて国際市場価格とほぼ同じになった。その上ソ連は，自国の経済状況の悪化から，1981年には東欧への原油供給量削減を決定した。これらは，一方で東欧各国経済を圧迫するとともに，ますますソ連と東欧各国との経済的つながりをも薄くした（Crane, 1989）。

こうしてすでに70年代を通して，ソ連・東欧ブロックの紐帯は，政治的にも経済的には薄いものとなり，むしろ債務を含めて西側との経済関係が深まっていた。このソ連・東欧ブロックの遠心力に拍車をかけたのが，すでに見たINF問題であった。

そもそもアメリカによるINFの配備に対しては，レーガンの軍拡に対する反感とあいまって，西欧諸国では市民団体などが激しい反対運動を起こしていた。1981年4月のNATO国防相会議が，1979年の二重決定を受けて1983年から予定通りアメリカのINFを配備すると確認したころから，反核の平和運動は盛り上がりを見せた。西ドイツ各地での抗議運動を皮切りに，1981年9月にはイタリアで5万人規模の反核平和行進が行われ，続いて10月にはボン，ロンドンやローマでそれぞれ30万人近くの参加者を集めた大規模な平和行進が行われた。

こうした西欧での動きに連動する形で，東欧においてもソ連によるSS20配備に，ブロック内の国としては異例とも言えるほどの反対の声があがった。

ポーランドでは1984年1月，核戦争の狂気と悲惨を描いたアメリカ映画「ザ・デイ・アフター」を国営テレビが全国に放映し，何百万ものポーランド人が見た。ソ連や東ドイツで上映が禁止されていただけに，ポーランド政府の対応が目についた。ブルガリアでは1983年11月，パパンドレウ・ギリシャ首相を招いて，もともとギリシャが熱心であった「バルカン非核地帯」構想を積極的に提唱した。他方，ブルガリアは84年4月にチャウシェスク・ルーマニア大統領を招いて，米ソいずれのINFにも反対するという共同声明を出した。

　INFが最も多く配備され，かつ核戦争になれば最大の戦場になると思われた東ドイツでも，従来の社会主義の優等生としての顔からは考えられないような，INF配備反対の動きが見られた。1983年，ソ連が東ドイツへのSS20の配備を発表すると，東ドイツのホーネッカーは，「避けられない配備」としつつも，「歓迎すべき事態とは言えない」と発言した。さらに『ノイエス・ドイチュランド』紙は，東ドイツのルター派牧師がミサイル配備を「悪に対して悪で対抗する」とした投書を紹介し，ソ連のミサイル配備に対するぎりぎりの抵抗を示した。また，西ドイツへのINF配備反対運動をさせるために東ドイツが作り出した組織は，同時に東ドイツへの新たなソ連のミサイル配備にも反対を表明した。プロテスタント教会も，こうした反対の声に加わった（伊東, 1985 ; Smyser, 1999）。

　このように，限定的核戦争が現実味を増したと認識されたため，西欧と東欧では悲惨な戦争を避けたいという意味で，利害の共有が見られた。これはまた東側の反体制知識人の間で，興味深い反応を引き起こした。

「中欧」の復権を求めて

1984年,『冗談』『存在の耐えられない軽さ』などで知られるチェコの亡命作家ミラン・クンデラは,『ニューヨーク・レビュー・オブ・ブックス』紙上に「中欧の悲劇」と題する評論を発表した。彼はこの中で,ポーランド,チェコスロヴァキア,ハンガリーが西側的価値観に基づく「中欧」という伝統を持ちながら,東方的「ロシア」という異質なものに抑圧され,かつ西側にも見捨てられている状況を告発した。

クンデラは,「新冷戦」の展開の中で限定核戦争の恐怖をもたらすINFが東西ヨーロッパにそれぞれ配備され,しかも東西ヨーロッパ側は管理権を持たないにもかかわらず戦略的観点からそれを受け入れざるをえないという,一種の閉塞状況を浮き彫りにしたのである。彼が提起した「中欧」とは,INFを配備され,ひとたび限定核戦争が起これば主戦場となるであろう国々なのであって,それは同時に閉塞を打ち破るための奇妙な連帯感,ある種の東西ヨーロッパの一体感のようなものを包摂していた。

ここで彼が「中欧」を提唱したことは,西側的価値観に基づくヨーロッパの一体性回復運動の側面を有していた。冷戦後に,「東欧」という用語のマイナスイメージを払拭するとともに,体制が転換したことを示すため,「中欧」という用語が使われるようになるが,そうした用語法も,ここにその起源をたどることができる。この「中欧」の復権を求める議論は,分断を乗り越えてヨーロッパの復権をめざすという文脈で,チェコスロヴァキアのハヴェル,ハンガリーのコンラッドなど,東欧国内外の反体制派知識人を巻き込んでさかんに起こった。結果的には80年代半ばにこうした「中欧」論争が起こってきたこと自体,「東欧」社会主義体制が動揺をきたし

ていたことを物語っていた。

　ここでさらに重要なことは、「東欧」の反体制派がドイツ統一を容認したことである。ドイツ脅威によって「東欧」の存在が正当化されてきた経緯からすれば、ドイツ脅威認識の低下を背景に「東欧」が「中欧」として西側への再統合を求める以上、ドイツの統一を否定し続けることは、論理的には困難であった。

　1985年、第二次世界大戦終結40周年記念日の前夜、ハヴェルやディーンストビェルら「憲章77」のメンバーは、分断されないヨーロッパ、大量破壊兵器のないヨーロッパを求めてアピールを発表した。「プラハ・アピール」と呼ばれるそのアピールは、「われわれは若干のタブーが存在することを無視するわけにはいかない。それらの一つはドイツ分割である。ヨーロッパ再統一の視点に立って、万人に再統一の権利を否定できないのであるとすれば、それはドイツ人にも当てはまる」との認識を示した上で、「現在の国境の枠内でドイツ人が二つの国家の統一を——何らかの形式のもとで——望むのであれば、われわれはドイツ人に自由に決定する権利を認めようではないか」と呼びかけていた（ルプニク、1990）。「プラハ・アピール」は、ドイツはもはや危険ではないとする一方で、大陸が敵対的な2つの軍事ブロックに分割されていることこそが危険なのだとして、統合されたヨーロッパを求めていたのである。

　限定核戦争の恐怖を契機に、ドイツ統一を含めたヨーロッパ再統合を志向する運動が、「東欧」の市民・知識人レベルで起こってきた。「中欧」の復権はまた、米ソ関係に依存しないヨーロッパ・デタント継続の表れでもあった。この「中欧」の反体制指導者たちが、やがて1989年に「ヨーロッパへの復帰」を掲げて変革の主役を演ずることになる。

しかし80年代半ばまでの時点では、こうした「中欧」の復権を求める動きに対する西欧諸国の反応は、やや屈折していた。一方で、「東欧」という抑圧された体制の自由化・民主化という観点やヨーロッパ分断の解消という観点から、「中欧」の動きに好意的であったが、他方で、拡大しつつあった東西間の実務的関係やCSCEプロセスの制度的発展という観点からは、ソ連や「東欧」の共産党政権との良好な関係維持にも腐心していた。言い換えれば西欧諸国は、「下から」の改革の動きと、「上から」の改革の動きの間で、しばし躊躇を余儀なくされたのである。これは「デタントのディレンマ」とも言われる現象であった。このことは、ソ連でゴルバチョフが共産党書記長に就任し、やがて東欧をも巻き込んで大胆な改革を打ち出すようになるまで解消されなかった。

3 ソ連・東欧ブロック崩壊の始まり

ゴルバチョフ登場　1985年3月11日、54歳のゴルバチョフがソ連共産党書記長に選出された。ブレジネフ以来、アンドロポフ、チェルネンコと病弱の老指導者による短命政権が続いたのちの、久々の本格的政権の誕生であった。しかしこれは実はぎりぎりの選出であった。保守派のヴィクトル・グリシンとの間で政治局の意見は4対4と真っ二つに分かれ、最終的に老練な外交官グロムイコの1票で決着したほどだった。

ゴルバチョフは、対外的には清新な新しい指導者の印象を与えたが、内政面では経済危機という難しい問題をかかえていた。ソ連経済は第二次世界大戦直後から1960年代くらいまでは、将来に期待を

持たせる実績を上げていた。戦後の荒廃から復興を演ずるには，国家主導の経済運営が必要だったのである。経済成長率のデータを見ると，1928年から1975年にかけて，ソ連は公式統計はもちろんのこと，CIAによる推定でも高水準を維持していた。

しかし，1975年を過ぎると経済状態は劇的に悪化し，成長率も急激に落ち込んだ。80年代に入ってからの経済危機は深刻で，75-85年の10年間で国民所得の伸び率は半分以下に落ち込んだ。問題は，主として労働者の生産性低下，ハイテクの研究・開発の遅れ，官僚制の硬直性・非能率，軍拡による軍事コストの増大などであった。

ゴルバチョフが最初に示した政策は，国内政策においては積極的な投資による経済発展の「ウスコレーニェ（加速化）」戦略，科学技術革命の推進，そして禁酒令などに代表される労働規律の強化，および人事刷新や行政改革などであった。しかしソ連経済は，規律引き締めや士気の鼓舞といった使い古された小手先の手法ではまったく回復せず，社会主義システム自体に手を触れることなくしては，もはやどうにもならないところまできていた。

そこでゴルバチョフは，企業活動の大幅な自由化などを含む本格的な経済改革という意味で，「ペレストロイカ（立て直し）」という言葉を，1986年ごろからさかんに提唱し始めた。しかし，ゴルバチョフがめざしたのはあくまで社会主義の立て直しであり，体制内改革であって，その出発点は「レーニンの原則」に戻るということでしかなかった。市場主義経済を部分的に導入するゴルバチョフの経済改革のモデルは，ロシア革命直後のレーニンによる「新経済政策（ネップ）」にほかならなかったのである。同時に，経済システムの改善のためには政治行政的な改革も不可欠であるとして，「グラスノスチ（情報公開）」も打ち出された。

そもそもゴルバチョフは，1985年の党中央委員会総会での事実上の就任演説で「グラスノスチ」拡大の必要性に言及していた。そこで彼は，「われわれは党・ソヴィエト・国家・社会組織の仕事におけるグラスノスチを今後とも拡大しなければならない。……人々は情報を多く与えられれば与えられるほど意識的に行動し，党およびその計画と目標を積極的に支持する」（ゴルバチョフ，1996）と述べていた。これは，マスメディアなどを中心とした下からの監視と批判によって，腐敗しきった無能な中堅幹部層や特権的な地位を築いて改革に非協力的な指導層と闘うため，一般市民を味方につけようとしたものであった。

　しかし，グラスノスチはいったん開始されると，体制を立て直すための単なる道具では終わらず，独り歩きを始めた。ゴルバチョフも「グラスノスチはわれわれが最初に決めようとした枠を飛び出し，誰の指示や命令も受けないプロセスに入った」（ゴルバチョフ，1996）と述懐している。確かに，グラスノスチによってマスメディアは辛辣に党を批判し，幹部職員らは世論に耳を貸さないわけにはいかなくなったので，党の浄化と活性化という意味ではグラスノスチは大きな働きをなしたと言えよう。しかし同時にグラスノスチは，一般大衆の党に対する不信感をも生み出した。これは党にとって危険であった。また，不信の矢面はやがて「社会主義体制の現状」から「社会主義そのもの」に移り，スターリン批判のみならずレーニンに対する批判にまで及んだので，社会主義の改革をめざしていたゴルバチョフにとっては大きな誤算となった。

　ところで，ゴルバチョフによる一連の改革推進を可能にし，冷戦的な対立の緩和を促したものとして，ソ連最強の利益集団ともいえる軍部の認識の変化もあげられる。ソ連軍の指導者が最も衝撃を受

けたのが，1983年3月のレーガン米政権による軍拡路線と，とりわけその中のSDI構想の発表であったとされている。ソ連軍の弾道ミサイルを無力化しうるアメリカの構想は，厖大なコストと高度なテクノロジーを要するものであり，その実現性はアメリカにおいても疑問視する声があった。しかし，何よりも疲弊したソ連経済にとっては，まったく対抗手段が考えられない構想であった。ソ連軍指導部がSDI構想に対していかに深刻なショックを受けたかは，冷戦後にオガルコフ元参謀長，モイセーエフ元参謀長などソ連軍最高幹部によって証言されている（Gelb, 1992 ; Simes, 1999）。

アメリカのSDI発表は，ソ連の力の象徴であった軍の指導層において，根本的な経済改革の必要性とそのための西側との協調の必要性を痛感させた。このことが最終的に，ゴルバチョフによるペレストロイカのさらなる展開を促すことになったのであった。

| ゴルバチョフ最後の攻勢 |

ゴルバチョフの改革は，1987年に1つの転機を迎えた。ゴルバチョフ自身，1987年11月2日のロシア革命70周年記念式典演説において「ペレストロイカの第一段階は基本的に終了した」と述べているように，より大胆な改革に着手したのである。

最初の大胆な改革は，それまであまり手がつけられていなかった政治改革で，とくに党内の政治行政改革と民主化であった。1987年1月のソ連共産党中央委員会総会において，党による官僚支配の絶対性を掘り崩す目的で，民主化路線が採択された。具体的には，党内各レベルでの選挙における複数立候補制や秘密投票制であった。この民主化路線は，ソ連の脱社会主義化プロセスの第一歩であった。なぜなら複数立候補制と秘密投票は，論理的にはやがて複数政党制選挙に連なるものであった。共産党の鉄の規律は，ここから徐々に

崩れ出していくのである。

　他方,外交面での改革は,人事の入れ替えから始まった。1985年7月,スターリン時代から長きにわたって外務省を支配し,主張を簡単には譲らない忍耐強い交渉姿勢のために西側の外交筋から「ミスター・ニェット」と称されていたグロムイコが,最高会議幹部会議長に祭り上げられ,後任にグルジアの改革派エドワルド・シェワルナゼが就任した。さらに,ヤコブレフやアルバートフのような西側との交流経験のある人材の登用が始まり,外交からイデオロギー色を薄める努力が始まった。

　その上でゴルバチョフは1987年2月,国際フォーラム「核のない世界と人類の生存のために」において演説を行った。ここで彼は,核による破局という事態は資本家のみならずプロレタリア社会主義者をも破滅させる,したがって核の破局の阻止という全人類的利益の方が階級利益より重要である,とのテーゼを示した。これが「新思考外交」として知られるようになる,新しい外交戦略の烽火となった。階級的価値ではなく全人類的価値の強調によって,ゴルバチョフはソ連の外交からイデオロギー的要素を拭い去ろうとしたのである（秋野,1992）。その大きな成果は,1988年5月15日に開始されたアフガニスタンからのソ連軍撤退であった（89年2月に撤退完了）。

　東欧との関係で見ると,重大な2つの変化があった。第1に,ゴルバチョフはソ連同様,東欧でも経済改革のみならず政治改革を容認する方向へ傾いた。逆に言えば,政治改革をまったくともなわない経済改革にゴルバチョフは懐疑的になったのである。第2に,政治的な問題の解決に際して,軍事力の利用はしないという決断を行った。これは「ブレジネフ・ドクトリン」の事実上の否定であった。こうした改革の方向は,東ドイツやチェコスロヴァキアなど,自国

の体制については頑迷なまでに保守的であった政権にとって、弔鐘(ちょう しょう)となった。

政治的な改革に踏み込んだこと、対外関係の論理の見直しに踏み込んだことに比べると、経済改革の進展は思わしくなかった。1985年から始まった経済改革は、必要性が声高に叫ばれたにもかかわらず、その内実は比較的穏健な修正主義でしかなかった。しかしここでも1987年から、やや急進的改革が始まった。たとえば1987年制定の国営企業法は、中央による生産割り当てを徐々に減らすことを求めるものであった。一見地味なこの法案は、その論理的帰結として最終的に1991年7月1日にゴスプラン（国家計画委員会）、ゴススナブ（国家供給委員会）の解体をもたらした。これは指令型計画経済の解体プロセスのクライマックスを意味した。こうして資本の私有化が進み、社会主義体制は崩壊に向かったのである。

軍事・安全保障面でも、1987年には画期的な条約が締結された。INF 交渉が最終合意に達したのである。1983年のアメリカによる西欧への INF 配備開始以来、中断されていた INF 交渉は、1985年3月から戦略核、宇宙兵器を含めた包括交渉としてジュネーブで再開されていた。そして1985年11月19、20日の両日、ジュネーブでゴルバチョフとレーガンによる米ソ首脳会談が開催された。これは実に6年半ぶりのことであった。このあと両者は、1988年までの4年間で合計5回会談をすることになる。

この新たに始められた交渉の特徴は、ゴルバチョフの譲歩姿勢であった。ゴルバチョフにとって INF 問題とは、単に特定の射程距離を持つ核ミサイルの保有制限というレベルのことではなかった。核ミサイルによる軍拡競争を少しでも中止し、それによって軍事コストを抑えて、その分の貴重な資源を経済改革に回すという、国内

経済の投資と資源配分の問題であった。経済改革が困難な状況に直面しているだけに、ゴルバチョフはそれまでに比べると大胆な譲歩によって、合意成立を試みた。

具体的にゴルバチョフは、1986年10月のレイキャビクでの首脳会談で、INF については、従来の争点のほとんどすべてについて譲歩姿勢を示した。たとえばヨーロッパ部での INF 全廃に合意し、査察についてもアメリカの主張する厳格な査察、とりわけ現地査察に合意、英仏のミサイルを制限に含めないことにも合意した。しかしゴルバチョフは、アメリカの SDI の研究・開発については強硬に反対した。これは SDI が、ソ連にとってもはや技術的にも経済的にも対抗しえない兵器体系であることの反映であった。結局、レイキャビク首脳会談はレーガンが SDI の研究・開発にこだわったことで、達成寸前までいった合意は幻に終わった。しかし、経済改革の推進のために追いつめられていたゴルバチョフは1987年2月28日、ついに SDI 問題にリンクさせずに INF を全廃させることで合意した。

1987年12月8日、レーガンとゴルバチョフはワシントンで米ソ INF 全廃条約に調印した。レーガンが述べたように、この条約によって「史上初めて、『軍備管理』という言葉が『軍備縮小』に置き換えられた」(パウエル=パーシコ、2001)のであった。米ソ両国は、すべての中距離核戦力(アメリカの地上発射巡航ミサイル、パーシングⅠおよびⅡ型弾道ミサイル、ソ連の SS 4、SS 5、SS 12、SS 20)の解体を、3年間で2段階に分けて実施することを約したのみならず、調印後20日から90日までの間に数量を検証するための現地査察を実施し、2000年までにさらに何度かの査察を実施することに合意した。こうして条約の示した期限である1991年5月31日までに、アメリカ

については配備済みの429基のミサイルの撤去および配備予定の430基のミサイルの配備中止，1000発近くの弾頭撤去，ソ連については配備済みの857基のミサイルの撤去，配備予定の895基のミサイルの配備中止，3000発以上の弾頭撤去などが決められた（Powaski, 1998）。

　ゴルバチョフはまた1987年2月，欧州通常戦力（CFE）削減交渉の進展を促すため，ソ連軍の兵力を削減させて，「合理的十分性」の原則に基づいた純粋に防衛的な形態に再構築すると発表した。

　こうしてゴルバチョフのペレストロイカは，全戦線において大攻勢をかけたかに見えた。それがいかなる青写真に基づくのか，最終的な落着点はどのあたりなのかについて，依然として不透明ではあったものの，「改革」の規模の大きさでは，確かに以前とは様相を異にしていた。ところがこれら一連の大攻勢は，結果的に2つの「パンドラの箱」を順次，開くことになった。最初に開いたのは東欧諸国の自由化・民主化であり，次いでソ連邦各共和国の民族問題であった。前者はソ連・東欧ブロックの解体をもたらし，後者はソ連そのものの解体をもたらした。

東欧における波紋

　1987年のゴルバチョフによる改革のための大攻勢は，東欧において波紋を広げた。ポーランドのヤルゼルスキ以外の東欧の指導者は，すべて25年以上もの間，権力の座にいたため，ゴルバチョフの改革がそれまでの各国の社会主義による「成果」を否定することになるのを懸念した。とりわけ，東ドイツやチェコスロヴァキアは警戒した。

　東ドイツにとって，改革は経済に限るべきであった。確かに70年代後半からソ連に警戒されるほど西ドイツとの貿易を増やし，西ドイツへの経済的な依存を増やしていた。しかし，東ドイツという人

工的な国家の唯一の存在意義はイデオロギーにあった。したがって，社会主義イデオロギーを覆すような改革には，ホーネッカーは最も教条的に反応していた。

チェコスロヴァキアも，ゴルバチョフ改革には当惑させられていた。そもそもチェコスロヴァキアのフサーク率いる指導部は，ゴルバチョフ改革とよく似た体制内改革であった，1968年の「プラハの春」に対する「正常化」プロセスの中で誕生した。したがって，「プラハの春」的な改革を認めることは，自らの権力基盤を突き崩すおそれがあった。

これに比べるとハンガリーやポーランドは，ゴルバチョフ改革をむしろ追い風として利用した。ハンガリーのカーダール政権も，チェコスロヴァキア同様に，1956年の動乱を踏み台にして誕生した政権であった。しかしハンガリー動乱は，1968年の「プラハの春」と異なり，ワルシャワ条約機構からの離脱を唱え，中立を宣言したのであって，政治的な性格の強い事件であった。ハンガリーは，この1956年を教訓に政治的改革はあきらめ，経済改革に専念することで，一定の成果を収めてきた。その意味では，経済改革を中心に体制の立て直しをめざすゴルバチョフの新しい路線は，ハンガリーにとって受け入れやすかった。むしろハンガリーの改革こそ，ゴルバチョフにとって1つのモデルだったとも言われている。

ポーランドでは，1981年12月にヤルゼルスキが戒厳令を敷いたものの，1982年末には停止され，1983年7月に解除された。またレフ・ワレサをはじめとする「連帯」の活動家は，1983年の解除までにほぼ全員が釈放されていた。ヤルゼルスキがいかなる政権運営をめざすのかは，やがて明らかになった。それは経済改革の重視であり，閣僚にも党内の改革派を多く登用し，社会主義経済の「上から

の」改革をめざすものであった。ゴルバチョフ自身,ヤルゼルスキ将軍の「上からの」経済改革に全面的な支持を与え,さらに政治改革も行うよう勧告するほどだった。

さらにヤルゼルスキは,1987年11月,経済立て直しのための国民投票が国民に否決されたのを受けて,ついに「連帯」の再合法化に踏み切った。「連帯」の指導者などに「円卓会議」開催を呼びかけ,体制の抜本的改革に乗り出したのである。これは多元的民主主義への移行の始まりだった。

ペレストロイカと並んで東欧諸国のソ連離れ,自立化傾向を促したのは,グラスノスチの波及であった。

1989年3月7日,ポーランド共産党当局は,第二次世界大戦中の「カティンの森」における1万5000人のポーランド軍将校殺害が,ナチス・ドイツではなく,ソ連の秘密警察である内務人民委員部(NKVD)の蛮行であったことを認めた。戦後にソ連の後押しを受けて成立した共産党政権の正統性の欠如が,「歴史の見直し」という形で改めて浮き彫りにされたのである。

同様に東欧各国で,対ソ関係史の「空白」の見直しが一斉に開始された。ポーランドでの1944年のワルシャワ蜂起,チェコスロヴァキアの1968年の「プラハの春」事件,ハンガリーの1956年の動乱などの見直しが,新史料の開示や関係者の新たな証言などを通して行われるようになった。その結果,ソ連および各国共産主義者によるそれまでのさまざまな欺瞞,隠蔽,犯罪などが白日の下にさらされ,東欧各国の民族的感情を揺るがした。こうしてグラスノスチは,東欧各国で親ソ的な共産党政権の存在基盤を根底から突き崩すとともに,ソ連・東欧ブロックの遠心力に大きく弾みをつけたのである。

西欧統合の進展

ソ連・東欧ブロックが瓦解の兆しを見せている一方で、西欧では統合の制度化が進んだ。1970年代までに西欧諸国は、すでに関税同盟、農業共同市場などで一定の成果をあげていた。しかしニクソン・ショック、2度の石油危機を受けた世界的不況で西欧諸国も軒並み経済成長が低迷し、高失業、財政赤字、貿易収支赤字、インフレなどを抱えて、市場統合への取り組みは一時減退した。

結果的にECの1974-84年の実質成長率は1.9%となり、日本の3.7%やアメリカの2.4%から大きく取り残された。とくにその後の成長を担うと考えられた高度先端技術開発分野で大きく立ち遅れ、他方でアジアの新興工業経済地域（NIEs＝韓国、香港、台湾、シンガポール）に追い上げられるなど、西欧には「ユーロペシミズム」とも言われる悲観的な雰囲気が漂った。

こうした状況に対して、西欧統合の新たな進展の契機となったのは、1985年にフランスの元蔵相ジャック・ドロールがEC委員会委員長に就任したことであった。強力な統合論者であり、ヨーロッパが観光客向けの博物館に成り下がることへの危機感を抱いていたドロールは、ヨーロッパを単一市場にし、各国ごとの障壁を撤廃させ、競争力を取り戻すことをねらいとした『域内市場統合白書』作成のイニシアティブをとった。これは同年6月のミラノでの欧州理事会で承認された。ここではEC域内障壁を除去し、国境のないヨーロッパ、すなわち物、人、資本、サービスの移動が自由な1つの領域、単一市場を完成させるという目標について、合意が成立した。

さらに1986年2月には、EC3条約（ECSC条約、EEC条約、ユーラトム条約）の改正による市場統合に向けての法的基盤作り、ECの機構改革、外交政策の加盟国間での調整（欧州政治協力――EPC）な

どを盛り込んだ「単一欧州議定書」が調印された（87年7月1日発効）。こうして西欧では1992年末を目標に、86年に加盟を果たしたスペイン、ポルトガルを含めた3億2000万人からなるヨーロッパの、統一市場実現をめざす動きが開始された。

このような西欧統合の進捗は、経済改革の行き詰まりから多かれ少なかれ西欧との経済的結びつきを強めていた東欧に、一種の焦燥感をもたらした。そのため1988年6月、コメコンとECが公式に関係樹立の共同宣言（ルクセンブルク宣言）に調印すると、東欧各国はECとの間で外交関係を樹立し、通商、経済協力に関する協定交渉を始めた。こうして東欧各国は、一層ソ連離れを進めることになった。これは見方を変えれば、西欧統合の再活性化の動きが、東欧の変革を刺激し、ヨーロッパの一体性回復への動きを加速化したとも言えよう。

4 冷戦の終焉

東欧社会主義体制の崩壊

1989年の「東欧革命」は、2つのできごとが導火線となって勃発した。1つはポーランドのヤルゼルスキ大統領による「円卓会議」開催によって決まった、上下両院の総選挙だった。

この選挙は新設の上院では完全自由選挙だったものの、国政の最終的決定権を握る下院については、65％が共産党を含めた与党グループの全国区リストによる信任投票の形で選出されることになっていた。つまり、「連帯」が政権を握ることはないように「円卓会議」で一定の枠がはめられていたのである。しかし1989年6月に行

われた選挙結果は,政府側・野党側双方の予想を超えて,上院では事実上「連帯」が全議席を制圧し,下院でも与党グループが議席の3分の2を確保できなくなった。これはブレジネフ・ドクトリンに対する挑戦であり,共産党が政権から脱落するという見通しを生み出した。だがゴルバチョフは動かなかった。最終的に大統領を共産党が,首相を「連帯」が出すという形で妥協が成立し,ここに東欧で戦後初の非共産党主導となるマゾヴィエツキ政権が誕生した。

もう1つのできごとは,ハンガリーとオーストリアの国境で起こった。すでに70年代から経済の改革を続けてきたハンガリーでは,1988年から自国民に対する出国制限を大幅に緩和し,共産党内部の改革派を中心に自由化路線が推進されていた。そうした中で,1989年5月2日,オーストリア=ハンガリー国境で両国の外相が会合を持ち,両国関係の一層の緊密化を演出するために,共同で国境の鉄条網を切断する作業を行った。これにより両国国民の自由往来が可能となった。これは,ソ連・東欧ブロックに開いた最初の,小さな,しかし重大な穴であった。

この行事が「鉄のカーテンのオープニング」と報道された直後から,東ドイツの人々が大量にハンガリーに向かって移動を開始した。ハンガリー国境が完全に開放されたと誤解した東ドイツ市民は,ハンガリー国境を通ってオーストリア経由で西ドイツに向かうことができると信じ,大挙してハンガリーに向かったのである。

当時,東欧諸国の間には,西側への出国を阻止する条件の下で相互にビザを免除する協定があった。ところが,ハンガリー政府は9月に入り,事態打開のため東ドイツとのビザ免除協定の効力停止を発表し,東ドイツ市民のハンガリーへの新たな入国に対してビザ導入を決定した。その一方でハンガリー政府は,3月に調印したばか

Column ⑨ 「ベルリンの壁」崩壊

1989年11月9日,東ドイツの党政治局員で政府スポークスマンであったギュンター・シャボフスキは,午後6時から定例の記者会見を開いていた。ここで当時,ハンガリーやチェコスロヴァキアなどで次々に流出が続いていた東ドイツ市民の問題に関連して,イタリア人記者が西ドイツ訪問を希望する市民の移動の自由について質問をした。これに対してシャボフスキは「ここに新しい旅行法がある。これによって,西ドイツ訪問を希望するすべての東ドイツ市民にビザが発給されることになる」と答えた。この回答の思いがけない内容にしばし唖然とした記者は,それはいつからですか,と訊ねた。これに対してシャボフスキは手元の書類をめくりながら「ただちに施行ですね」と答えた。記者たちは一斉に電話に飛びついた。このシャボフスキのちょっとした勘違いこそが,冷戦の象徴とされ,予見しうる将来において決して倒れることがないとされていた「ベルリンの壁」のあっけない崩壊を引き起こしたのであった。

りの国連の難民の地位についての議定書およびCSCEヘルシンキ議定書の精神に沿って,自国内にすでに滞在していた東ドイツの人々を送り返すことなく,西ドイツに向けての自由出国を認めた。ハンガリーはソ連ブロックの論理ではなく,人権を尊重する論理を優先させたのである。ハンガリーがオーストリアとの間に開けた穴は,こうして冷戦の産物であった東ドイツという国家の存在意義を揺さぶり始めた。

ハンガリーに入れなくなった東ドイツ市民は,次にチェコスロヴァキアの首都プラハにある西独大使館に殺到した。チェコスロヴァキア政府がハンガリー政府同様,ビザ導入に追い込まれるまで,さして時間はかからなかった。

こうしたできごとは東ドイツ国内に深刻な影響をもたらし,工場

シャボフスキはここで2つの思い違いをしていた。第1に，彼が手にしていた書類はすでに承認済みの旅行法ではなく，旅行法草案であって，閣僚評議会で承認されて初めて施行されることとなっていた。第2に，この旅行法によっても，西ドイツ訪問を希望する東ドイツ市民へのビザは，すべての人に無条件に発給されるのではなく，申請に基づいて手続きが行われることになっていた。

　記者会見の模様をテレビやラジオで知った東ドイツ市民は，一斉に国境検問所に集まってきた。国境警備隊は何も知らされていなかった。しかし，凄まじい勢いで集まってくる群衆を前に，パニックを恐れた国境警備隊長の独断で，ついに国境のゲートは開かれた。東ドイツ市民は歓喜の涙を浮かべて国境を渡り，あるいは「ベルリンの壁」をよじ登ってハンマーで打ち砕くなどして，喜びを身体中に表した。これが，世界中の人々がニュース番組でその日，目にした光景であった。

や公共輸送機関などで人手不足などの事態が生じた。このとき西側へ流出した22万人以上とされる人々の主力は，20代から30代にかけての，労働力の中心となる世代であった。このことは，当時東ドイツという国家が直面した危機を，より深刻なものとしていた。

　1989年11月9日に突然のように起こった「ベルリンの壁」崩壊は，まさにこうした東ドイツの置かれた状況の反映にほかならなかった。長年にわたり冷戦の象徴とされていた「壁」は，東ドイツという国家にとっては城壁に等しく，その崩壊は国家そのものの崩壊を予示していた。翌1990年3月の選挙では統一を支持する勢力が圧勝し，米英仏ソとの「2＋4」協議プロセスを経て，10月3日に東ドイツが西ドイツに吸収される形で統一が達成された。

東欧諸国においては軒並み，政治的多元主義に向けてポーランドと同様のプロセスが開始された。それは在野勢力——ある場合は人権団体であり，ある場合は環境保護団体であったりした——との「円卓会議」を経て暫定的政権を樹立し，その後に自由選挙の洗礼を経て正統性を有した新政府を樹立する，というものであった。

　「壁」崩壊の契機となったハンガリーでも，1989年初めから複数政党制への動きが開始され，6月にはポーランド同様の円卓会議が開催された。これを受けて1990年3-4月に自由選挙が実施され，非共産党政権が成立した。

　「壁」崩壊は，東欧で最も保守的と見られていたチェコスロヴァキアにも飛び火し，1989年11月には民主化要求のデモが連日のように見られた。やがてハヴェルら「憲章77」のグループが中心となって「市民フォーラム」が結成され，政権側と円卓会議が開催された。円卓会議の合意に基づいて，12月には共産党員が少数派となった新しい内閣が誕生し，ハヴェルが大統領に選出された。

　東欧ブロックの指導者の中で最も長く権力にあったブルガリアの共産党書記長ジフコフも，「壁」崩壊の翌日に辞任した。1990年1月には共産党と野党勢力，環境保護団体などの市民グループによる円卓会議が開催され，6月の総選挙実施など一連の民主化過程について合意がなされた。

　東欧の民主化がほとんど無血革命となったのに対して，チャウシェスクが独裁的な体制を敷いていたルーマニアでは，1989年12月にティミショアラでハンガリー系住民に対する迫害を契機にデモが発生し，またたく間に他の都市に波及した。やがて軍もチャウシェスク政権打倒支持を明らかにする中で，逃亡を試みたチャウシェスク夫妻は逮捕されたのちに，特別軍事法廷にて死刑を宣告され，即時，

刑が執行された。

　ソ連は中・東欧における事態の急激な変化を静観した。ゴルバチョフは1988年12月の国連総会演説でも，国民が自由に政治社会システムを選ぶ権利があることを明言しており，ブレジネフ・ドクトリンは事実上，放棄されていたのだった。

　しかし中・東欧各国の新指導部は，依然として駐留ソ連軍を自国内にかかえていた上，ソ連軍部や保守派が相当，ゴルバチョフに圧力をかけているという点にも配慮し，ソ連をいたずらに刺激しないよう，慎重にふるまった。ポーランド初の自由選挙で非共産党勢力が大統領を共産党側に渡したのは，ソ連の意図に対する疑念を反映したアプローチであった。

ソ連邦解体

　ゴルバチョフのペレストロイカは，当初，東欧の自由化・民主化に先行し，むしろそれらを促した。しかし1990年になってみると，もはや東欧はソ連の状況を飛び越してしまった。中・東欧諸国が軒並み議会制民主主義，市場主義経済システムへと移行し，自由選挙の洗礼を受けたあとも，ゴルバチョフは社会主義体制の再生に努力を傾けていた。しかし，経済状況は悪化の一途をたどったのに加え，ソ連内の民族問題が爆発の兆しを見せていた。最初の余震はバルト海沿岸地域で発生した。

　1991年1月，独立への動きを強めていたリトアニアの首都ヴィリニュスにソ連軍空挺部隊が展開し主要な施設を占拠する，という事件が起きた。ゴルバチョフが強硬な姿勢に出た背景に，共産党保守派の圧力があったのは想像に難くない。ゴルバチョフとともに民主化・自由化を推進してきたシェワルナゼ外相が，前年12月に「軍事独裁」の危険への警告を残して辞任したのは暗示的であった。

　しかし，この問題に際してのバルト側の強硬な姿勢と西側の断固

図5-2 1980年代のヨーロッパ

凡例:
- ■ NATO加盟国
- ■ ワルシャワ条約機構加盟国

［出典］著者作成。

とした姿勢，それに何よりもエリツィン率いるロシア共和国の猛烈な反発を見たゴルバチョフは，ここにいたって再び自由化・民主化路線に立ち戻った。

民族問題の打開案としてゴルバチョフが持ち出したのは，連邦制改編であった。ゴルバチョフは国家枠組みとしての「連邦」を放棄し，各共和国の主権を前提とした「国家連合」への移行を決意した

図5-3 ソ連解体後のヨーロッパ（1993年）

[出典] 著者作成。

のであった。これは、「連邦制」を支える中央集権的な共産党綱領の抜本的改革への着手を意味した（レオンハルト，1996）。

共産党保守派はこの動きに強く反発した。1991年8月19日，新連邦条約調印予定日の前日，ついにソ連の保守派はクーデタを敢行し，首都モスクワの制圧に乗り出した。しかし，エリツィンが即座にロシアを守る断固とした姿勢を明らかにし，市民を指揮した。軍部も

必ずしも一枚岩ではなかった。結局,クーデタはわずか数日で破綻(はたん)した。

これは,単に保守派の敗退のみならず,クーデタに際して何ら力を示すことができなかったゴルバチョフとソ連政府の権威失墜を意味し,同時にエリツィンの指導力とロシア共和国政府の台頭を明らかにした。こうしてエリツィンの新しいリーダーシップの下,12月にソ連は解体され,議会制民主主義と市場主義経済に基づく新しいロシア連邦が誕生した。

ヨーロッパ新秩序への胎動

1991年のソ連邦解体は,ヨーロッパ新秩序建設に大きなインパクトをもたらした。共産主義イデオロギーからようやく逃れたとはいえ,いまだに歴史的・伝統的な脅威としてのソ連の存在を前に東西に配慮したアプローチをとっていた中・東欧諸国は,これによってソ連のくびきから解放され,文字通り国内レベルでも国際レベルでも冷戦が終結したのであった(図5-2, 5-3参照)。

これ以降,中・東欧諸国は一斉に西欧統合への参画を積極的に求めるようになった。NATOおよびEUへの加盟である。とりわけ,国内の経済的条件とそれにともなう法制度を整備するために時間がかかるとされたEU加盟よりも,政治的決断により加入が可能とされたNATOへの加盟を求める動きが活発化した。中・東欧諸国にとって,NATO加盟は世界で唯一の超大国として残ったアメリカとの同盟関係樹立にほかならず,安全保障が最も強力に確保されることを意味した。

ロシアは依然として核保有国ではあったものの,地政学的にヨーロッパ正面から後退したほか,経済の混乱で強大な軍事力を支えることができなくなっていた。ロシアは今や経済的のみならず,軍事

的にも超大国の地位から滑り落ちたのであった。こうしてNATO拡大，EU拡大など西側が主導権を握る形でヨーロッパ新秩序構築が開始された。西側による戦後処理，とも言われるゆえんである。

● 引用文献 ●

秋野豊，1992『ゴルバチョフの2500日』講談社現代新書。

伊東孝之，1985「転換期の東欧安全保障システム――ユーロミサイルの影で」『国際問題』第303号，日本国際問題研究所。

伊東孝之，1988『ポーランド現代史』山川出版社（世界現代史27）。

吉川元，1992『ソ連ブロックの崩壊――国際主義，民族主義，そして人権』有信堂高文社。

金成浩，1998「冷戦期ソ連の侵攻と撤退――機密解除資料を中心として」『ロシア研究』第27号，日本国際問題研究所。

コッツ，デーヴィッド＝フレッド・ウィア／角田安正訳，2000『上からの革命――ソ連体制の終焉』新評論。

ゴルバチョフ，ミハイル・S.／工藤精一郎・鈴木康雄訳，1996『ゴルバチョフ回想録』上，新潮社。

パウエル，コリン・L.＋ジョゼフ・E. パーシコ／鈴木主税訳，2001『マイ・アメリカン・ジャーニー――コリン・パウエル自伝 ワシントン時代編』角川文庫。

ヤルゼルスキ，ヴォイチェフ／工藤幸雄監訳，1994『ポーランドを生きる――ヤルゼルスキ回想録』河出書房新社。

ルプニク，ジャック／浦田誠親訳，1990『「中央ヨーロッパ」を求めて――東欧革命の根源を探る』時事通信社。

レオンハルト，ヴォルフガンク／村上紀子訳，1996『大国ロシアの漂流――ゴルバチョフとエリツィンの10年』日本放送出版協会。

レーガン，ロナルド／尾崎浩訳，1993『わがアメリカンドリーム――レーガン回想録』読売新聞社。

Brzezinski, Z., 1986, *Game Plan: How to Conduct the U.S.-Soviet Contest*, The Atlantic Monthly Press.

Crane, K., 1989, "Soviet Economic Policy towards Eastern Europe", in Carnovale, M. and Potter, W. C. eds., *Continuity and Change in Soviet-East Euroopean Relations: Implications for the West*, Westview Press.

Duignan, P., 2000, *NATO: Its Past, Present and Future*, Hoover Press.

Fischer, Beth A., 1997, *The Reagan Reversal: Foreign Policy and the End of the Cold War*, University of Missruri Press.

Gelb, L. H., "Foreign Affairs: Who Won the Cold War?", *New York Times*, 20 August 1992, p. 27.

International Institute for Strategic Studies, 1984, *Strategic Survey: 1983-1984*, London.

Jaruzelski, W., 1992, *Stan wojenny: Dlaczego...*, BGW / Warszawa.

Kugler, Richard L., 1993, *Commitment to Purpose: How Alliance Partnership Won the Cold War*, RAND.

Kramer, M., Soviet Policy During the Polish Crisis, Bulletin 5- Cold War Crises, Cold War International History Project (http://cwihp.si.edu/).

Miller, David, 1998, *The Cold War: A Military History*, St. Martin's Press.

Powaski, Ronald E., 1998, *The Cold War: The United States and the Soviet Union, 1917-1991*, Oxford University Press.

Simes, Dimitri K., 1999, *After the Collapse: Russia Seeks Its Place as a Great Power*, Simon & Schuster.

Smyser, W. R., 1999, *From Yalta to Berlin: The Cold War Struggle over Germany*, St. Martin's Press,.

Stent, A. E., 1999, *Russia and Germany Reborn: Unification, the Soviet Collapse, and the New Europe*, Princeton University Press.

Wlodka, Z., 1992, *Tajne dokumenty Biura Politycznego: PZPR a "Solidarność" 1980-1981*, Aneks / London.

Yost, D., 1998, *NATO Transformed: The Alliance's New Roles in International Security*, United States Institute of Peace Press.

第6章 ポスト冷戦のヨーロッパ新秩序

↑ブランデンブルク門の前で，初めて手にしたユーロ紙幣を見せる女性（2002年1月1日，ベルリン。写真提供：AP/WWP）

冷戦終結後，ヨーロッパはなお新しい秩序を模索し続けている。それは統合拡大というプロセスを通して，ヨーロッパが米ソ2極構造の頸木から解き放たれ，グローバルな国際秩序の中でより主体的な役割を演じることを意味する。「ヨーロッパ再生」の可能性である。ドイツ問題，NATO，EU，そして対ロシア関係などをめぐって揺れ続けるヨーロッパは，さまざまな試練にさらされている。

1 統一ドイツ

「ドイツ問題の最終的解決」

「ドイツ国民は，協力することのできなかった，かのドイツ人たちのためにも行動した。全ドイツ国民は，自由な自己決定で，ドイツの統一と自由とを完成するように要請されている」

1949年のドイツ連邦共和国基本法前文には，このように書かれていた。ドイツ国民の自由な自己決定によるドイツ統一の完成は，憲法上の要請であった。これは1949年には当然に思われた。昨日まで同じ国民であった人々が，まったくの運命の偶然で，異なる戦勝国によって占領されたというだけで別の国家に所属させられることは，まったく正当性を欠いていた。しかし，40年という年月が過ぎ去るうちに，人々は2つのドイツがあるという日常に慣れ，再統一など，もはや年寄りだけがしがみついている大昔の夢物語のように思い始めていた。ドイツ語をしゃべる国にスイスとオーストリアがあるように，西ドイツと東ドイツがある——少なくとも西側では，人々はそれが日常であると思い始めていた。

それゆえ，1989年11月9日にベルリンの壁が崩れたとき，そこから何が起こるかは予測できなかった。過去十数年，少なくとも西ドイツの人々は，目の前にある現実，すなわち分断の現実を受け入れ，それと共に生きることに安定と平和への道がある，と自らに言い聞かせてきた。しかし，今やすべてが再び流動的になった。「金曜日の夜のできごとは，ドイツの自然に反する分断はなんら実体のないことを証明しました。われわれは今，共に属するものが再び共に育

つという状況にあるのです」と，すでに高齢なれど演説の力は衰えないブラント元首相が語り，喝采をあびた。ドイツ人は，1つの民族であることをやめてはいなかった。ドイツ問題は，最終的には解決されていなかったことを，ベルリンとドイツに関しては第二次世界大戦の戦後処理が終わっていなかったことを，皆が思い出さざるをえなかった。

「条約共同体」から「10項目提案」へ

誰もがドイツ再統一について考えていたが，それを口にする勇気を持たなかった。まだ，東ドイツの改革は可能かも知れなかった。改革された，自由な社会主義のドイツを築くことができれば，そこに東ドイツの人々はとどまるかもしれなかった。彼らが求めているのは，自由ではなかったのか。自由に往来できることが保証されさえすれば，腰を据えて，自分たちの故郷の改革に取りかかるのではないのか。東ドイツは，改革派として名を馳せていたドレスデン地区党第一書記のモドロウを首相に選出した。11月17日，モドロウは施政方針演説を行い，主権国家としての東ドイツの正統性を強調し，東西ドイツが協調的共存をはかり，過去の条約と「ヨーロッパ共通の家」に基づいて「条約共同体」を構築することを提案した。

しかし，現実には東ドイツの人々は，祖国にとどまろうとしなかった。人々は自由を求めてもいたが，自由な社会がもたらす豊かさを求めてもいた。それまでテレビや雑誌を通じて知ってはいたものの，現実に目にする西側社会の豊かさは，目がくらむほどであった。その豊かさを目にし，豊富な消費物資の量に圧倒された人々は，それまでの故郷をあとにして，荷物をまとめ，それまでの生活を捨てて西ドイツ社会へと移動し始めた。もはや東ドイツは，国家として内部から崩壊しようとしていた。一度も国民から正統性を得ようと

努力しなかった国家は,その国民に捨てられつつあった。

東ドイツ情勢を受けて,コール西ドイツ首相は11月28日,連邦議会で再統一への「10項目提案」を発表した(高橋, 1999)。コール首相は2つのドイツ国家の将来に関して,先のモドロウ提案の「条約共同体」を越えて,「国家連合的構造」へ,そして「連邦」へと進む用意があることを発表した。欧州共同体(EC),欧州安保協力会議(CSCE)といったヨーロッパの構造の中でのみ解決が可能であることを強調しつつ,西ドイツにとっては再統一,すなわち「ドイツの国家的統一の再獲得」が政治的目標であり続けることを明言した。

再統一を具体的な目標と考えていることが,初めてドイツの首相の口から公式に語られたことの衝撃は大きかった。ドイツ人自身がそれを望むなら,そしてそれが平和的に達成されるなら,正面切って反対する理由を見つけることは難しかった。もはやドイツ統一は,是非の問題ではなく,「いつ,どのように」の問題に急速に移っていった。

東ドイツの崩壊

この時点では,いくつかの段階の最終目標として統一があるとしても,そこへ至るまでには5-10年はかかると予測されていた。しかし,東ドイツ崩壊のプロセスはとどまることを知らず,それを見た西ドイツは,過去20年近くさまざまな形で援助を続けてきた東ドイツを見限る決断をした。12月のドレスデン訪問が大成功のうちに終わり,コールは最短距離でのドイツ統一へと目標を置き換えていった(Kohl, 1996)。1990年2月13-14日,2カ月ぶりにボンで東西両ドイツ首脳が会談した。この席でコールは,モドロウからの援助要請を拒絶し,東ドイツ国内の危機が先鋭化したことによって,統一へのステップとし

て考えていた条約共同体と国家連合的構造の2つの段階はもはや必要なくなったと述べ，通貨同盟と経済共同体を提案した。これによって東ドイツの同胞は，西ドイツ経済にただちに参加できるはずであった。会談では，早急に専門家委員会を設置することが決まった。

　通貨同盟は，事実上西ドイツによる東ドイツの経済的吸収合併になることは目に見えていた。その経済力の差は圧倒的であり，通貨の壁を取り払えば，東ドイツ経済が吹き飛ぶであろうことは明らかであった。しかし，連日，東西ドイツ国境を越えて豊かな西側社会へやって来る東ドイツ国民を押しとどめるには，彼らに，東ドイツにとどまっていても西ドイツ社会の豊かさを同様に享受できる，と思わせるしか手段がなかった。正式な交渉に先立っては，東ドイツで自由選挙が行われ，合法的政権ができる必要性があった。西ドイツは，ぎりぎりまで譲歩しつつも，最終的にはソ連の圧力下で成立し存続してきた東ドイツ国家の正統性を認めたことはなかった。通貨同盟にしろ統一にしろ，正統性ある交渉相手となるには，東ドイツ政権が選挙によって国民の信任を受けたものになる必要があった。

| 通貨同盟の発足 |

　1990年3月18日，東ドイツで最初で最後の自由選挙としての人民議会選挙が実施された。伝統的に社民主義支持が強い東ドイツでは，社会民主党が優位であろうという大半の予想を裏切り，結果はキリスト教民主同盟（CDU）およびこれと選挙同盟を組んだ保守政党の勝利であった。4月12日，CDUのデメジエールを首班とする「ドイツ連合」の連立政権が発足した。この政権が，憲法上は西ドイツ基本法23条に従い，連邦に加入する形でドイツ統一は実現することになった。交渉は急テンポで進められ，5月18日に両ドイツ蔵相が国家条約（通貨・経済・社会同盟の創出に関する条約）に調印した。これが6月21日

に両ドイツ議会で承認され,「通貨・経済・社会同盟」が7月1日に発足する運びとなった。

コール首相は,繰り返し,通貨同盟が東ドイツ国民の生活水準の早急の改善につながると約束してきた。同等の国民として扱い,最短ルートで国家統一へつなげる,それがコールの戦略であった。同等である以上,東ドイツ国民の給与・年金等は1:1の交換レートで保証され,預貯金も年齢に応じて2000-6000マルクまで1:1のレートが保証された。それ以外のものには,2:1のレートが適用された。

この経済・通貨同盟については,当時もその後も経済的観点からさまざまな批判がなされた。確かに,純粋に経済の見地からは,東ドイツ・マルクを過大評価し,生産性が低い地域で高い賃金を保証し,おそろしく格差のある2つの経済を何の段階も経ずに一気に統合させたことは,正しくなかったであろう。しかし政治的には,おそらく他に選択肢はなかった。東ドイツ国民に,数年に渡って西ドイツ地域よりも低い生活水準で我慢し,そこで経済再建をやりとげよ,と説得できる政治家は誰もいなかった。そんなことをすれば,東ドイツ国民の大半は西ドイツ地域に逃げ出していたであろう。結果として,旧共産圏の中で最も競争力があるという幻想を抱かれていた東ドイツ経済は完全に拭い去られ,東ドイツ地域の再建コストは全ドイツ国民,およびドイツ経済と密接に結びついていた西欧諸国によって負担されることになった。

経済が一体化し,社会保障政策の整合化まで行われた以上,もはや統一までの時間は短ければ短いほどよかった。東西ドイツは即座に統一条約の交渉に入り,8月31日には統一条約を調印し,これが9月21-22日に両ドイツ議会で批准された。

ドイツ統一の国際的側面

ドイツ統一が扱われる公式の国際的な枠組みとして、英米仏ソ4カ国に東西ドイツを加えた「2＋4」方式が選ばれた（佐瀬, 1997）。統一が可能になるには、いくつか大きなハードルがあった。国境問題と、統一ドイツの北大西洋条約機構（NATO）帰属問題が、そのうちの最難関であった。

ポーランドとの国境問題についての交渉は、長く、双方にとって不愉快なものであった。ワルシャワ条約は将来の統一ドイツ政府を拘束しないという建前になってはいたが、しかし現実問題として、ドイツが統一したあかつきにドイツ＝ポーランド国境を交渉し直す可能性はゼロであった。そのことは、コールとてわかっていたはずである。ただ、西ドイツ国内には、戦後、現在のポーランド西部国境地帯の自らの土地から追い出された人々が、保守党にとって無視できない圧力団体を構成していた。この国内圧力団体をなだめるために、コール政権は適切な時期まで解決を引き延ばさねばならず、必要以上に軋轢を大きくした。最終的な解決は、11月14日のドイツ＝ポーランド国境条約で、ドイツとポーランドが国境の不可侵、領土要求の放棄を約し、もう1つの長い戦後に幕が下ろされた。

統一ドイツのNATO帰属については、早い段階で2つのアプローチに収斂していった。どちらもドイツのNATO帰属を求めていたが、一方はドイツ全土がNATOに入るとし、他方は東ドイツ領域については、ソ連に配慮して何らかの特別措置（NATOの管轄外とするなど）をとるとしたものであった。ゴルバチョフ・ソ連大統領は早くから、原則論としては統一ドイツに同盟を選択する権利があることを認めてはいたものの、最終的にこの問題に決着がついたのは1990年7月になってからであった。7月14日、コール首相

は独ソ会談のためモスクワに向かった。15日にモスクワで会談したのち、16日、コールとゴルバチョフは、ゴルバチョフの故郷である北コーカサスのスタブロポリに飛び、そこからさらにゴルバチョフの山荘へと移動した（テルチク、1992）。

この会談でゴルバチョフは、それまでの立場から譲歩し、統一ドイツのNATO帰属に同意した。その他の条件は以下の通りであった。東ドイツ駐留ソ連軍は、3-4年内に撤退する。NATOの機構はソ連軍駐留の間は東ドイツ地域に拡大しないが、NATO条約第5条、第6条の適用は統一直後からこれを行う。西ドイツ連邦軍のNATOに統合されていない部隊は、統一後直ちに東ドイツ地域とベルリンに配備できる。ソ連軍が東ドイツ地域に駐留する間、西側3国の軍隊はベルリンにとどまることを西ドイツは希望する。西ドイツ政府は、欧州通常戦力（CFE）削減交渉の場で、統一ドイツの戦力を3年以内に37万人（この時点で西49万5000人、東17万人）に削減する拘束的宣言を行う。統一ドイツは、核・生物・化学兵器の製造・所有・使用を断念し、核拡散防止条約（NPT）に加盟し続ける。

この後、西ドイツは、東ドイツからのソ連軍の撤退費用として120億マルクを支払うことを約し、かつ30億マルクの無利息借款に合意した。その他食料援助等を合わせると、西ドイツは統一のためにソ連に、融資と援助を合わせて約216億マルクを負担することになったと言われている（雪山、1993）。ゴルバチョフは、何よりもソ連国内の改革、ペレストロイカの継続に政治生命を賭けていた。ドイツにとっても、ゴルバチョフ政権の安定は重要であり、それを支えるにやぶさかではなかった。結果としてドイツは、統一をドイツ・マルクで買ったと陰口をたたかれるほど大規模な対ソ支援を行うことになった。

9月12日,モスクワで最後の「2＋4」会議が開催された。6カ国外相は「ドイツ問題の最終解決に関する条約」に調印し,ドイツ統一の国際政治上の交渉はすべて終了した。1990年10月2日の夜,ベルリンの旧帝国議会前の共和国広場に数十万の人々が集まり,ドイツ統一の瞬間を待った。この日,連合国の特別許可を得た連邦空軍の空軍機で,コールはベルリンへ向かった。ベルリン―西ドイツ間の空路はすべて連合国の管轄であり,ドイツ連邦空軍の機体がこの空路を飛ぶのは実に45年ぶりであった。その連合軍の権利も10月3日午前0時には消滅するのであったが,それより少し早く,コールを乗せた空軍機はベルリンに降り立ったのであった。

 午前0時,ドイツ国旗がポールにあがり,分断の間,西ベルリンの市庁舎として市民に親しまれてきたシェーネベルク市庁舎の自由の金が鳴り響いた。ヴァイツゼッカー大統領が「自由な自己決定により,われわれはドイツの統一を完成する。神と人類に対するわれわれの責務については,これを認識している。われわれは,統一されたヨーロッパの中で世界の平和に役立ちたい」と述べ,統一ドイツが誕生した。

新しいドイツ外交

 まだドイツ統一問題が完全に片づかないうちに,ポスト冷戦期の問題の波は次々と押し寄せてきていた。湾岸危機が始まったのは1990年8月2日のことであった。それまで,NATO領域外への戦闘軍派遣を憲法上許されないとして選択肢から外してきたドイツは,日本と同じく「小切手外交」の意義を問われることになった。そしてこの時,すでに次なる危機が進行中であった。

 旧東欧の共産主義政権が次々と倒れる中,東西冷戦からやや独立した立場を保ってきたユーゴスラヴィアにおいても共産主義の求心

力が弱まり,深刻化する経済危機が政治危機へと転じ始めていた。ユーゴスラヴィアの場合,他の東欧諸国ではソ連圏からの離脱の方向へと働いたナショナリズムが,連邦を分裂させる力として働いた。1989-90年にかけて,ユーゴ連邦の各共和国で次々と自由選挙が行われ,民族主義政権が成立していた。90年から91年にかけて,ユーゴ内のセルビアと他の共和国の対立は激化し,ついに91年6月25日に,スロヴェニアとクロアチアが独立宣言を行った。

スロヴェニアでは戦争は短期で終わったが,クロアチアではセルビア系とクロアチア系の民族紛争が深刻化していった。戦火は拡大し,この年の終わりには,第二次世界大戦を彷彿させるヴコバールの攻防戦が,テレビ画面を通じて西欧の人々の下に届けられた。スロヴェニアとクロアチアの独立を撤回させるには,事態は進展しすぎていた。共産主義の靱帯(じんたい)とチトーの威光によってまとめられてきたユーゴ連邦を救うには,民族問題の火の手があがる以前に手を打たねばならなかった。もはやスロヴェニア,クロアチア承認は早晩不可避であった。ただ,ドイツは最後にECと足並みをそろえず,12月23日にスロヴェニア,クロアチア承認を宣言した(外交関係樹立は翌年1月15日から。Maull, 1995-96)。

この一件については,ドイツがクロアチアびいきのあまりに,あるいは自らの統一達成の高揚した気分の中で感情的になって,ユーゴ連邦の解体の端緒を作ったと,のちのちまで非難された。確かにドイツの単独行動はほめられたものではなかったが,仮に承認を引き延ばしたところで,この時点ではもはやユーゴ連邦は救えなかったであろう。

さらにボスニア=ヘルツェゴヴィナへと紛争は拡大し,1995年末にデイトン合意が締結されていったん落ち着きをみるまで,ユーゴ

の苦悩は続いた。戦争，難民，そして「民族浄化」と命名された民族を標的とした殺戮がヨーロッパ大陸で起こっていることは，悪夢そのものであった。EC，国連，コンタクトグループ（ユーゴ問題解決のため，米露英独仏伊によって構成されたグループ）などの和平案が，テーブルに乗せられては葬られていった。西欧諸国に滞在するユーゴスラヴィア難民も次第に増加し，ドイツはそのかなりの部分を負担しなければならなかった。

次第に，西欧諸国はユーゴへの軍事的関与を強めていった。1992年夏には，国連の対ユーゴ武器禁輸措置のための監視活動としてNATOと西欧同盟（WEU）がアドリア海へ艦艇を派遣し，独連邦海軍もこれに参加した。ドイツ国内では，従来の憲法理解の枠組み，すなわちNATO領以外へは連邦軍を派遣しないという理解の限界が強く意識され，改憲案が議論され始めた（松浦，1998）。

さらに翌年になると，ボスニア上空の国連による飛行禁止空域の哨戒飛行に，NATOのAWACS（早期警戒管制）部隊が投入されることになった。この部隊は多国籍部隊であって，ドイツ兵が引き上げられるなら作戦遂行は困難になり，NATO同盟の一員たるドイツの立場が根本的に問われることになりかねなかった。コール政権は，連邦軍兵士を作戦に参加させることを決定した。同時期に国連のソマリア派遣軍（UNSOMI I）への参加も決まり，これら3つの連邦軍のNATO域外派兵に対して，野党社会民主党から憲法訴訟が起こされた。

連邦憲法裁判所の最終的判決は，1994年7月12日に下された。基本法第24条2項がこれらの活動への連邦軍の参加のための憲法上の根拠を提供しており，将来においても，国連，NATO，WEUなど第24条2項に定める相互集団安全保障組織の活動として行われる

ことへの参加は，連邦議会の単純過半数の同意を条件として認められた。この判決は，冷戦後のドイツの外交・安保にとって画期的な判決であった。以後，憲法問題に関する疑念は姿を消し，ただ，かつてナチス軍が占領した地域における歴史的経緯への配慮のみが残った。

統一ドイツが，ほぼ「普通の国」として他の国々と足並みを揃えるのは，戦争を知らない戦後世代の政治家の時代になってからであった。1998年秋，社会民主党と緑の党の連立政権が成立した。政権を率いるのは44年生まれのシュレーダー首相であり，外務大臣の職に就いたのは48年生まれのフィッシャーであった。この若き政権の誕生とセルビア共和国でのコソヴォ危機とが重なったことは偶然ではあったが，まさにドイツ外交が新しい時代に入る節目となった。

彼らは，「自由，民主主義，人権」という基本的価値を守るために闘うという理由づけで，99年3月24日に始まったユーゴ空爆作戦に参加する決断をした。彼らにとっては，ドイツの過去の歴史はなお一層，人権のために闘う義務をドイツに課すものであった。そこには，ヨーロッパの大国としての責任を担い始めた，新しいドイツ外交の姿があった。

2 「ポスト冷戦期」のヨーロッパの安全保障
●OSCE, NATO, WEU

15年ぶりに開催されたCSCE

冷戦終結後の展開はいかにも急であった。ベルリンの壁崩壊後1年を経ずして，1990年11月，パリでCSCEが15年ぶりに開催された。冷戦終結後のヨーロッパ秩序の構築にイニシアティブを発

揮したい，ミッテラン仏大統領の発案によるものであった。この会議に先立って，89年3月以来開催されていた通常戦力削減交渉が異例の速さで合意に達した。NATO・ワルシャワ条約両軍事機構の通常兵力の数量制限・削減，締約国の査察の権利と受け入れ義務などを約した欧州通常戦力（CFE）条約，東西の敵対関係を終結し，相互不可侵を誓った不戦条約（22カ国共同宣言），CFE関連3条約が調印された。そして，この会議が採択したパリ憲章は，①ヨーロッパの東西対立の終焉，②民主主義の強化，③武力行使・威嚇の自制，④不戦条約・CFE条約の調印とドイツ統一の歓迎，⑤CSCEの機構整備（事務局〈プラハ〉・紛争防止センター〈ウィーン〉・自由選挙事務所〈ワルシャワ〉の常設，隔年ごとの首脳会議開催，外相会議の毎年開催）などを定めた。冷戦終結後のヨーロッパは，機構的整備にとりかかったのである。

そして早くもその半年後の1991年6月にベルリンで開催された第1回CSCE外相理事会では，紛争防止・解決機能として，緊急会合の招集などを含む緊急メカニズムの設置や，全欧信頼醸成・安全保障会議（CSBM）コミュニケーション網の緊急時における適用が決定された。冷戦終結後，CSCEが本格的に活動を開始したのである。

1991年12月25日には，ソ連邦が69年に及ぶ歴史に幕を下ろしたが，その直後の92年1月のプラハの第2回外相理事会では，①ソ連邦崩壊後の独立国家共同体（CIS）構成国（グルジアを除く）10カ国の加盟が決定され（加盟国数は48カ国，91年9月のモスクワ人権会議ですでにバルト3国は加盟），②外相理事会に代えて高級事務レベル委員会を日常的にCSCEを統括する機関とすること（最低3カ月ごとに開催），③人権，民主主義，法の支配などの侵害に関する政策決定における

「コンセンサス・マイナス1（問題の当事国を除外したコンセンサス）方式」の採用，④自由選挙事務所を拡大・改組し，民主制度・人権事務所とすること，⑤自由主義市場経済への移行と発展のための提言・活動を行う「経済フォーラム」の設立，などが決められた。

さらに1992年7月には，51カ国が参加するCSCE首脳会議がヘルシンキで開催され，紛争対応能力強化を柱とする「ヘルシンキ文書92」が全会一致で採択された。そこでは，民族紛争の多発への懸念と，「攻撃的な民族主義」に対する危機感が表明された。同時に，CSCEが国連憲章第8章に基づく地域的取り決め（地域的安全保障機構）であり，NATOと協力関係にあること，平和維持機能を備えた機構への改編も明記された。民族紛争の早期解決のための「少数民族高等弁務官」新設，軍備管理・安全保障のための交渉の場としての「CSCE安全保障協力フォーラム（FSC）」の新設，CSCE紛争防止センターの強化なども定められた。

OSCEへの発展

1994年12月のCSCE首脳会議は，「ブタペスト文書」を採択した大きな節目となる会議だった。

その合意内容は，①CSCEの，機能強化された現実的対応手段をもつ欧州安保協力機構（OSCE）への発展的解消（1995年1月），②独自の国際連合平和維持活動（PKO）への兵力派遣，③国内紛争に対しての軍や治安部隊の「安全保障の軍事・政治的な側面に関する行動規範」，④信頼醸成機能の強化（軍事情報の把握と交換を加盟国全域・海外派遣軍にも拡大し，陸・空軍だけでなく海軍関連も加える），⑤FSCの任務拡大，⑥21世紀の欧州安全保障モデルの検討，⑦NPTの無期限・無条件延長，生物・化学兵器の開発・生産・貯蔵・使用の禁止と廃棄，などであった。

第1に，CSCEは国連憲章第8条に基づく地域機関へと性格を変え，安保理に先立って欧州の地域紛争の予防と処理にあたることになった。それまで「会議の連続体」や「国連の欧州版」と評されていたが，「紛争の予防と危機管理の主要な手段」として「機構」に格上げされた。第2に，「行動規範」は加盟国に軍事力の使い方を規定し，従来の内政不干渉の原則を変えて国内問題に踏み込んだこと，人権や基本的自由を遵守すること，などを謳った。ロシアの孤立化の印象を避けるため，1994年8月にバルト3国からロシア軍が撤退したことを評価するバルト宣言も採択した。

　この会議は，CSCEの安全保障機能を一層強化し，機構の拡充を意図したが，それはポスト冷戦への希望に満ちたパリ首脳会議とは異なって，ヨーロッパの現状に対する悲観的認識を強く印象づけた。会議の政治宣言の中に見られる「市場経済および社会正義への前途は困難」という認識には，苦渋がにじみ出ていた。その背景には，NATOの東方拡大をめぐるロシアの姿勢，旧ソ連や旧ユーゴにおける地域紛争の混迷化があった。

NATOの新たな役割

　ポスト冷戦の新しい欧州安全保障秩序とドイツ統一を主要議題としたNATO首脳会議は，1990年7月6日に共同宣言（ロンドン宣言）を発表した。ワルシャワ条約機構の実質的崩壊という状況を背景にして，統一ドイツのNATO帰属をソ連に承認させるための条件づくりが本会議の主目的であった。

　この宣言では，抑止力保持の姿勢を保ちながらも，①NATOの先制攻撃放棄，②ワルシャワ条約機構に対する相互不可侵共同宣言採択の提案，③信頼醸成措置の確立と欧州通常戦力（CFE）協定の年内調印，④短距離核兵器の役割の減少と欧州にあるすべての核砲

弾の撤去,⑤前方防衛戦略の放棄と柔軟対応戦略の修正,などが表明された。NATO が軍事機構として東側に対する脅威ではないことを印象づけたのであり,その「政治的役割」が重要な課題となった。この内容は,先に述べた CSCE 首脳会議のパリ憲章につながっていった。

1991年5月の NATO 国防相会議で,冷戦後の新戦略として紛争処理に機動的に対応する「緊急展開部隊」の創設に関して合意が得られた。これは,32万人の在欧米軍が3分の1に削減されることや,加盟各国の軍事費削減・戦力縮小などの新しい事態に対処しようという意図を持っていた。同年のその後の外相・国防相会議などでは,東側への協力が呼びかけられて,「中欧・東欧諸国とのパートナーシップ」と題する声明が発表された。さらに同年10月の NATO 国防相会議は,NATO が保有する戦術核(地上配備のランス戦術ミサイルや,航空機搭載の核弾頭)の80％を削減することで合意した。その直後(同年10月)に開かれた NATO 理事会(マドリード)においては,ラトヴィア,リトアニア,エストニアのバルト3国が NATO の準加盟国として認められた。

こうした背景の中で,ワルシャワ条約機構解体(1991年7月)後の1991年11月の NATO 首脳会議(ローマ)は,冷戦終結後の安全保障体制の決定的な転換点となった。

この会議で採択された「新戦略概念」の最大のポイントは,東側からの大規模攻撃の脅威がなくなった代わりに,ソ連・旧東欧・中東などの不安定情勢に対応するための危機管理型の即時・緊急展開軍の重視を打ち出したことである。主力防衛部隊(6個師団),緊急事態に対応する展開部隊(72時間以内に派兵される即時展開部隊と,紛争拡大防止のための部隊),有事の際に派遣される増援部隊,の3部

隊に分かれた新しい戦力編成が決定された。こうした「地域紛争対応型」の軍隊の設立は，不安定なソ連の情勢やユーゴスラヴィア情勢を背景にしていた。

NATOはもはや，ワルシャワ条約機構軍に対抗した脅威対抗型の集団的防衛機構としての役割を終え，危機管理型の紛争対応機構＝集団安全保障機構へとその性格を変化させようとしていた。1992年6月のNATO外相会議（オスロ）は，CSCEを補完するために，CSCEの要請に応じて加盟国の全会一致によってNATO軍が域外でのPKOに参加することで合意した。旧ソ連，中・東欧諸国との対話の機会を拡大し，協力・協議を目的とする常設の外交接触機関（年1回の外相定期閣僚会議）の設立も定められた。

さらに，7項目で構成される「平和と協力に関するローマ宣言（政治宣言）」は，このローマ会議をNATOの歴史における「新たな1章」であると評価した。そして，政治的役割の強化策として中・東欧諸国内での改革を支援するために，NATOとこれら諸国との間での，高官の相互訪問，安保またその関連問題での意見交換，軍事部門での接触の親密化，などの相互の新しい関係を提案した。具体的なものとして，旧ソ連，中・東欧諸国が，①NATOとの閣僚レベルでの年間協議である「北大西洋協力評議会（NACC）」を新設すること，②大使レベルでのNATOとの定期協議を行うこと，を表明した。NACCは，NATOと旧ワルシャワ条約機構との協議機関の機能をもった。

1999年4月のNATO 50周年記念首脳会議で採択された「新戦略」は，こうしたNATOの変化をさらに確認し，発展させたものであった。この時の「新戦略」では，「デモクラシー，人権，法の支配という共通価値」を基礎にして，「共通の価値と相互協力」「連

帯と一貫性」が強調された。そして，域外での軍事的作戦行動が可能であるとされたのである。

「新戦略」の中では，脅威の概念が拡大され，大量破壊兵器・生物化学兵器や国際的テロ活動もNATO活動に対する脅威とされた。フランスの有力紙『ルモンド』は，やや誇張と皮肉を交えて，こうした一連のNATOの役割の変化をNATOの「集団安保化」と評した。

相互補完的ヨーロッパ安全保障体制の模索

冷戦終結後，在欧米軍を3分の1に削減する決定を下したアメリカとヨーロッパ諸国の間には，ヨーロッパ防衛をめぐって激しい角逐があった。

WEUも，1992年6月にボン郊外のペータースベルクで開催された外相・国防相会議で，国連とCSCEの承認の下に，WEU軍のNATO域外を含めた欧州の紛争地への派遣や，軍事専門家による軍事策定部の創設を決定した。この中で，93年1月までにWEU事務局をロンドンからブリュッセルへ移転することを決定したことは，WEUがいずれ欧州連合（EU）の防衛部門を担うことの大きな布石と見られた。この時の「ペータースベルク宣言」は，WEUの紛争地での行動には平和を招来するための「戦闘行動」も含むとした点で，域外行動を平和維持に限って認めたNATOの決定を越えるものであった。

しかし，NATOとの競合を避けるため，基本的にはWEUの派兵は，NATOが派兵の意思を持たないか，NATOの派兵が不可能な場合に限られた。また各国軍の参加は，域外派遣をめぐって論争のあったドイツの立場（1994年7月にドイツ最高裁がドイツ軍のNATO域外派兵を合憲と認める。本章1参照）も考慮し，「各国政府や議会の

決定に委ねる」として強制されなかった。旧東欧・バルト3国との定期協議のために，常設合同評議機関の創設も決まった（旧ソ連・CISは除外）。この会議では，NATOの新たな役割とアメリカのヨーロッパ防衛への関与が承認され，他方，WEUがEU発展の不可欠の要素であると同時に，NATOの基礎の強化とCSCE支援のための機能をもつことが確認されたのである。

1994年1月にブリュッセルで開催されたNATO首脳会議の直前にクリントン米大統領は，「平和のためのパートナーシップ（Partnership for Peace；PfP）」協定構想を含む欧州安保のための包括提案を行った。そこでは，ヨーロッパの安定はアメリカの国益にとって中心的な問題であることを確認しながら，アメリカの欧州安保への責任および欧州安保におけるNATOの中心的役割，NATO内の欧州の役割強化を確認していた。

①NATOの組織と資源を調整し，WEUの活動にNATOの兵力，装備（通信設備など）を提供（貸与）すること，②アメリカ抜きの欧州諸国によるヨーロッパ内でのPKOなどでの共同行動，③NATO加盟国が旧東欧諸国と共同でPKOを展開するための「共同統合任務部隊」の検討，④先に述べたPfP協定調印および合同演習計画の実行，などがその内容であった。ここに冷戦終結後の米欧関係の安全保障上の摩擦は一応決着をみた，といえよう。

しかし，米欧間での角逐がまったくなくなったわけではない。ブリュッセル会議以後の一連のNATO首脳会議では，西欧の主体性＝「NATOのヨーロッパの柱」とアメリカのヨーロッパ関与の両立が主張された。アメリカはNATOの防衛範囲の拡大を支持するが，仏独などはこの域外軍事行動の範囲を無制限に拡大することには強い懸念を抱いている。1999年のNATO首脳会議でも，コソヴ

ォ紛争をめぐるNATOの行動に対して,シュレーダー独首相は「例外的介入措置」とした。

また,軍事介入に対する国連の許可が必要か否かという点も争点である。1999年3-6月のNATOによるセルビア空爆は,ロシア・中国の拒否権発動の懸念から,安保理の決議のないまま「自己委任」という形で実行された。これについても,国連安保理の公式の承認がなくとも軍事行動が可能とするアメリカと,それに反対するフランスなどとの間で対立があった。フランスは95年のシラク大統領誕生後,国防相参謀総長会議などへの代表の出席を再開し,正式にNATO軍事機構に復帰したわけではないが,現実にはNATOの一員としての行動をとっている。それだけに,無制限に軍事行動の範囲が拡大することに対するヨーロッパの警告を代表した形となった。大量破壊兵器・生物兵器などの使用禁止についても,欧州諸国は内政干渉と過剰関与の懸念から慎重であった。

3 ヨーロッパ統合プロセスの発展

1992年のヨーロッパ市場統合

1985年にEC委員会委員長に就任したフランス社会党の領袖ドロールは,70年代から80年代前半の「暗黒の時代」と称されたEC統合の停滞(長期化した不況,失業者の増大,先端技術分野での日・米への遅れ)の打開を目的として,92年末のEC域内市場統合(単一市場)を提唱した。しばしばヨーロッパ統合は,アメリカの経済力に対抗したヨーロッパの自立志向として説明される。しかし,実際には各国の窮状を,1国単位ではなく,各国が協力する中で克服し,

「規模の経済」メリットによって各国の経済・社会を活性化させようという試みであった。その意味では，統合は「国境を越えたリストラ」である。

　1985年6月のミラノでの欧州理事会（EC首脳会議）で合意された域内市場白書は，ローマ条約にも謳ってある「人・物・財・サービス」の自由移動をめざした，いわば規制緩和のための具体的な市場統合計画であった。同白書において，物理的・技術的・財政的な3つの分野での障壁撤廃に必要な措置として，279項目の具体的な指令が示された。88年3月に発表されたチェッキーニ報告は，92年の市場統合段階での利益試算報告である。潜在的な経済利益を2000億ECU（EC／EUの計算単位），非関税障壁撤廃による規模の利益と競争の結果を1700-2500億ECUと計算した。87年に発効した単一欧州議定書は，ローマ条約以来30年ぶりのECの制度上の変更であり，閣僚理事会の意思決定事項の3分の2を全会一致方式から特定多数決制へ変更することで決定の促進がはかられた。閣僚理事会の議決が全会一致を原則としたことから，未決の案件が山積しており，深刻な問題となっていた。上に述べた指令のうち約3分の2が，この方式による決定の対象であった。

　域内市場白書に示された先の指令・規則案のうちの95％が，1992年末までに閣僚理事会で採択された。たとえば，域内国境の通関チェックは全廃され，動植物検疫の多くも廃止された。EU単一免許による域内の支店設立・営業や航空運賃が自由化された。企業の合弁・買収（M＆A）は1990年には84年の3倍を記録し，80年代後半のEC産業の生産性は年平均4-6％上昇した。92年末のEC委員会の最終レポートは，市場統合は「成功」したと勝利宣言した。

EU条約

理論的には、「市場統合」に続くその後の目標は、さらなる統合の発展をめざした「経済・通貨統合」「政治統合」の段階にいたることである。

1991年12月のマーストリヒトでの欧州理事会で合意され、93年11月に発効したEU条約（マーストリヒト条約。EUについては、「欧州連合」と「欧州同盟」の両訳がある）は、このヨーロッパ統合段階の一層の前進と将来展望を具体的に示したものであった。それは、冷戦の終結とドイツ統一によって統合の過程が促進されたことでもある。

EU条約は、1987年の単一欧州議定書をさらに踏み越えて、ローマ条約を全面的に改正したものであった。それは、ECを構成する基本3条約に対する修正と2つの政府間協力という、3つの柱から成っている。実際、基本条約には、①欧州議会の権限の大幅な拡大などの制度改革、②経済通貨同盟の第2、第3段階の具体的規定、③ECの政策領域の再定義と拡張、④欧州市民権の規定、が明記されている。そして政府間協力として考えられたのは、共通外交・安全保障政策（CFSP）と司法・内務協力の分野であった。

しかし、EU条約の調印は困難なプロセスをともなっていた。1990年12月のローマ欧州理事会でローマ条約改正のための政府間会合が設置されたが、91年6月のルクセンブルク欧州理事会では合意が得られなかった。マーストリヒト会議直前まで、英独仏間では連日のように首脳会議が開催された。合意は困難、という悲観的観測も一時は流れていた。それだけに、条約調印の成果は大きく喧伝された。「後戻りはできない」という各国首脳の不退転の決意が最終的に、争点を先送りした妥協を成立させた。「現実主義の勝利（妥協）」であった。イギリスとデンマークは通貨統合参加義務を免除（オプト・アウト＝適用除外）され、イギリスの主張で「連邦」の表現

や社会労働政策に関する条項は削除された。

しかし、EU条約の発効は予想以上に難航した。1992年6月にデンマークが条約の批准を国民投票で拒否したために、条約は予定の93年1月には発効することができなかった。加盟12カ国すべての批准によって同条約が発効する、という規定があったからである。欧州委員会への権限集中や主権喪失への心配、統合によってデンマークの発達した社会福祉制度の維持が難しくなるという懸念があった。統合の勢いを回復するために行われた92年9月のフランスの国民投票も僅差の批准承認という結果に終わり、かえってEU条約に対する人々の懐疑や懸念を浮き彫りにすることになった。

結局、1992年12月のエディンバラ欧州理事会では、デンマークに対する特例（通貨統合不参加、共通防衛政策参加選択自由、「欧州市民権」による拘束を受けない）を容認することによって同国の条約批准を容易にする方針がとられた。この結果デンマークは、再度行われた93年5月の国民投票でEU条約を批准した。

他方、批准が危ぶまれていたイギリスも紆余曲折の末、1993年7月に批准に成功した。イギリス政府は、同条約と関連づけた内閣信任案で解散風をあおって保守党議員の政府案支持をとりつけた。93年10月にドイツ憲法裁判所がEU条約の合憲性を認め、翌月、同条約は正式に発効した。

経済通貨統合の前進

マーストリヒト条約による大きな前進の1つは、経済・通貨同盟に関するものであった。1994年に暫定機関として欧州通貨機構（EMI）を設立して第2段階を開始させ、その後、早ければ97年から、遅くとも99年から第3段階として中央銀行を設立し、半数以上の加盟国が基準を満たした場合に単一通貨を導入する。また、そのための高度の物価安定の

達成や，財政状況の健全化，少なくとも ERM（欧州通貨制度の為替メカニズム）が規定する変動幅を守ることなどの面で，クリアすべき具体的基準が示された。

1989年に発表された「ドロール委員会報告」が3段階の通貨統合のための道筋を示し，90年7月からは，その第1段階として資本移動の自由化が開始されたが，第2段階以後については容易に合意に達しなかったのであった。

しかし，1992年8月から9月にかけてはポンド・リラ危機とイギリス，イタリアの ERM からの離脱があり，また92年にはドイツ連邦銀行の介入によってかろうじて一息ついていたフランス，デンマーク，スペイン，ベルギーなど ERM 参加国通貨が，93年7月末には軒並み対マルクで急落した。そこで，欧州通貨危機の回避のための EU 蔵相・中央銀行総裁緊急会議は8月，ERM の許容変動幅を，それまでの上下2.25％（一部6％）から同15％（ドイツ・マルクとオランダ・ギルダーは従来の変動幅2.25％を維持）へと大幅に拡大することに合意した。

通貨統合をめぐる各国の思惑も，その時々の経済情勢を背景にして錯綜していた。1992年秋，フラン防衛には積極的に協力したにもかかわらず，その直前のポンド危機では拱手傍観した格好となったドイツの態度に，イギリスは強く反発した。他方，欧州復興開発銀行（EBRD）の本部がロンドンに置かれ，初代総裁にミッテランのブレーンのアタリが就任したことは，ドイツに対抗した英仏共謀の画策であった。他方，91年春に英独は通貨統合に消極的姿勢を示してフランスを牽制した。

1994年1月からは，第2段階として EMI が発足した。しかし，ラムファルシーEMI 総裁が就任直後に予測したように，通貨統合

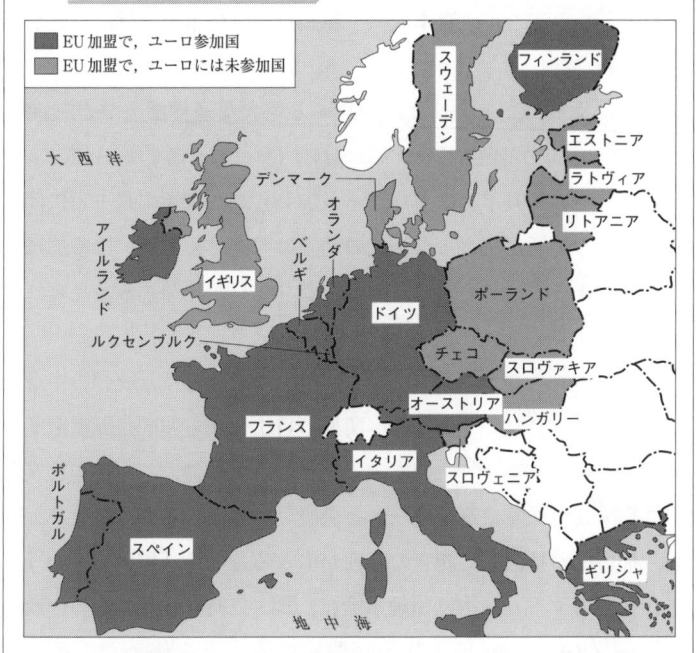

図6-1 EU加盟国とユーロ参加国

- ■ EU加盟で，ユーロ参加国
- ■ EU加盟で，ユーロには未参加国

（地図中の国名：スウェーデン，フィンランド，エストニア，ラトヴィア，リトアニア，デンマーク，オランダ，ベルギー，アイルランド，イギリス，ルクセンブルク，ドイツ，ポーランド，チェコ，スロヴァキア，オーストリア，ハンガリー，フランス，イタリア，スロヴェニア，ポルトガル，スペイン，ギリシャ，大西洋，地中海）

[注] EU加盟で，ユーロには未参加国は，他にマルタとキプロスがある。
[出典] EUROPEAN UNION 駐日欧州委員会ホームページ（2005年1月31日）。

がEU条約による最初の期限である97年に実現することはなかった。したがって，99年初の通貨統合の開始には加盟国は懸命になった。各国が苦しんだのは，財政赤字3％枠の克服であった。独仏などでは「粉飾」とも思われる財政債務の計算の操作が行われ，イタリアではユーロ税が試行された。98年3月には，EMIが通貨統合参加条件を満たした国として11カ国を発表した。条件を満たせなかったギリシャと，統合の第1陣には加わらなかったスウェーデン，そして適用除外を受けているイギリスとデンマークを積み残したま

ま，通貨統合は翌99年1月1日から開始された。実物通貨の使用はまだできなかったが，資本取引・預金などでは単一通貨ユーロが流通し始めた。

これによって，アメリカに匹敵する巨大な通貨圏（1999年当時，1日でアメリカの外国為替取引高は2444億ドル，11カ国では2610億ドル）が誕生した。2001年にはギリシャも加わり，2002年1月1日には現金ユーロの流通が始まった。この効果は大きく，実際には参加12カ国にとどまらず，50カ国に及ぶ地域でユーロが流通すると見られている。

拡大にともなう機構改革

ヨーロッパ統合の議論では，統合の中身が，貿易・関税の自由化から非関税障壁撤廃や資本・人などの自由移動，さらに通貨統合や外交・安全保障政策の統一へと発展していくことを「深化」と呼び，加盟国が拡大して統合の範囲が広がることを「拡大」という。

1995年のマドリード欧州理事会は，EU条約見直しのための政府間会議（IGC）を96年3月から開始することを決めた。それはCFSPの確立，EU拡大をにらんだ機構改革・意思決定の見直し，欧州議会の権限強化を大きな目的とした。中・東欧諸国への拡大交渉は，IGCの報告を受けて98年に開始された。

イギリスでの狂牛病騒ぎによって遅れたが，このIGCの成果を受けて，1997年6月にはアムステルダム欧州理事会で条約改正の基本的合意が成立した（アムステルダム条約）。その主な改正点は，①a．基本原則を遵守しない加盟国に対する権利停止条項の導入，b．多段階統合を認める「緊密協力・柔軟性の原理」（条件を満たした加盟国から統合に加わる）の導入，c．欧州議会の共同体決定手続・同意手続の適用範囲の拡張と，欧州議会の立法権限の強化，②CFSP

については，a．欧州理事会での「建設的棄権」（反対の場合，棄権によって決定を阻止することはしないが，自らはその決定に従う義務を免れる）の導入，b．理事会での加重特定多数決制の導入，c．WEUとの関係強化，d．CFSP上級代表と政策企画・早期警報ユニットの新設，③第3の柱である司法・内務協力の多くの分野（域外国境管理・難民庇護・移民などの人の移動の自由，シェンゲン協定）は「共同体化（EC条約に条文化）」によって第1の柱に移管し，第3の柱に残ったのは刑事関連（テロ，誘拐，麻薬など）の協力だけとなったこと，である。

1981年のギリシャ加盟（第2次拡大。第1次拡大については第4章2参照），86年のスペイン，ポルトガル加盟（第3次拡大）を経たのち，冷戦終結後の95年にはスウェーデン，フィンランド，オーストリアという中立主義先進国の加盟が実現した（第4次拡大）。その結果，加盟国数は15カ国となった。中・東欧諸国の市場経済化にともなうEUへの加盟の可能性は，冷戦終結直後以来，ずっと議論されてきた。2002年12月のコペンハーゲン欧州理事会は，バルト3国（エストニア，ラトヴィア，リトアニア）と，マルタ，キプロスを含む中・東欧（ハンガリー，ポーランド，チェコ，スロヴァキア，スロヴェニア）の，計10カ国の加盟を承認した（2004年5月，正式加盟）。2004年12月には，トルコの加盟交渉の開始も決定した。他方，機構改革にともなうEU憲法も2004年6月に採択された。

2000年12月に開催されたニース欧州理事会では，拡大にともなう制度改革が最大の争点であった。あらためていうまでもなく，経済的・政治的発展の格差のある国々を統合していくことは容易ではない。拡大のための体制作りが合意に達せず，先送りされてきたのも，それが理由である。ニース欧州理事会での制度改正は，加盟交渉国

12カ国に対して閣僚理事会の投票数や欧州議会の議席数拡大への強い政治的意志を内外に明示した(2004年に政府間会議〈IGC〉を開催して調整)。

 第1に,閣僚理事会の各国の持ち票数は加盟国間の人口比で定められ,独仏英伊の4国が各29票,最も少ないルクセンブルクが4票となった。総票数は,87票から345票に増加した。欧州議会議員数の各国配分では,ドイツだけが現状の99議席(英仏伊は72議席に減席)を維持した。

 第2に,欧州委員会の委員数では,大国が2人分を持つ委員数を,大国も1カ国1名ずつにすることが決定した(各国配分数未決定)。

 第3に,分野別の多数決制導入は実現しなかった。イギリスが税制と社会保障分野で,フランスは文化(映像・放送)分野で,ドイツも移民分野で,スペインは地域援助(構造基金)の配分での多数決制を拒否した。大国のエゴが直に反映された。

 第4の課題であった先行統合だけが決定された。政策統合を進める際に,加盟国数の半数である最低8カ国以上の参加で先行統合が可能となることが決定されたのである。この措置は,単一通貨導入や人の移動の自由に関するシェンゲン条約の発効で,すでに実施されている。先行統合は軍事・防衛分野を除いて,共通外交・安全保障政策,司法・内務協力などにも適用される。

 こうした結果に各国の人口数を重視する措置の決定が加わることで,決定手続きは実質的に三重投票制になった。すなわち,理事会決定には,第1に加盟国の半数以上(現在8カ国,将来的には14カ国)の賛成,第2に閣僚理事会の特定多数,そして第3に要請のあった場合にはEU総人口数の62%以上(各国の理事会持ち票数を人口に換算した合計比)の賛成が必要となったのである。

多様な加盟国の間の調整が必要とされる中で、最近では、統合が大国主導の下での国益調整型の統合パターン（国家連合主義）へと傾斜しつつあるという指摘も多い。民主的な制度改革によるガヴァナンス（民主的な制度やルールの柔軟な適用による多次元交渉システム）がどれだけ可能なのか、EUは拡大にともなって新たな試行錯誤の時を迎えている。2001年12月のラーケン欧州理事会では、新たなEUの将来像を模索するための協議会の設立が決定された。議長にはジスカール＝デスタン元仏大統領が決まり、EU基本条約の再改正、欧州議会の立法権限強化、欧州委員長の直接選挙などについて討議する。

政治統合の発展

　1987年に発効した単一欧州議定書は、70年に加盟国間の外交面での共通行動を目標として発足したEPC（政治協力）を条文に明記した。EPCは一種の「紳士協定」から法的拘束力をもつようになった。そして、常設事務局の設置が定められ、EPCは協議・調整機構となった。

　EPCは、1970年代にはCSCEやユーロ＝アラブ対話で、シビリアンの準備会合や調整グループの設立などに貢献した。82年のポーランド危機の際のソ連からの輸入制限（ギリシャは不参加）や、同年のフォークランド紛争にともなうアルゼンチンへの経済制裁、86年からの南アフリカへの経済制裁などの例があった。

　しかし、政治統合の加速化には、冷戦の終結がその大きな契機となった。それまでにも、1979年末のソ連軍のアフガニスタン侵攻を境に、EPCの安全保障面での協議や共同防衛政策の必要性が認識され、ロンドン報告やゲンシャー＝コロンボ提案（ともに81年）、85年のドゥーグ報告にそれは示されていたが、90年8月に勃発した湾岸危機はその大きな契機となった。同年11月の多国籍軍出動以後、

翌91年2月の戦争終了まで，EC各国の対応は必ずしも一致せず，共同防衛の重要性は一層明瞭となった。92年2月の共通外交・安全保障政策に関するイタリアの提案や，政治統合推進を主張した独仏声明は，共にWEUをヨーロッパ統合に活用することを提唱していた。こうして政治統合への動きは本格化していった。

EU条約によってEPCはCFSPに代わった。その規定の前文では，将来の共同防衛を構想し，ヨーロッパおよび世界における平和，安全保障および進歩を促進するためのヨーロッパの独自性が表明された。①EUの共通価値，基本的利益，独立の保護，②EUおよび加盟国の安全保障の強化，③民主主義，法の支配，人権および基本的自由の尊重の発展と確立，が目的とされた。たとえば，ボスニア＝ヘルツェゴヴィナに対する人道的支援，モスタル（ボスニアのクロアチア人居住区）の管理，ロシア連邦議会選挙（1993年12月）に対する監視団派遣，南アフリカ共和国の選挙監視，欧州安定条約締結，中東和平に対する支援決定などである。

1995年3月にOSCEパリ会議で採択された欧州安定条約は，CFSPの最初の成功例であった。EU条約は，CFSPの5項目の共同行動の1つとして「欧州の安定」を掲げているが，この条約は，バルト3国と東欧6カ国を対象にして，国境や少数民族などにかかわる顕在化していない紛争を未然に防ぎ，EU加盟への準備を促すことを目的とした。

欧州共通防衛政策への躍進

必要性が痛感されていたにもかかわらず，共通防衛政策はなかなか具体的な進展を見なかった。1999年12月のヘルシンキ欧州理事会は，その大きな画期となった。EUは，NATOが関与しない領域での国際危機に対応するため，自らが主導して軍事行動をとれ

ることになったのである。加盟諸国は協力して，60日以内に展開可能で，少なくとも１年間の軍事行動が継続可能な5-6万人規模（6万人に確定）の緊急展開部隊の2003年の創設を決定した（その後，期限を延長）。2001年３月には，その具体的な準備にあたる政治・安全保障委員会，軍事委員会，軍事専門家委員会という３つの委員会が発足した。2000年12月のニース欧州理事会は，これらの委員会の役割や実践的運用について具体的な措置を決定した。さらに，2001年９月のアメリカでの同時多発テロ事件の影響を受けた同年末のラーケン欧州理事会では，イギリスの強い意向にも押されて，2002年中に共通政策実施の準備が整うよう目標日程は前倒しされた。

共通安全保障・防衛政策の急速な発展には，ボスニア＝ヘルツェゴヴィナとコソヴォでの紛争に対して欧州諸国が効果的な手段をとれなかったことへの反省がある。とりわけ，1999年のNATOのセルビア空爆によってもたらされたEU諸国の無力感は大きかった。それに加えて，イギリスが従来のNATO中心の姿勢を修正し，ヨーロッパの主体的防衛の推進に積極的になってきたことがあげられる。1998年12月の英仏首脳会議（サンマロ）が欧州共通防衛政策（CEDP）についての合意を明らかにしたことは，その大きな契機となった。政治統合にとって，イギリスのアメリカ寄りの姿勢が最大のネックとなっていたからである。

EUが独自の部隊を編成するというと，EUの軍隊が設立されると理解される向きがあるが，そうではない。EUの共通防衛政策とは，あくまでも危機管理のための緊急展開部隊を意味する。冷戦終結後の地域紛争に対して，できるだけ機能的で効率的な危機管理・紛争予防の手段を提供することが目的なのである。

ニース理事会では，危機管理のための兵力・装備・運用メカニズ

ムなどを含む具体的な取り決めを定めた，欧州安保防衛に関する議長声明が発表された。そして先の3委員会が常設機構化され，WEUは解消せず，総会や事務局を残しているが，情報収集のための衛星センターとパリの安全保障研究所に移管した。さらに，NATOとの協力調整，特にNATOの装備・指揮系統などに協力を求める際のメカニズム形成の検討もなされ，今後の詰めの方向も明らかにされている。

4 NATOの東方拡大

ヨーロッパの一体性回復への道

ソ連が1991年末に解体したことは，ヨーロッパの安全保障環境に大きな影響を与えた。このことは2極体制の崩壊のみならず，ヨーロッパの一体性回復を促す効果を持った。さしあたって，中・東欧を含めたヨーロッパ統合の制度化の柱として期待されたのは，EUとNATOであった。

EUが当初期待されたのは，軍事同盟であるNATOと違い，ロシアの反発を引き起こす可能性が低いと思われたからである。しかし，EUは新規加盟に際して条件を課していた。1993年6月のコペンハーゲンでの欧州理事会で明らかにされた中・東欧諸国の加盟条件は，①民主主義・法の支配，人権，少数民族保護を保証する諸制度が整備されていること，②市場主義経済が機能していること，③政治・経済・通貨統合を支持し，加盟国としての義務を履行する能力があること，であった。これらはいずれも，加盟希望国の経済改革や国内法の整備を必要としていた。

冷戦後の中・東欧各国における経済改革の進捗状況は，ポーランド，チェコ，ハンガリー，スロヴェニアなどの改革先進国と，ルーマニア，ブルガリア，スロヴァキアなどの改革後進国との間で差を生み出していた。とはいえ，改革先進国でさえ改革開始当初はハイパーインフレに見舞われ，高失業率に悩まされた。これらの国の経済が1989年水準に達したのは，ようやく97年前後になってからのことであった。

　EU拡大を念頭に，中・東欧各国の政治経済状況を調査した欧州委員会は，1997年7月に「アジェンダ2000」と題した報告書を公表した。ここでは加盟交渉対象国をキプロス，ポーランド，チェコ，ハンガリー，スロヴェニア，エストニアの6カ国とすることが提言され，それに基づいて98年3月から加盟交渉が開始された。他方，経済改革の進展の遅れなどから加盟準備国とされた6カ国（ラトヴィア，リトアニア，スロヴァキア，ルーマニア，ブルガリア，マルタ）についても，99年12月のEU首脳会議で2000年から加盟交渉を開始することが決定された（田中，1998）。しかし，中・東欧諸国によるEUへの最初の加盟は，早くても2004年以降と見られている。

　このようにEUが新規加盟に際して厳しい条件を課したのに対して，NATOはもっぱら政治的判断で加盟が可能と考えられていた。そのため中・東欧諸国首脳は，ソ連が解体した1991年ごろからNATOの東方拡大を求め，文字通り列をなしてNATO本部のあるブリュッセル詣を行った。NATOはそもそも，ソ連・東欧ブロックの軍事的脅威に対抗することを一義的な目的としていた。それが，2極体制が崩壊したのちになってもワルシャワ条約機構のように解体されることなく，それどころか大変な求心力を発揮していたこと自体，NATOが戦後最も成功した軍事同盟として信頼されて

いることの証であった。

ところで，NATOの構成国拡大は，冷戦後が初めてのことではなかった。NATOの歴史をたどるならば，国際環境の変化にあわせ3回にわたって拡大を繰り返してきた。

第1が，1952年のトルコとギリシャへの拡大である。これはNATO創設当初から検討されていたもので，当時，ソ連が黒海から地中海への出口（ボスポラス＝ダーダネルス海峡）に関心を持ち，やがてギリシャやトルコの共産主義者と連動して，両国をソ連の勢力圏下に収めるのではないかという懸念があった。そこで両国の反共保守勢力，反ソ勢力を支援するためにNATOを拡大したのである。

第2は，1955年の西ドイツの加盟で，これは欧州大陸の防衛のためには，西欧最大の人口を持ち，第三次世界大戦勃発の折には主たる侵略ルートになると思われた西ドイツをNATOに組み入れることが，軍事戦略上，不可欠だというものであった。

第3は，1982年のスペインの場合で，これは独裁者フランコが死去したのちにあたり，西側はカルロス国王の下で民主化が進むことを期待していた。NATOは，ここでは軍事戦略ではなく，民主主義や法の支配を擁護するとともに，バスクやカタルーニャなど少数民族問題の平和的解決を促し安定化をはかる目的でスペインに拡大した（Kaplan, 1994）。

では，冷戦後に大きな脅威もなくなった中・東欧諸国は，いかなる理由でNATO加盟を求めているのか。まずその論理を確認しておきたい。

中・東欧諸国による NATO 加盟の論理

中・東欧諸国は冷戦終焉直後の一時期, CSCE の制度化・機能強化による安全保障確保をめざしたのを除くと, ほぼ一貫して NATO 加盟に関心を示していた。とりわけ, 1993年8月にワルシャワを訪問したロシアのエリツィン大統領が, ポーランドの NATO 加盟希望について, それまでの反対をくつがえして了承する意向を示したことから, 中・東欧諸国は公式に NATO 加盟要求を打ち出すにいたった。ロシアは, 翌月には米英独仏首脳への書簡の形でワルシャワでの了承を撤回し, あらためて NATO の東方拡大に反対を表明したが, 中・東欧諸国の NATO 加盟への期待は大きく膨らんだ。

「ソ連」が「ロシア」に縮小した結果, 中・東欧諸国にとっては安全保障上の脅威感は減少した。かつてソ連と国境を接していたチェコ, スロヴァキア, ハンガリーなどの国々は, ベラルーシやウクライナが独立したため, 国境を接しなくなった。ポーランドにしても, ロシアの飛び地「カリーニングラード」と接するのみとなった。

また, アメリカとの核軍縮交渉や欧州通常戦力 (CFE) 削減交渉によって, ロシアの軍事力は大きく低下した。政治システム, 政策決定過程も, ソ連時代に比べれば民主的になった。その意味で現在, 客観的には中・東欧にとってロシアが脅威となっているとは言い難い。では, なぜ中・東欧各国とも熱狂的に NATO 加盟を求めているのだろうか。

NATO 加盟に最も熱心であったポーランドの外務省欧州統合局長トゥピクは, 1995年6月のクラクフでの演説の中で, NATO 加盟を求める理由についてふれている。そこで彼は, NATO が今や単なる集団防衛機構ではなく, 民主主義や人権を守る機構であり,

ヨーロッパの安定の基本的要素であると規定した上で，NATO が そのように変容したからこそポーランドは加盟を求める，という立場を明らかにした。すなわち，先に述べたスペインのケースと似ていて，NATO 加盟が民主主義を支え，法の支配を貫徹させ，近隣諸国との民族問題解決を促進することへの期待である。チェコやハンガリーも，ニュアンスの違いこそあれ，同じような見解に立っていた。

しかしこれらの理由は，各種世論調査での高い支持率に裏打ちされた熱狂的な加盟要求の背景を，十分に説明していると言えるだろうか。たとえば，ポーランドやチェコ，ハンガリーなど，いわゆる改革先進国は，NATO 加盟前の1990年代半ばの段階で，すでに十分，経済システム転換を達成しつつあり，民主主義や法の支配も着実に定着しつつあった。

ここに興味深い研究データがある。これは，EU 委員会によって1995年に実施された世論調査「中・東欧ユーロバロメータ」を用い，中・東欧各国の NATO 加盟支持を多変量回帰分析によって検討したものである。この研究によると，中・東欧各国における世論の NATO 加盟支持に最も相関が高かった要因は，過去にロシア（ソ連）に侵略された経験であった。とりわけ，戦後の冷戦期よりも第二次世界大戦初期に侵略された歴史的経験との相関関係が，より高かった (Kostadinova, 2000, p. 246)。すなわち，中・東欧各国の NATO 加盟要求の背後には，やはり民族の集団記憶としての歴史的脅威感が存在しているのである。また，第二次世界大戦勃発直後，ヨーロッパがまだ分断されていない時代にソ連によって侵略された経験のある国の方が，NATO 加盟支持が強いということは，NATO 加盟がヨーロッパの一体性回復の象徴となっていることの

表れとも言えよう。

**NATO 東方拡大への
アメリカの政策と PfP**

中・東欧諸国による NATO 加盟要求に対して，ソ連崩壊後のアメリカは，ロシア第一主義のタルボット国務副長官を中心に，ロシアとのパートナーシップを重視して新秩序構築をめざした。アメリカは1990年から91年の湾岸危機／戦争においても，92年からのボスニア紛争においても，ロシアとの協調関係を重視して紛争解決にあたっていた。

アメリカが東方拡大に消極的であった理由は，明確な脅威が存在しない，加盟国が多くなると同盟としての凝縮力や効率性が損なわれる，新規加盟国の NATO との「相互運用性（インターオペラビリティ）」を確保するには莫大な投資が必要となる，伝統的にロシアの勢力圏であった地域の NATO 加盟はロシアの安全保障を必要以上に刺激し，ヨーロッパ新秩序構築が円滑に進まなくなる，中・東欧の民族紛争を同盟の内側に抱え込むことは NATO の強さと信頼性を損なう，などであった（Solomon, 1998）。

他方，中・東欧諸国は，ヨーロッパ統合への参画の証として，NATO の東方拡大を強く求めていた。アメリカとしては当時，ボスニア紛争のような地域紛争が勃発する一方で，EU の東方拡大が早くても2000年以降となることがわかっていただけに，ヨーロッパ新秩序の安定のために何らかの枠組みを必要としていた。

そこで，いわば妥協案のようにして出てきたのが，1994年1月発表の「平和のためのパートナーシップ（PfP）」であった。これによって NATO は，同盟としての機能を損なうことなく，中・東欧との間に軍事・安全保障面での恒常的なつながりができたのである。NATO 加盟実現という基準からすれば，「加盟」への明確な手順を

欠いていたPfPは、中・東欧諸国にとって確かに期待外れの構想であった。とはいえ、PfPはまったくの失望というわけでもなかった。

そもそもPfPの大きな特徴は、参加国がまず共通の枠組み文書に署名した上で、NATOに対して自らの希望と能力に応じたプログラムの提案文書を提出し、それに基づいてNATOと協議しながら個別プログラム（Individual Partnership Programm; IPP）を作成するという、2者間取り決め方式となっていることである。たとえば、NATO加盟を強く希望していたポーランドはこうした点に着目し、ルーマニア、リトアニアに続いて、早くも1994年2月に枠組み文書に調印した。その上で、4月にはプログラムの提案文書を提出し、5月に入って個別プログラム作成のためのNATOとの交渉に積極的に取り組んだ。

さらにポーランドは、IPPをめぐるNATOとの交渉の中で、NATO加盟の必要性を強調し、IPPの前文において明確に同盟への正式加盟を求めていることが確認できるような文言の挿入を要求した。NATOは当初、国際連合平和維持活動（PKO）、災害救助、人道援助などの活動に重きを置いていたため、ポーランドの要求に難色を示したが、結果的にポーランド側の要求が受け入れられ、1994年7月に初年度のIPPが合意された。

ポーランドはこうして、最初の2年間で230余りの個別プログラムを実施した。その中には、単なるPKOや人道援助の枠内にとどまらないタイプの演習も含まれていた。なかでもとくに、C^3I（指揮、統制、通信および情報）と防空システムにかかわるものが重視されていた。これらは、通常の部隊運用の際の相互運用性を向上させるという観点から、ポーランド側が提案して実施された

図6-2 ヨーロッパの重層的安全保障構造 (2005年1月現在)

```
OSCE
┌─────────────────────────────────────────────────────────────┐
│  NATO                                          EAPC         │
│   カナダ                                                     │
│   アメリカ                                                   │
│              アイスランド                          PfP       │
│  アンドラ     ノルウェー                                     │
│  リヒテンシュタイン トルコ                                   │
│  モナコ       ルーマニア         アルメニア    ベラルーシ    │
│  サンマリノ   ブルガリア          アルバニア    カザフスタン │
│  セルビア＝                      アゼルバイジャン タジキスタン│
│   モンテネグロ                   クロアチア    キルギス      │
│              EU                  グルジア     トルクメニスタン│
│   デンマーク  イギリス  オーストリア マケドニア ウズベキスタン│
│   ベルギー    チェコ    フィンランド モルドヴァ              │
│   フランス    ハンガリー アイルランド ロシア                 │
│   ドイツ      ポーランド スウェーデン スイス                 │
│   ギリシャ    スロヴァキア          ウクライナ               │
│   オランダ    スロヴェニア                                   │
│   ルクセンブルク エストニア       ヴァチカン                 │
│   ポルトガル  ラトヴィア           ボスニア＝                │
│   イタリア    リトアニア           ヘルツェゴヴィナ          │
│   スペイン                                                   │
│              キプロス                                        │
│              マルタ                                          │
│ 欧州審議会                                                   │
└─────────────────────────────────────────────────────────────┘
```

(Waszczykowski, 1995)。このことは，チェコ，ハンガリー，ルーマニアなど，早くから NATO 加盟を目標としていた国々では共通して見られた現象であった。

PfP は発表当初，明確な加盟への展望を明らかにしていなかった。安全保障についても，わずかに，問題が生じた場合 NATO は「協議」に応ずるとしたのみで，何ら言質は与えられなかった。そこで加盟を強く希望するポーランド，チェコやハンガリーは，PfP の持つ個別性に着目し，NATO の軍事構造と自国軍の相互運用性を向上させるような IPP を通して，加盟をいわば中欧側から引き寄せようとしたのであった。こうした中・東欧側の加盟努力に大きなインパクトを与えたのが，ボスニア紛争であった。

> ボスニア紛争の
> インパクト

1992年初めの独立をめぐる住民投票に端を発したボスニア紛争は、EUや国連による調停努力が次々に挫折する中、95年に大きな転機を迎えた。その年の夏、NATOは国連安保理の支持の下、ついに大規模空爆を実施した。同時に地上で、それまでセルビア系勢力の攻勢を許してきたムスリム系・クロアチア系両勢力が、いっせいにセルビア系勢力の支配する地域を攻略して地域的挽回をはかり、3勢力間にそれまでのセルビア優位から一転して戦略的な均衡状態が生まれた。その結果、11月にアメリカのオハイオ州デイトン市郊外のライト・パターソン空軍基地でアメリカと3勢力首脳の会議が開催され、ボスニアの2分割（ムスリム系・クロアチア系51％、セルビア系49％）を基本原則とする包括的和平協定が合意された。

NATOはこの包括協定により、国連から軍事的側面の実施についてマンデート（委任された権限）を付与された（国連安保理決議第1031号）。NATO主導の多国籍軍派遣については、すでに8月に国連安全保障理事会によって提案されており、9月にNATO理事会で兵力6万人規模の陸上部隊の派遣が承認され、準備が開始されていた。12月16日にNATO主導の平和実施部隊（Implementation Force; IFOR）が結成され、停戦継続の監視、定められた停戦ラインへの兵力引き離し、重火器の撤収促進、国連防護軍の安全で迅速な撤収の援助、ボスニア上空の空域確保にあたることとなった。

IFORはNATOの指揮・命令系統に服すこととなり、最高指揮権はNATO欧州連合軍司令官に与えられた。IFORには、NATO加盟国のほか、18カ国の非NATO加盟国が参加し、そのうちムスリム系勢力に配慮した4カ国（パキスタン、バングラデシュ、マレーシア、エジプト）以外は、すべてPfP参加国であった。

アメリカは，PfP 参加国が IFOR へ参加することを重視した。クリストファー国務長官は1995年12月，ブリュッセルでの NATO 閣僚級理事会で，PfP 参加国にとっての IFOR 参加の持つ意味合いを，明確に次のように述べていた。

「われわれのボスニア派遣部隊には，中・東欧の新しいパートナー国も加わることになっている。過去2年間，われわれは PfP の下で数多くの共同演習をやってきた。……いまやその演習の成果が，重大な意味を持つ現場で示されるだろう」

その上でクリストファー長官は，1995年9月に公表された『NATO 拡大研究』が加盟希望国にとっての義務を明らかにしたこと，IFOR への参加は PfP への積極的な参加とならんで，まさにその義務にあたることを，直截に次のように述べている。

「『NATO 拡大研究』は……われわれの拡大に向けての取り組みの基盤となる。この研究は，NATO 加盟希望国が，現加盟国と同様の義務を果たさなければならないということを確認している。……NATO 麾下の IFOR に参加することで加盟希望国は，自分たちが NATO の広範な義務を果たす用意があり，また果たすことが可能であるということを示すだろう」(*U.S. Department of State Dispatch*, Dec., 1995)

NATO にとって IFOR は，冷戦後の新しい機能を示すものであった。ワシントン条約の「領域」の外で，ロシアを含む PfP 参加国と協調しながら国連の承認の下に PKO を行うことは，NATO 自体が冷戦後のヨーロッパ新秩序構築において中心的役割を担う上で，またとない効果的デモンストレーションであった。それゆえアメリカは，加盟希望国が NATO と共同行動可能な一定の兵員（マンパワー）を提供するよう求めた。IFOR は，いわば機能的拡大と

構成国拡大という2つの拡大にとって，重要な試金石となったのである。

こうしてアメリカは，NATOの東方拡大支持へと政策を変えた。それは，NATOの新しい機能をアピールしたいというアメリカの思惑と，PfPを通して高い相互運用性を示した中・東欧諸国側の努力との相互作用だった，と言えるだろう。

NATO東方拡大の方針は，アメリカの大統領選挙戦のさなかに公表された。1996年10月，クリントン大統領は選挙キャンペーンの一環として，ポーランド系を中心に東欧系の移民で民主党票の多いアメリカ中西部の中心都市デトロイトで遊説を行った。その際クリントンは，99年までに最初のNATO東方拡大を行うとのタイムスケジュールを，初めて明言した。そしてワシントン条約締結50周年にあたる99年3月，ポーランド，チェコ，ハンガリーは正式にNATOに加盟国として招聘され，冷戦後のNATOの東方拡大が始まった。

同時にNATOは，1997年5月にNATO＝ロシア憲章を締結した。この憲章は「NATO＝ロシア常設合同評議会」設置を定めていた。これによってロシアは，他の中・東欧諸国とは別に，NATOとの間で特別の協議枠組みを与えられた。これはNATOの東方拡大に際しての，ロシアへの配慮であった。

ヨーロッパ新秩序構築へ

NATOの東方拡大をめぐる論争の背景には，冷戦後のNATOの機能とヨーロッパ新秩序に対する認識の差があった。東方拡大推進論は，NATO自体の機能的拡大を前提とし，NATOが中・東欧諸国を取り込むことでそれら諸国の民主主義を下支えしながらヨーロッパ統合を推進し，同時に地域紛争，大規模組織犯罪，国際

テロなど「新しい脅威」に積極的に取り組むことでグローバルな安全保障に貢献しうる，と主張した。これに対してロシアを含めた東方拡大反対論は，NATOの集団防衛同盟としての機能に留意し，東方拡大がヨーロッパのパワー・バランスを崩し，ロシアの伝統的な安全保障上の利害を損ない，やがてはロシアに民族主義的勢力の台頭を促して，民主化を逆行させることへの懸念を表明してきた。

歴史的に振り返ってみれば，第二次世界大戦後の冷戦的対立も，国際連合を中心とした集団安全保障による国際協調の制度化を構想したアメリカ，イギリスと，国家安全保障とイデオロギーの観点から隣接諸国への勢力圏構築を優先させたソ連との間の認識のギャップが埋まらずに発生した，という側面を持っていた。そうした経緯をふまえるならば，冷戦後の新秩序構築においても，NATOの東方拡大を推進するアメリカやヨーロッパ諸国と，これに反対するロシアとの間で，新秩序に対する認識の相違を埋めることは，きわめて重要な課題といえよう。

2001年9月11日に発生したニューヨークの国際貿易センターへのテロ攻撃は，そうしたNATOの東方拡大をめぐる状況にインパクトを与えた。この攻撃は，冷戦期に想定されていたソ連による大規模な奇襲攻撃ではなく，冷戦後の「新しい脅威」とされた国際テロによってなされたものであった。これに対してNATO理事会は10月2日，攻撃が国外からなされたものであることを確認した上で，これはワシントン条約第5条（集団的自衛権）の適用によって対処される事態であることを宣言した。

事件直後からアメリカを訪れたフランス，イギリス，ドイツなどヨーロッパ各国首脳は，国際テロとの戦いに最大限の協力を行うことを次々に誓った。とりわけ，NATOにあってとかく鬼っ子的存

在であったフランスのシラク大統領が，最も早くニューヨークに駆けつけてアメリカとの協力を約したことは，「新しい脅威」に対してNATOの枠組みで取り組もうとするヨーロッパ側の強い意欲を示していた。

ここで興味深いのは，ロシアの態度であった。ロシアは国際テロが冷戦後のグローバルな脅威であるという認識の下，NATO加盟国と同様に米，英のアフガニスタンに対する軍事行動への支持を明確にした。その上でロシアは具体的に，自国の勢力圏とみなしてきた中央アジアの旧ソ連構成国であるウズベキスタンやタジキスタン内の軍事基地を米軍が使うことを容認した。さらに，「NATO゠ロシア常設合同評議会」においてもロシアは，国際テロと戦うための情報交換と協議をNATOと緊密に行っていくことを明らかにした。

冷戦後においてもNATOを敵対的な軍事同盟とみなしてきたロシアのこうした政策の変化は，重要な意味を持っている。冷戦後の安全保障が，自由や民主主義を守るという点で欧・大西洋地域においては不可分であるという認識が浸透していけば，ロシアはNATOの東方拡大に対する反対を緩和する可能性がある。それどころか，論理的にはロシアがNATOに加盟する可能性すら出てくるであろう。こうしてヨーロッパ新秩序構築をめぐる認識の相違がなくなれば，NATOの東方拡大は，単なる軍事同盟の地理的拡大を意味するのではなく，ヨーロッパの平和と安定の拡大を意味するものとなろう。

［追記］
　2001年9月のニューヨークとワシントンでの同時多発テロ事件の影響は，米ロ関係の大幅な改善をもたらした。2002年5月には，国際テロや

大量破壊兵器の拡散など「新しい脅威」に共同で備えるために，従来の「NATO＝ロシア常設合同評議会」に代わって「NATOロシア理事会」が設置され，NATO＝ロシア関係はより緊密化された。その結果，同年11月のNATOプラハ首脳会議では，旧ソ連のバルト3国を含む7カ国（エストニア，ラトヴィア，リトアニア，スロヴァキア，スロヴェニア，ルーマニア，ブルガリア）の加盟が決定した（2004年3月に正式加盟）。

NATOは，イラク戦争をめぐって米欧対立を顕在化させた。アメリカの単独主義と，ドイツとフランスが主張する多国間主義の対立であった。ヨーロッパは安全保障面での非力を痛感し，独自のEU共通安全保障・防衛政策を進める必要に迫られている。先のNATOプラハ首脳会議ではNATO即応部隊（NRF）の創設が決定していたが，これに対抗して2003年4月では，フランス，ドイツ，ベルギー，ルクセンブルクの4カ国が欧州安全保障防衛連合（ESDU）創設を提案した。2003年には，EUの共通安全保障防衛政策（ESDP）の危機管理ミッションがボスニア，マケドニア，コンゴで行われた。同年末にはEUは「ヨーロッパ安全保障戦略（ソラナ報告）」を発表し，多国間主義や予防外交を強調して，2004年には人間の安全保障政策にまで踏みこんだ。

他方，エストニア，ラトヴィア，リトアニア，ポーランド，チェコ，ハンガリー，スロヴェニア，スロヴァキア，マルタ，キプロスの中・東欧10カ国は，2004年5月にEUに加盟した（第5次拡大）。同年12月の欧州理事会では，厳しい条件付ではあるが，トルコの加盟交渉の開始も決まった。米欧間の確執の一方で，統合の理念としての「ヨーロッパ・アイデンティティ」も揺らいでいる。

● 引用文献 ●

大西健夫・岸上愼太郎編，1995『EU 政策と理念』早稲田大学出版部。
大西健夫・岸上愼太郎編，1995『EU 統合の系譜』早稲田大学出版部。
大西健夫・中曾根佐織編，1995『EU 制度と機能』早稲田大学出版部。
金丸輝男編，1995『ECからEUへ——欧州統合の現在』創元社。
佐瀬昌盛，1997「ドイツ統一と『2＋4』交渉」『防衛大学校紀要（社

会科学篇)』第75輯（9月）。

佐瀬昌盛，1999『NATO──21世紀からの世界戦略』文春新書。

高橋進，1999『歴史としてのドイツ統一──指導者たちはどう動いたか』岩波書店。

田中俊郎，1998『EU の政治』岩波書店。

テルチク，ホルスト／三輪晴啓・宗宮好和訳，1992『歴史を変えた329日──ドイツ統一の舞台裏』日本放送出版協会。

松浦一夫，1998『ドイツ基本法と安全保障の再定義』成文堂。

雪山伸一，1993『ドイツ統一』朝日新聞社 ND Books。

Kaplan, Lawrence S., 1994, *NATO and the United States : The Enduring Alliance*, Twayne Publishers.

Kohl, Helmut, 1996, *Ich wollte Deutschlands Einheit*, Berlin : Propyläen.

Kostadinova, Tatiana, 2000, "East European Public Support for NATO Membership : Fears and Aspirations," *Journal of Peace Research*, Vol. 37, No. 2, pp. 235-249.

"NATO : Reaching Out to New Partners and New Challenges," *U. S. Department of State Dispatch*, Vol. 06, No. 51, 52 (December 1995).

Maull, Hanns W., 1995, "Germany in the Yugoslav Crisis," *Survival*, vol. 37, no. 4, Winter 1995-96.

Solomon, Gerald B., 1998, *The NATO Enlargement Debate, 1990-1997 : Blessings of Liberty*, Praeger.

Waszczykowski, Witold, 1995, "POLAND IN PARTNERSHIP WITH NATO", http://www.msz.gov.pl/english/indexang.html (1/11/2001).

●文献案内●

※ ここには，さらに読み進みたい読者のために，執筆に際して参考にした文献を中心に，入手しやすい単行本等を優先的に掲げた。

◆全体にかかわるもの◆

石井修『国際政治史としての二〇世紀』有信堂高文社，2000年
　＊第一次世界大戦につながる19世紀末の国際政治の複雑な事情から，今日までのグローバルな国際政治の展開を，エピソードを豊富に交えながらわかりやすく書かれた好著。

入江昭『二十世紀の戦争と平和〔増補版〕』東京大学出版会 UP 選書，2000年
　＊ハーバード大学歴史学部教授でありアメリカ外交史研究の大家である著者による，20世紀国際関係史。「国際史」というアプローチの重要性を論じた古典的名著。増補版では，新たに最近の動向についての著者独特の見解を示している。

臼井実稲子編『ヨーロッパ国際体系の史的展開』南窓社，2000年
　＊国家主権の概念，国際法の原則，勢力均衡などの観点から，今日，超国家的性格を強めつつあるヨーロッパの戦後国際関係史の諸局面をとらえようとした専門書。

キッシンジャー，ヘンリー・A.／岡崎久彦監訳『外交』上・下，日本経済新聞社，1996年
　＊勢力均衡に基づくヨーロッパ外交と，理念に基づくアメリカ外交を対比させつつ17世紀以来の外交史を描き，今後のアメリカ外交を考察する。

クレイグ，ゴードン・A. = アレキサンダー・L. ジョージ／木村修三・五味俊樹・高杉忠明・滝田賢治・村田晃嗣訳『軍事力と現代外交——歴史と理論で学ぶ平和の条件』有斐閣，1997年
　＊ドイツ外交史の権威と安全保障問題の大家が記した，国際関係の優れた教科書。17世紀から今日に至る国際システムの概略を扱った後に，軍事力と外交の諸概念を扱う。

ケネディ，ポール／鈴木主税訳『大国の興亡——1500年から2000年までの経済の変遷と軍事闘争』上・下，草思社，1988年
　＊近代初期から現在に至るまでの大国の興隆と衰退を，「帝国の過剰な拡張」という視点から論じた有名な書。1980年代に，アメリカ衰退の

原因を論じる書物として話題となった。

高坂正堯『古典外交の成熟と崩壊』中央公論社, 1978年
  * ヨーロッパ19世紀の古典外交を支えた理念と技術の成熟, そしてその崩壊を語り, 外交を学ぶ魅力を余すところなく伝える好著。

ジョル, ジェームズ／池田清訳『ヨーロッパ100年史』1・2, みすず書房, 1975・76年
  * 1870年から1960年ごろまでのヨーロッパ政治・社会の変遷を, その背景となる社会や思想・文化にもふれて叙述した歴史教科書。

ニコルソン, ハロルド／斎藤眞・深谷満雄訳『外交』東京大学出版会 UP 選書, 1968年
  * イギリスの元外交官による, 外交理論を論じた古典的名著。「旧外交」と「新外交」とを, 鮮やかに対比している。現在に至るまで, 世界各国の外交官によって広く読まれており, 国際政治学の基本的参考書としても用いられている。

◆1648年から第一次世界大戦時に関するもの◆

ジョル, ジェームズ／池田清訳『第一次世界大戦の起原〔改訂新版〕』みすず書房, 1997年
  * 第一次世界大戦勃発の展開について詳しく見た後, 外交の変化, 軍事・戦略, 内政, 国際政治など多岐に及ぶ大戦原因を総合的に分析した好著。

ジロー, ルネ／渡邊啓貴・濱口學・柳田陽子・篠永宣孝訳『国際関係史1871～1914年——ヨーロッパ外交, 民族と帝国主義』未來社, 1998年
  * フランスにおける国際関係史の方法論を明確に述べると同時に, 世紀末から第一次世界大戦にかけてのヨーロッパ国際政治のダイナミズムを論じた書物。

テイラー, A. J. P.／倉田稔訳『第一次世界大戦——目で見る戦史』新評論, 1980年
  * 第一次世界大戦の背景と展開を, 単なる歴史の説明にとどまらず, 写真などを用い, 時代の転換を刻印する現象にも深くふれながら描いた興味深い書物。

ハフナー, セバスティアン／山田義顕訳『ドイツ帝国の興亡——ビスマルクからヒトラーへ』平凡社, 1989年
  * 本書は, 1871年に成立し1945年に崩壊したドイツ帝国の興亡を, ヒトラーなど歴史上の一個人ではなく, ドイツ民族統一という固有の「連続性」に焦点を当ててとらえるべきことを主張している。

◆戦間期から第二次世界大戦時に関するもの◆

赤木完爾『第二次世界大戦の政治と戦略』慶應義塾大学出版会，1997年
　　＊①第二次世界大戦期の西側連合国，とりわけ英米の外交政策と軍事戦略を，交戦諸国の利益や認識との相互作用の中で動態的に分析し，②戦後の植民地（インドシナ）の地位をめぐる問題に関係各国がどのように対処しようとしたのかを考察して，第二次世界大戦のグローバルな覇権闘争を再検討した専門書。

石田憲『地中海新ローマ帝国への道──ファシスト・イタリアの対外政策 1935-39』東京大学出版会，1994年
　　＊第二次世界大戦の原因の1つとしてのイタリア外交の侵略性を，その地中海新ローマ帝国建設構想という視点からとらえ，イデオロギー，国内・社会体制，国際的地位などにまで論及して分析した優れた研究。

植田隆子『地域的安全保障の史的研究』山川出版社，1989年
　　＊両大戦間期に試みられたヨーロッパのさまざまな地域的安全保障の模索を分析した，著者の博士論文。

カー，E. H./衛藤瀋吉・斉藤孝訳『両大戦間における国際関係史』清水弘文堂書店，1968年
　　＊両大戦間期の国際政治の基本的な展開を4つの時期に分けてわかりやすく論じた書物で，この時期を学ぶときの基本文献の1つ。

カー，E. H./井上茂訳『危機の二十年 1919-1939』岩波文庫，1996年
　　＊第二次世界大戦開戦直後の1939年に，原書初版が出版された。本書は，ドイツの力による膨張政策がまさに大戦を勃発させようとした直前に書かれたものであるだけに，当時の緊張感をよく伝えている。理想主義と現実主義の間で揺れた両大戦間期を該博な歴史知識と慧眼で考察し，あるべき将来の国際関係の姿を模索した名著。

河合秀和『チャーチル──イギリス現代史を転換させた一人の政治家〔増補版〕』中公新書，1998年
　　＊第二次世界大戦の戦争指導者として有名なウィンストン・チャーチルに関する，日本語評伝。伝記としての読みやすさとともに，臨場感あふれる筆致によって20世紀前半の国際政治史を追体験できる。

木畑洋一『第二次世界大戦──現代世界への転換点』吉川弘文館，2001年
　　＊第二次世界大戦の全般的な経緯や論争点について平易に論じながら，この大戦の性格と構造を，反ファシズム戦争，帝国主義戦争と民族解放戦争の視角からのアプローチに分け，戦後秩序への連続性にも論及している。

木村靖二・柴宜弘・長沼秀世『世界大戦と現代文化の開幕』中央公論社，

1997年(「世界の歴史」26)
 *中央公論社「世界の歴史」シリーズの1冊。国際関係史的な視点のみならず，社会史的な視点や少数民族の視点からも第一次世界大戦前後の情勢を理解できる。

栗原優『第二次世界大戦の勃発——ヒトラーとドイツ帝国主義』名古屋大学出版会，1994年
 *第二次世界大戦の原因をドイツを中心に考察し，ヒトラー個人ではなく，軍事的・経済的・社会的な総合的観点から分析した大著。

斉藤孝『戦間期国際政治史』岩波全書，1978年
 *ファシズム対反ファシズムの対立に収斂していく国際構造を軸にすえ，第一次世界大戦から第二次世界大戦にかけての時期の国際関係史を網羅的に論じた，優れた書物。

佐々木雄太『三〇年代イギリス外交戦略——帝国防衛と宥和の論理』名古屋大学出版会，1987年
 *第二次世界大戦前のイギリス外交をその帝国主義に収斂させて考察し，世界戦略の観点から当時のイギリス外交を論じた，浩瀚な労作。

高橋進『ドイツ賠償問題の史的展開——国際紛争および連繫政治の視角から』岩波書店，1983年
 *第一次世界大戦後の国際関係における最大の問題の1つであったドイツ賠償問題の展開を対象として，当時のドイツの外交指導を分析する力作。

テイラー，A. J. P./吉田輝夫訳『第二次世界大戦の起源』中央公論社，1977年
 *テイラーは，相互認識のギャップが誤解を増幅した結果大戦が勃発したとして，従来のヒトラーの戦争責任を相対的に軽減する史観を示し，修正主義として大戦原因論争に波紋を投げかけた。

林健太郎『ワイマル共和国——ヒトラーを出現させたもの』中公新書，1963年
 *ワイマル共和国史を簡明に整理して紹介しつつ，世界大戦への道程の中でこの時代をとらえようとした好著。

林忠行『中欧の分裂と統合——マサリクとチェコスロヴァキア建国』中公新書，1993年
 *チェコスロヴァキア建国の父マサリクの思想と行動をたどりながら，中欧の地域的問題をわかりやすく浮き彫りにした書。

三宅正樹『ヒトラーと第二次世界大戦』清水新書，1984年
 *1937年から40年にしぼってヒトラーの戦争計画の本質に迫った書で，

一次史料を駆使しながらも読みやすく書かれている。

メイア, A. J./斉藤孝・木畑洋一訳『ウィルソン対レーニン——新外交の政治的起源 1917-1918年』Ⅰ・Ⅱ, 岩波現代選書, 1983年
　＊1917年から18年という時期に相次いで主張された, リベラルな戦争目的を持つ新外交の実態を, 国内政治と国際政治の相互作用の中に見出そうとした興味深い研究。

油井大三郎・古田元夫『第二次世界大戦から米ソ対立へ』中央公論社, 1998年
　＊中央公論社「世界の歴史」シリーズの, 第二次世界大戦から冷戦初期までを扱った著書。アメリカとヴェトナムに関する記述が豊かであり, 冷戦対立と脱植民地化の促進という2つの大きな視点から国際関係を展望している。

リデル・ハート, B. H./上村達雄訳『第二次世界大戦』上・下, 中央公論新社, 1999年
　＊第二次世界大戦概史として高い評価を受けながらも, 長らく入手困難であった「幻の名著」の復刻版（初公刊は1978年, フジ出版社）。第二次世界大戦期の英軍や各連合軍司令官らのやりとりから, 指揮官が戦争の時点で実際に何を考え, どのような決定を下したのかを詳細に描き出すことに筆者の力点が置かれている。

ルヌーバン, ピエール/鹿島守之助訳『第二次世界大戦の原因』鹿島研究所出版会, 1972年
　＊初版刊行は1958年で, まだ公文書の公開が不十分な時代の研究であるが, フランス外交を中心として西欧からの視点がよくわかる書物。

ワット, ドナルド・キャメロン/鈴木主税訳『第二次世界大戦はこうして始まった』上・下, 河出書房新社, 1995年
　＊イギリスを代表する外交史家による, 第二次世界大戦開戦直前の国際関係を論じた書。広範な史料を用いた研究書でありながらも, 読みやすく臨場感あふれる記述となっている。第二次世界大戦起源論をめぐる決定版としての国際関係史研究。かつての論争的なテーマを, 徹底した史料調査によって冷静に論じ直している。

◆戦後期に関するもの◆

秋野豊『偽りの同盟——チャーチルとスターリンの間』勁草書房, 1998年
　＊独ソ戦開始以後の英ソ関係の本質を, チャーチルとスターリンのかけひきを緻密に分析することで「偽りの同盟」と結論づけた, 著者の博士論文。

石井修編『1940年代ヨーロッパの政治と冷戦』ミネルヴァ書房，1992年
　　＊ソ連，チェコスロヴァキア，ドイツ，ハンガリーなどの40年代の内政と外交を，冷戦開始という視点から検討した論文集。
猪木武徳・高橋進『冷戦と経済繁栄』中央公論新社，1999年（「世界の歴史」29）
　　＊2人の著者が，冷戦期の政治的・軍事的競争と経済的・技術的競争の2つの争いの世界における諸相と，それを通じての世界の変化を叙述する。
岩間陽子『ドイツ再軍備』中公叢書，1993年
　　＊ドイツ再軍備の過程を，ドイツ内政とヨーロッパ国際政治の両面から扱う。第二次世界大戦後ヨーロッパの，システム構築の大きな枠組みを理解するにも適する。
小川有美コーディネート『国際情勢ベーシック6　EU諸国』自由国民社，1999年
　　＊日本語で書かれた欧州統合に関する手頃な入門書。最新の研究成果を網羅しており，政治史的な記述にその特徴が見られる。EU加盟各国史としての側面に力点が置かれている。
加藤俊作『国際連合成立史——国連はどのようにしてつくられたか』有信堂高文社，2000年
　　＊国際連合の設立過程をわかりやすく解説した書。国際連合の設立に関してローズヴェルトが果たした役割とその意義を明らかにすることに，著者の力点が置かれている。
金丸輝男編『ヨーロッパ統合の政治史——人物を通して見たあゆみ』有斐閣，1996年
　　＊ヨーロッパ統合の歴史を，特に政治的観点から各国間の関係などに注目してわかりやすくまとめた好著。それぞれの時代を担った指導者についての解説など，興味深く読ませるための工夫がこらされている。
木戸蓊『激動の東欧史——戦後政権崩壊の背景』中公新書，1990年
　　＊共産主義政権の成立から崩壊までの戦後東欧史で，各国内の政治力学とソ連ブロックの力学との双方に目配りが利いた，読みやすい書。
木畑洋一『帝国のたそがれ——冷戦下のイギリスとアジア』東京大学出版会，1996年
　　＊イギリスのアジア政策をめぐる，高い水準の学術書。とりわけ，イギリスの対日講和政策とマラヤ政策に力点が置かれている。戦後アジアにおけるイギリスの役割を理解する上で不可欠の書。
グロセール，アルフレート／土倉莞爾・氏家伸一・富岡宣之訳『欧米同盟の

歴史』上・下，法律文化社，1987・89年
　　＊ドイツに生まれフランスに育った著者による，第二次世界大戦後から70年代までの，西欧とアメリカの関係の歴史。「同盟」は，広く政治社会的にとらえられている。

高坂正堯『現代の国際政治』講談社学術文庫，1989年
　　＊冷戦終結の年に書かれた本書は，冷戦を，米ソ2つの異質の普遍主義の対峙とその中での自立性への試みとして描き，冷戦史の俯瞰図を与える。

コント，アルチュール／山口俊章訳『ヤルタ会談＝世界の分割――戦後体制を決めた8日間の記録』サイマル出版会，1986年
　　＊8日間にわたるヤルタ会談を1日ごとに詳細に再現することを通して，全体像を解読しようとした読みやすい書。

佐々木雄太『イギリス帝国とスエズ戦争――植民地主義・ナショナリズム・冷戦』名古屋大学出版会，1997年
　　＊1956年のスエズ戦争にいたる過程を，イギリスの視点から詳細に描写している。「冷戦」を「レトリック」としてとらえる斬新な視点から，戦後イギリスの帝国政策の展開とゆきづまりを追っている。

スチーブンスン，R. W.／滝田賢治訳『デタントの成立と変容――現代米ソ関係の政治力学』中央大学現代政治学双書，1989年
　　＊米ソ対立が相対的な観点から取り扱われ，冷戦の強度が低下することはそのつど緊張緩和であるとして東西間の諸事件を位置づける，興味深い研究。

高柳先男『ヨーロッパの精神と現実』勁草書房，1987年
　　＊ヨーロッパの国際関係をパワー・ポリティクスの視点から再検討する中で，ヨーロッパが持つ歴史的文化的要素と直面する現実との関係をとらえ直そうとした好著。

田所昌幸『「アメリカ」を超えたドル――金融グローバリゼーションと通貨外交』中公叢書，2001年
　　＊ブレトンウッズ体制以降の通貨に関する国際秩序の形成と管理の歴史を，アメリカの覇権とドルの地位を中心に，国際政治学の立場から分析した貴重な書。

永井陽之助『冷戦の起源――戦後アジアの国際環境』中央公論社，1978年
　　＊さまざまな意味に用いられている「冷戦」という言葉について，社会科学的な観点から，より学術的かつ中立的な定義を行い，それを実証した画期的な研究。

中木康夫・河合秀和・山口定『現代西ヨーロッパ政治史』有斐閣ブックス，

1990年
  *英独仏の第二次世界大戦後の政治史を各国ごとにコンパクトにまとめた，読みやすく，容易に西欧大国関係のイメージをつかめる書物。

永田実『マーシャル・プラン──自由世界の命綱』中公新書，1990年
  *第二次世界大戦直後の冷戦状況をふまえて，当時の時代的背景を押さえながら，不明な点の多いマーシャル・プランの全体をわかりやすく解説した書物。

ハレー，ルイス・J./太田博訳『歴史としての冷戦──超大国時代の史的構造』サイマル出版会，1970年
  *冷戦起源をソ連の歴史的な安全保障要求とヨーロッパの勢力均衡崩壊に求め，イデオロギーを排した現実主義的立場から冷戦史を説き明かした，古典的名著。

ヒーター，デレック/田中俊郎監訳『統一ヨーロッパへの道──シャルルマーニュからEC統合へ』岩波書店，1994年
  *欧州統合の理念的系譜について，長い歴史的な視点の中から論じている。また，日本語で読める数少ない欧州統合の歴史に関する通史的著書であり，思想史的アプローチと政治史的アプローチが融合した，読みやすい記述になっている。

広瀬佳一『ポーランドをめぐる政治力学──冷戦への序章 1939-1945』勁草書房，1993年
  *戦後ポーランドの領土と政権をめぐる米英ソ3大国の対立の先鋭化が，冷戦的対立への序章をなしたとする，著者の博士論文。

広瀬佳一『ヨーロッパ分断 1943──大国の思惑，小国の構想』中公新書，1994年
  *戦後ヨーロッパ分断の起源を，1943年までに発生した，中欧諸国の戦後構想をめぐる英ソ対立に求めた書。

廣田功・森建資編『戦後再建期のヨーロッパ経済──復興から統合へ』日本経済評論社，1998年
  *戦後初期の欧州統合の歴史について，国際関係史的および経済史的な視点から論じた研究論文集。広範な史料と最新の研究成果を反映させ，高い水準の論文集となっている。

フェイト，F./熊田亨訳『スターリン時代の東欧』岩波現代選書，1979年
フェイト，F./熊田亨訳『スターリン以後の東欧』岩波現代選書，1978年
  *まだ明らかならざる点の多いスターリン時代とその後の東欧の事情を，スターリンの権謀術数のダイナミズムを背景に描いた良書。

細谷千博・南義清編『欧州共同体（EC）の研究──政治力学の分析』新有

堂，1980年
  *欧州統合について書かれた，日本語での古典的論文集。政治学的な分析に重点を置いている。歴史，政策，理論をバランスよく配置しており，現在読んでも色あせていない。日本における欧州統合研究の高い水準がうかがえる。

細谷雄一『戦後国際秩序とイギリス外交――戦後ヨーロッパの形成 1945年~1951年』創文社，2001年
  *イギリス外交の視点から，戦後初期のヨーロッパ国際関係を再検討した著書。欧州統合史と冷戦史を総合する新しい視点から，ヨーロッパ分断の過程と西欧統合の展開を融合させて論じている。

マクニール，W. H./実松譲・冨永謙吾訳『大国の陰謀――米英ソ三国の協力と対立』図書出版社，1982年
  *古典的な大国中心の第二次世界大戦史だが，訳者による100頁余りの詳細な解説や人物略歴などが戦争の概観を把握するのに役立つ。

マストニー，ヴォイチェフ/秋野豊・広瀬佳一訳『冷戦とは何だったのか――戦後政治史とスターリン』柏書房，2000年
  *冷戦の本質をスターリンによる国内外での安全保障確保への過剰な執着にあったとする視点から，新史料を駆使して冷戦開始期を再検討した最新の成果。

村瀬興雄編『現代独仏関係の展開』日本国際問題研究所，1970年
  *独仏関係のさまざまな諸問題について，できるかぎり実証的に分析した研究論文集。この領域の研究は，いまだこれ以外にわが国では成果が生まれていない。

油井大三郎・中村政則・豊下楢彦編『占領改革の国際比較――日本・アジア・ヨーロッパ』三省堂，1994年
  *占領期の日本を含む各国の政治を比較しようとした，画期的な研究。ヨーロッパに関し，よい論文が多い。

レッシング，ゲルト/佐瀬昌盛訳『ヤルタからポツダムへ――戦後世界の出発点』南窓社，1971年
  *米ソによる「ヤルタでの世界の分断」という従来の解釈に対して，世界の分断はむしろポツダム会談にあり，また世界を分断させた要因についても，米ソというよりも，ヨーロッパのナショナリズムにあったことを明らかにした専門書。

ロスチャイルド，ジョゼフ/羽場久㵢子・水谷驍訳『現代東欧史――多様性への回帰』共同通信社，1999年
  *一枚岩とされた戦後の東欧を，多様性という観点から再検討したもの

で，共産主義ブロック崩壊プロセスの背景がよく理解できる。

◆冷戦後に関するもの◆

佐々木隆生・中村研一編『ヨーロッパ統合の脱神話化——ポスト・マーストリヒトの政治経済学』ミネルヴァ書房，1994年
　　＊欧州統合を単なる理想主義的観点からとらえるのではなく，統合が西欧諸国再生のためのきっかけである，というリアルな視角から広範なテーマを扱っている。

佐瀬昌盛『NATO——21世紀からの世界戦略』文春新書，1999年
　　＊日本語での数少ないNATOに関する通史的研究で，読みやすい入門書。NATO成立からコソヴォ空爆までをバランスよくまとめている。とりわけ冷戦後の1990年代におけるNATOの変容の過程を，紙幅を割いて詳細に検討している。

高橋進『歴史としてのドイツ統一——指導者たちはどう動いたか』岩波書店，1999年
　　＊1989年春のハンガリーにおける国境開放から，1990年のドイツ統一までの20世紀後半最大の外交交渉の過程を，綿密な調査で入念に再構成し検討した歴史書。

田中俊郎『EUの政治』岩波書店，1998年
　　＊EUを政治学的アプローチから分析した決定版的研究。EUの歴史，制度，そして政策について，最新の情報までを含めて広範にバランスよく記述している。欧州統合の複雑な機構と政策を理解するために必須の書。

羽場久浘子『拡大するヨーロッパ——中欧の模索』岩波書店，1998年
　　＊EU拡大を，中欧の側に立って民族・政治・経済問題などの視点から考察し，今後の問題を浮き彫りにした好著。

村田良平編『EU—二一世紀の政治課題』勁草書房，1999年
　　＊EU統合の理念から見た，統合の深化と拡大を続けるEUの政治課題を，具体的には，①機構改革と民主化の問題，②開発協力における人権政策上の問題，③共通外交・安全保障政策上の問題，を浮かび上がらせることを目的とした専門書。

渡邊啓貴『ミッテラン時代のフランス』芦書房，1991年
　　＊革新的な社会主義政権，そして外交におけるド=ゴール主義と喧伝されたミッテラン政権を批判的に分析し，その政権のきわめて硬直的な体質を政治社会の広範な面から明らかにしたフランス現代政治の研究。

渡邊啓貴『フランス現代史——英雄の時代から保革共存へ』中公新書，1998

年

＊第二次世界大戦以後,今日までのフランス政治史をコンパクトにまとめた研究。特に,政権の変遷と政治・経済政策の変化を簡明に述べるように配慮されている。

◆回顧録・日記・評伝等◆

＊国際関係史を学ぶ場合には,国際体制や国家間関係ばかりに目を向けるのではなく,それを動かす人間の理念や行動をもまた知ることが重要となる。確かに政治指導者や外交官の回顧録には,歴史の歪曲や自己擁護というような恣意的な歴史解釈が見られないわけではないし,実際に回顧録が本人以外によって書かれる場合や,口述筆記される場合も少なくはない。しかし,歴史資料としての価値以上に,当時の政治指導者や外交官が現実のできごとを処理する中で,それをどのように見てどのように関与していったのかを知ることができるという利点がある。臨場感あふれる国際関係史を学ぶために,ぜひとも以下のような代表的な回顧録を読むことをお薦めしたい。

アチソン,ディーン／吉沢清次郎訳『アチソン回顧録』1・2,恒文社,1979年

アデナウアー,コンラート／佐瀬昌盛訳『アデナウアー回顧録』1・2,河出書房,1968年

イーデン,R. アンソニー／湯浅義正・町野武・南井慶二訳『イーデン回顧録〔新装版〕』1-4,みすず書房,2000年

キッシンジャー,ヘンリー・A.／桃井眞監修／斎藤彌三郎・小林正文・大朏人一・鈴木康雄訳『キッシンジャー秘録』1-5,小学館,1979-80年

キッシンジャー,ヘンリー・A.／桃井眞監修／読売新聞・調査研究本部訳『キッシンジャー激動の時代』1-3,小学館,1982年

クーパー,ダフ／曽村保信訳『タレイラン評伝』上・下,中公文庫,1979年

グラント,チャールズ／伴野文夫訳『EUを創った男——ドロール時代十年の秘録』NHKブックス,1995年

ケナン,ジョージ・F.／清水俊雄(上),奥畑稔(下)訳『ジョージ・F・ケナン回顧録——対ソ外交に生きて』上・下,読売新聞社,1973年

ケナン,ジョージ・F.／近藤晋一・飯田藤次・有賀貞訳『アメリカ外交50年』岩波現代文庫,2000年。

ゴルバチョフ,ミハイル・S.／工藤精一郎・鈴木康雄訳『ゴルバチョフ回想録』上・下,新潮社,1996年

サッチャー,マーガレット／石塚雅彦訳『サッチャー回顧録——ダウニング

街の日々』上・下，日本経済新聞社，1993年
シェクター，ジェロルド゠ヴァチェスラフ・ルチコフ編／福島正光訳『フルシチョフ 封印されていた証言』草思社，1991年
シューマン，ロベール／上原和夫訳『ヨーロッパ復興』朝日新聞社，1964年
シュミット，ヘルムート／永井清彦・萩谷順（上），永井清彦・片岡哲史・内野隆司（下）訳『シュミット外交回想録』上・下，岩波書店，1989年
タルボット，ストローブ編／タイム ライフ ブックス編集部訳『フルシチョフ回顧録』タイム ライフ インターナショナル，1972年
チャーチル，ウィンストン・S.／佐藤亮一訳『第二次世界大戦〔新装版〕』1-4，河出文庫，2001年
チャーチル，ウィンストン／毎日新聞社編訳『第二次大戦回顧録 抄』中公文庫，2001年
ド゠ゴール，シャルル／村上光彦・山崎庸一郎訳『ド・ゴール大戦回顧録〔新装版〕』みすず書房，1999年
ド゠ゴール，シャルル／朝日新聞外報部訳『希望の回想――第一部「再生」』朝日新聞社，1971年
トルーマン，ハリー・S.／加瀬俊一監修／堀江芳孝訳『トルーマン回顧録〔新装版〕』Ⅰ・Ⅱ，恒文社，1992年
ハフナー，セバスチャン／赤羽龍夫訳『ヒトラーとは何か』草思社，1979年
ブラント，ウィリー／直井武夫訳『平和のための戦い』読売新聞社，1973年
フルシチョフ，ニキタ・S.／志水速雄訳『フルシチョフ秘密報告「スターリン批判」全訳解説』講談社学術文庫，1977年
ホフマン，スタンレイ／天野恒雄訳『政治の芸術家ド・ゴール』白水社，1977年
ミコワイチク，スタニスワフ／広瀬佳一・渡辺克義訳『奪われた祖国ポーランド――ミコワイチク回顧録』中央公論新社，2001年
モネ，ジャン／黒木壽時編・訳『EC メモワール――ジャン・モネの発想』共同通信社，1985年

●関連年表●

年　月	事　項
1618年5月	三十年戦争（〜48年10月）。
42年8月	ピューリタン革命（英，〜49年5月）。
48年10月	ウェストファリア条約。
51年10月	英，航海条例。
52年7月	第1次蘭英戦争（〜54年4月）。
60年5月	英，王政復古。
88年11月	英，名誉革命（〜89年2月）。
1700年8月	北方戦争（〜21年8月）。
01年1月	プロイセン王国成立。
9月	スペイン継承戦争（〜13年4月）。
40年12月	オーストリア継承戦争（〜48年10月）。
56年8月	七年戦争（〜63年2月）。
このころ	イギリスで産業革命始まる。
72年8月	第1回ポーランド分割。
76年7月	アメリカ独立宣言。
89年10月	フランス革命始まる。
92年9月	仏，第一共和政。
95年9月	仏，総裁政府樹立。
10月	第3回ポーランド分割。
99年11月	ナポレオン，クーデタで統領政府樹立。
1804年5月	ナポレオン皇帝即位（第一帝政）。
06年8月	神聖ローマ帝国解体。
14年9月	ウィーン会議（〜15年6月）。
30年2月	ギリシャ独立。
7月	七月革命（仏）。
31年1月	ベルギー独立。
33年3月	ドイツ関税同盟条約成立（34年発足）。
48年2月	二月革命（仏）。
3月	三月革命（独，オーストリア）。

49年6月	英，航海条例廃止。
53年10月	クリミア戦争（〜56年3月）。
61年3月	イタリア王国成立。
66年6月	普墺戦争。
67年6月	オーストリア＝ハンガリー帝国成立。
69年11月	スエズ運河開通。
70年7月	普仏戦争（〜71年1月）。
71年1月	ドイツ帝国成立。
73年10月	独墺露三帝協約成立。
77年4月	露土戦争（〜78年3月）。
78年6月	ベルリン会議（〜7月）。
82年5月	独墺伊三国同盟成立。
94年1月	露仏同盟成立。
98年9月	英仏，ファショダ事件起こる。
99年10月	南ア戦争（ボーア戦争，〜1902年5月）。
1904年4月	英仏協商調印。
07年8月	英露協商調印。
14年7月	第一次世界大戦始まる（〜1918年11月）。
17年3月	ロシア二月革命。
4月	米，第一次世界大戦に参戦。
11月	ロシア十月革命。
18年1月	ウィルソン米大統領，「14カ条」発表。
19年1月	パリ講和会議（〜6月）。
6月	ヴェルサイユ講和条約調印。
20年1月	国際連盟発足。
21年11月	ワシントン会議（〜22年2月）。
22年10月	伊，ファシスト政権成立。
25年12月	ロカルノ条約調印。
28年8月	不戦条約（ケロッグ＝ブリアン協定）調印。
29年10月	ニューヨーク株式市場大暴落，世界恐慌始まる。
30年1月	ロンドン海軍軍縮会議（〜4月）。
33年1月	独，ナチス政権成立。
35年10月	伊，エチオピア侵略。
36年7月	スペイン内乱（〜39年3月）。
38年9月	英仏独伊，ミュンヘン会談。
39年8月	独ソ不可侵条約調印。

9月	第二次世界大戦始まる（〜45年8月）。
41年6月	独ソ開戦。
8月	米英首脳，大西洋憲章発表。
12月	太平洋戦争始まる。
43年11月	米英中，カイロ会談。米英ソ，テヘラン会談（〜12月）。
45年2月	米英ソ，ヤルタ会談。
5月	ドイツ，無条件降伏文書調印。
7月	米英ソ，ポツダム会談（〜8月）。
10月	国際連合発足。
46年3月	チャーチル，「鉄のカーテン」演説。
7月	パリ講和会議（〜10月）。
9月	チャーチル，「ヨーロッパ合衆国」を提唱。
47年2月	ヨーロッパ講和条約調印。
3月	「トルーマン・ドクトリン」宣言。
6月	欧州復興援助計画（マーシャル・プラン）発表。
10月	コミンフォルム結成（〜56年4月）。
48年2月	チェコスロヴァキアで政変。
5月	第1次中東戦争。
6月	ソ連，ベルリンを封鎖（〜49年5月）。
49年4月	西側12カ国，北大西洋条約調印（8月発効）。
5月	ドイツ連邦共和国（西ドイツ）成立。
10月	ドイツ民主共和国（東ドイツ）成立。
50年5月	「シューマン・プラン」提唱。
6月	朝鮮戦争始まる（〜53年7月）。
10月	プレヴァン・プラン発表。
51年4月	欧州石炭鉄鋼共同体（ECSC）条約調印（52年7月発効）。
54年4月	ジュネーブ会議（〜7月）。
10月	西独，NATO加盟。
55年5月	ソ連・東欧8カ国，ワルシャワ条約調印。
7月	米英仏ソ，ジュネーブ首脳会談。
56年2月	フルシチョフ，スターリン批判演説。
6月	ポーランドのポズナニで反政府暴動起こる。
10月	ハンガリー動乱（〜11月）。
	スエズ危機（第2次中東戦争，〜12月）。
57年3月	仏・西独・伊・ベネルクス3国，欧州経済共同体（EEC）・欧州原子力共同体（EURATOM）両条約調印（58年1月

	発足)。
10月	ソ連，人工衛星スプートニク打ち上げ成功。
58年10月	仏，第五共和政発足。
61年8月	東独，ベルリンの壁構築。
62年10月	キューバ危機。
63年8月	米英ソ，部分的核実験停止条約調印（10月発効）。
65年2月	米，北ヴェトナム爆撃開始。
67年7月	欧州共同体（EC）発足。
68年5月	仏，五月革命。
7月	米英ソ，核拡散防止条約（NPT）調印。
8月	ソ連・東欧4カ国軍，チェコ侵入（チェコ事件）。
70年8月	西独・ソ連，武力不行使宣言。
71年8月	米，金＝ドル交換停止（ドル・ショック）。
72年2月	ニクソン米大統領訪中。
5月	米ソ，第一次戦略兵器制限協定（SALT I）調印。
12月	東西ドイツ基本条約調印。
73年1月	英，アイルランド，デンマーク，EC加盟（第1次拡大）。
9月	東西ドイツ，国連加盟。
10月	第4次中東戦争，石油危機起こる。
75年7月	欧州安保協力会議，ヘルシンキ宣言。
11月	第1回先進国首脳会議（サミット）。
77年1月	チェコの反体制自由派知識人，「憲章77」宣言。
79年3月	欧州通貨制度（EMS）発足。
12月	ソ連軍，アフガニスタンに侵攻（～89年2月）。
80年9月	ポーランド，自主管理労組「連帯」結成。
81年1月	ギリシャ，EC加盟（第2次拡大）。
85年10月	ゴルバチョフ・ソ連共産党書記長，ペレストロイカ開始。
12月	欧州理事会，単一欧州議定書採択（87年7月発効）。
86年1月	スペイン，ポルトガル，EC加盟（第3次拡大）。
87年12月	米ソ，中距離核戦力（INF）全廃条約調印。
89年8月	ポーランド，ハンガリーなど東欧諸国で共産党体制廃止（～12月）。
11月	東独，ベルリンの壁撤去。
12月	マルタ会談（冷戦終結を声明）。
90年8月	イラク軍，クウェートに侵攻（湾岸危機）。
10月	東西ドイツ統一。

11月	CSCE パリ首脳会議,「パリ憲章」調印。
91年1月	米軍主体の多国籍軍,イラクを攻撃(湾岸戦争,～2月)。
7月	ワルシャワ条約機構解体。
12月	欧州理事会,欧州連合(EU)条約(マーストリヒト条約)に合意(92年2月調印,93年11月発効)。
	ソ連最高会議,ソ連邦消滅を宣言。
93年1月	EC統合市場発足。
95年1月	スウェーデン,フィンランド,オーストリア,EC加盟(第4次拡大)。
97年6月	アムステルダム条約合意。
99年1月	EUの単一通貨「ユーロ」誕生。
12月	ヘルシンキ欧州理事会,EUの緊急展開部隊創設を決定。
2000年12月	ニース欧州理事会,ニース条約合意。
01年9月	米,ニューヨークとワシントンで同時多発テロ事件起こる。
02年1月	ユーロ貨幣流通開始。
11月	NATOプラハ首脳会議,東欧7カ国(エストニア,ラトヴィア,リトアニア,スロヴァキア,スロヴェニア,ルーマニア,ブルガリア)の加盟を承認(04年3月,正式加盟)。
03年3月	米英軍のイラク攻撃開始。
5月	ブッシュ大統領,イラクでの主な戦闘の終結を宣言。
12月	欧州理事会,EU独自の防衛政策を強化,「よりよい世界における安全なヨーロッパ——ヨーロッパ安全保障戦略(ソラナ報告)」採択。
04年5月	エストニア,ラトヴィア,リトアニア,ポーランド,チェコ,ハンガリー,スロヴェニア,スロヴァキア,マルタ,キプロス,EU加盟(第5次拡大)。
6月	EU憲法採択。
	イラクへの主権移譲。
11月	ブッシュ大統領再選。
2005年1月	イラク国民議会選挙。

●事項索引●

ア 行

アウステルリッツの戦い(1804年)　35
アジェンダ2000(1997年)　285
アッシニア紙幣　34
アフガニスタン侵攻(1979年)　211, 219-222
アーヘンの和議(1748年)　28
アムステルダム条約(1997年)　278
アルジェリア戦争　149
アルヘシラス国際会議(1906年)　60
イエナの戦い(1806年)　35
『域内市場統合白書』　241, 273
域内自由貿易地域　48
イギリス航海条例(1651年)　18
イギリスのEC加盟　174, 177
イギリスの平和(パクス・ブリタニカ)　15, 30
イタリア講和問題　92
イーデン・プラン　114
伊土戦争(1911年)　61
イラン北部問題(イラン撤兵問題)　96, 99
インドシナ戦争　130, 131
インドシナ問題　114
ヴァンデンバーグ決議(1948年)　106, 107
ウィルソンの14カ条　64, 66
ウィーン会議　36, 37, 41, 45
ウィーン体制　39, 51, 66
ウェストファリア(講和)条約　13, 14, 17
ウェストファリア体制　13
ウェストミンスター条約(1674年)　19
ヴェルサイユ(講和)条約(1919年)　66, 71, 73, 75

ヴェルサイユ体制　64, 68, 71, 74
ヴェルダン要塞　63
ヴェローナ会議(1822年)　43
ウスコレーニェ(加速化)　232
ウンキャル=スケレッシ条約(1833年)　49
英独海軍協定(1935年)　74
英独建艦競争　59
英仏協商(1904年)　59
英仏首脳会議(サンマロ)(1998年)　283
英露協商(1907年)　60
エクス・ラ・シャペル会議(1818年)　40
エチオピア侵略　74
エリゼ条約　156
エルバ島　36
円卓会議　240, 242, 246
王冠へのレユニオン(再統合)(1680-81年)　20
欧州安定条約(1995年)　282
欧州安保協力会議(CSCE)　192, 197, 199, 200, 210, 223, 224, 231, 264, 287
欧州安保協力機構(OSCE)　266
欧州共通防衛政策(CEDP)　283
欧州共同体(EC)　137, 150
欧州経済共同体(EEC)　120, 137, 144, 148, 150, 158, 159
欧州経済協力機構(OEEC)　136
欧州原子力共同体(EURATOM; EAEC)　137, 145
欧州市民権　274
欧州自由貿易連合(EFTA)　148
欧州審議会　136
欧州石炭鉄鋼共同体(ECSC)(1951年)　137, 142

欧州通貨機構(EMI) 275
欧州通貨制度(EMS)構想 183
欧州通貨単位(ECU) 183
欧州通常戦力(CFE) 198, 199
欧州通常戦力協定 267
欧州通常戦力削減交渉(1987年) 238, 260, 287
欧州通常戦力条約 265
欧州理事会 184
欧州連合(EU) 137, 274, 279, 282, 284
欧州連合構想 70
オーストリア継承戦争(1741-48年) 28
オーストリア国家条約(1955年) 115
オーストリア＝ハンガリー二重帝国 62
オスナブリュック 13
オスマン＝トルコ 22
オタワ会議(1932年) 73
オランダ侵略戦争(1672-78年) 19
オリエント急行 48

カ 行

「会議は踊る。されど進まず」 36
海軍拡張政策 59
外相理事会(CFM) 90
解放されたヨーロッパに関する宣言 86
カイロ会談 79
核拡散防止条約(NPT) 260
カーゾン線 77
カルタゴ的講和 71
関税と貿易に関する一般協定(GATT) 88
艦隊法(1898年) 59
北大西洋協力評議会(NACC) 269
北大西洋条約 106
北大西洋条約機構(NATO) 108, 109, 111, 115, 151, 154, 159, 160, 282, 284, 287

北ドイツ連邦 52
奇妙な戦争 77
旧教同盟(リガ) 10
九年戦争(ファルツ継承戦争, 1689-97年) 19, 22
共通外交・安全保障政策(CFSP) 184, 274, 282
共通農業政策(CAP) 150, 174
共同市場 144
共同統合任務部隊 271
緊急展開部隊 268
均　衡 40
緊密協力・柔軟性の原理 278
クチュクカイナルジ条約(1774年) 50
クーネルスドルフの大敗(1759年) 29
グラスノスチ(情報公開) 232, 233, 240
クリミア戦争(1853-56年) 43, 50, 51
クリューガー電報事件(1896年) 58
「君主は国家第一の下僕」 28
経済通貨同盟 274
経済通貨同盟(EMU)計画 176
ケナン長文報告 97
原子爆弾 90
ゲンシャー＝コロンボ提案(1981年) 281
憲章77 230, 246
建設的棄権 279
権力政治(パワー・ポリティクス) 73
黄　禍　論 58
高利貸の金融帝国主義 55
五月革命 170
国際通貨基金(IMF) 87
国際テロ 294-296
国際復興開発銀行(IBRD, 通称世界銀行) 87
国際貿易機構(ITO) 87
国際連合 86
国際連合憲章 86
国際連盟規約 68
5国同盟 40

国家条約　257
コミンテルン第7回大会(1935年8月)　68
コミンフォルム　102, 103, 116
コメコン　242
コリンの戦い(1757年)　29
コンサート・オブ・ヨーロップ→ヨーロッパの協調
コンピエーヌ　64

サ　行

最高機関(High Authority)　142
三月革命　52
三国干渉(1895年)　57
三国協商(1907年)　60
三国同盟(1882年)　54, 60
三国防共協定(1936年)　74
サンジェルマン条約(1919年)　66
3C政策　58
三十年戦争(1618-48年)　10
サンステファノ講和条約(1878年)　53
三帝協約(1873年)　53
三帝協約(1881年)　54
3B政策　58
サンフランシスコ会議(1945年)　86
ジェイムソン侵入事件(1895年)　58
ジェノア国際経済会議(1922年)　71
ジェノサイド　193
シェンゲン協定　279
ジェントルマン資本主義　55
4国同盟　40
七月革命(1830年)　45
七年戦争(1756-63年)　29
司法・内務協力　274
社会ファシズム論　67
自由買い　224, 225
集団安全保障体制　68
自由貿易圏(FTA)　147
自由貿易帝国主義　55
10項目提案　256
ジュネーブ海軍軍縮会議(1927年)　68

ジュネーブ首脳会談　114, 116
ジュネーブ精神　115
シューマン・プラン　137, 138, 140-142, 145, 148, 175
シュリーフェン・プラン(1891-1906年)　63
小協商　70
消極的抵抗　72
小　国　40
小ドイツ主義　51
条約共同体　255
諸国民の戦争　35
ショーモン会議(1814年)　36
ショレスウィッヒ・ホルシュタイン　51
シレジア地方　28
新教同盟(ユニオン)　10
真摯協定　46
新思考外交　235
真珠湾攻撃(1941年)　79
神聖同盟(1815年)　40
新戦略　269
新戦略概念　268
人民戦線方式　68
スエズ危機　131, 144, 147, 151
スカンディナヴィア貨幣同盟　49
スタブロポリ　260
スターリン演説　97
スターリン批判　116
ズデーテン地方　74-76
ストレーザ首脳会議(1935年)　73
スパーク報告(1956年)　144, 147
スパルタクス団(ドイツ共産党)　67
スプートニク　152
スペイン継承戦争(1701-13年)　16, 19
スミソニアン協定　182
西欧同盟(WEU)　109, 135, 263, 291
西欧の主体性　271
『西欧の没落』　70
西欧ブロック　128
正統主義　37, 39, 45, 46

政府間会議(IGC)　278
勢力均衡(バランス・オブ・パワー)
　15, 23-26, 40, 42, 172
世界恐慌(1929年)　72
石油危機　183
セーブル条約(1920年)　66
全欧信頼醸成・安全保障会議(CSBM)
　265
先行統合　280
戦略防衛構想(SDI)　215, 216, 234,
　237
相対的安定期　72
「祖国は危機にあり」　34
ソ連共産党第20回党大会(1956年)
　116
ソ連=チェコ相互援助条約(1935年)
　74
ソ連=フィンランド戦争　78

タ 行

第1次ヴェルサイユ条約(1756年)　29
第1次エジプト=トルコ戦争(1831-33
　年)　49
第1次スネーク(欧州為替相場同盟)
　182
第1次対仏同盟　34
第1次パリ条約(1814年)　39
第1次バルカン戦争　61
第1次ポーランド分割(1772年)　32
第1次モロッコ事件(1905年)　60
第1次蘭英戦争(1652年)　18
大 構 想　157-159
大 国　40
第三インターナショナル(コミンテルン)
　(1919年3月)　67
第3次蘭英戦争　20
第三勢力　105, 129
大西洋同盟(=NATO)　104, 158
大西洋のヨーロッパ　159
大西洋パートナーシップ　158
大祖国戦争(1941年)　79

大ドイツ主義　51
対独宥和　74
対独レジスタンス(抵抗)　78
第2次エジプト=トルコ戦争(1839-40
　年)　50
第2次産業革命　54
第二次戦略兵器削減協定(SALT Ⅱ)
　211
第2次対仏同盟(1798年)　34
第2次パリ講和条約(1815年)　39
第2次バルカン戦争　62
第2次百年戦争(1689-1756年)　16
第二次ベルリン危機／封鎖　118, 120,
　151
第2次モロッコ事件(1911年)　61
第2次蘭英戦争(1665年)　18
太陽王(ルイ14世)　20
大陸間弾道ミサイル(ICBM)　152
大陸封鎖令(1806年)　35
大量報復戦略　151
ダーダネルス・ボスフォラス両海峡
　44, 50
単一欧州議定書(1987年)　242, 274
ダンケルク条約(1947年)　105
ダンネンベルクの戦い(1916年)　63
ダンバートン・オークス会議(1944年)
　85
地域集団安全保障体制　69
チェコ事件(1968年)　191
チェコスロヴァキア政変(1948年)
　103
チェッキーニ報告(1988年)　273
中距離核戦力(INF)　211, 212, 214,
　216, 227-229, 236, 237
中部ヨーロッパ経済連合　49
長期の16世紀　16
朝鮮戦争　112
朝鮮半島問題　114
通貨同盟　257
通貨ブロック　73
帝国主義　55

デイトン合意　262
デタント　185
　　──のディレンマ　231
「鉄のカーテン」演説　85, 89, 98
ドイツ関税同盟　48
ドイツ講和問題　90
「ドイツ国民に告ぐ」　35
ドイツ再軍備　106-108, 114, 141
ドイツ＝ポーランド国境条約　259
統一条約　258
統一ドイツのNATO帰属問題　259
ドゥーグ報告（1985年）　281
東方外交　185, 226
東方ロカルノ　73
独伊友好同盟（鋼鉄条約）（1939年）　74
独ソ経済協定（1939年）　77
独ソ不可侵条約（1939年）　77
独仏休戦協定（1940年）　78
独立国家共同体（CIS）　265
独露再保障条約（1887年）　54
ドーズ案　72
トラファルガーの海戦　37
トリアノン条約（1920年）　66
トロッパウ会議（1820年）　43
ドロール委員会報告　276

ナ 行

ナイメーヘン講和条約（1678年）　20
ナヴァリノ港　44
ナショナリズム　41, 47
ナポレオン戦争　15, 51
ナルヴァの戦い（1700年）　23
南下政策　58
二月革命（1848年）　46
ニクソン・ショック　181, 183, 241
ニスタット和議（1721年）　24
「2＋4」会議　261
日英同盟（1902年）　59
日独伊三国同盟（1940年）　74, 78
日独防共協定（1935年）　74

日露戦争（1904年）　60
ニューヨーク外相理事会（1946年）　95
ヌイイー条約（1919年）　66
ネーデルラント戦争（帰属戦争, 1661-68年）　19
ノルマンディ上陸作戦（1944年）　84

ハ 行

ハーグ3国同盟（1668年）　20
パクス・ブリタニカ→イギリスの平和
覇権（ヘゲモニー）サイクル　15
バスティーユ牢獄襲撃（1789年）　33
ハプスブルク家　11, 16, 24
　　オーストリア系──　22
　　スペイン系──　22
バランス・オブ・パワー→勢力均衡
パリ外相理事会（1946年）　93
パリ外相理事会（1949年）　104
パリ協定　109
パリ講和会議（1919年）　64, 94
パリ講和会議（1946年）　94, 95
パリ条約（1727年）　27
パリ条約（1763年）　30
パリ条約（1856年）　50
パリ4大国首脳会談　120
バール覚書　180
ハルシュタイン・ドクトリン　188
パワー・ポリティクス→権力政治
ハンガリー　217
ハンガリー動乱／革命（1956年）　117, 118, 220, 239, 240
パン＝ゲルマン主義　61
パン＝スラヴ主義　61
パン＝ヨーロッパ運動　70
東インド会社　17, 30
東ドイツ　217
非常事態宣言　131
ビスマルク外交　52
ビョルケの密約（1905年）　60
ファシズム　67
ファショダ事件（1898年）　59

事項索引　321

ファルツ継承戦争→九年戦争
フーヴァー・モラトリアム　72
封じ込め政策　97
普墺戦争(1866年)　52
武器貸与法(1941年)　79
フーシェ・プラン　149, 155
不戦条約(ケロッグ=ブリアン条約)(1928年)　69
不戦条約(22カ国共同宣言)　265
仏伊ローマ協定(1935年)　74
復古主義　39, 41
仏ソ相互援助条約(1935年)　74
仏ソ不可侵条約(1932年)　73
仏独友好条約(1963年)　155
プラッシーの戦い(1757年)　30
プラハ条約(1973年)　193
プラハの春(1968年)　165, 168, 220, 239, 240
ブリテンの戦闘　78
ブリュッセル条約(1948年)　105, 109, 135, 136
ブリュッセルNATO首脳会議　271
ブルボン家　11, 16, 24, 43
フルーリー平和外交　27
プレヴァン・プラン　108, 141, 142
ブレジネフ・ドクトリン　168, 235, 243, 247
ブレスト・リトフスク講和条約(1918年)　64
ブレダの和約(1667年)　19
ブレトンウッズ協定　87
プロシアの台頭　27
平和実施部隊(IFOR)　292, 293
平和のためのパートナーシップ(PfP)　271, 289-294
ヘタイリア・フィリケ　44
ペータースベルク宣言　270
ベルギーの独立(1830年)　45
ヘルシンキ欧州理事会(1999年)　282
ベルリン外相理事会(1954年)　113
ベルリン危機(1958年)　118, 194

ベルリンの壁　119, 188, 209, 224, 244, 245, 254
ベルリン封鎖(1948-49年)　103, 104
ベルリン4カ国協定　195
ペレストロイカ(立て直し)　232, 234, 238, 240, 247, 260
ホーエンツォレルン家　23
ポズナン暴動　117
ボスニア紛争(1992年)　292
ボスニア=ヘルツェゴヴィナ　53, 262
ポツダム合意　90
ポツダム(首脳)会議　79, 90
ポーランド　24, 217, 218
――の分割　24
ポーランド王国建設　37
ポーランド政府代表参加問題　88
ポーランド問題　88
ポルダヴァの会戦(1709年)　24

マ　行

マジノ線　78
マーシャル・プラン　99, 101, 102
マーストリヒト欧州理事会(1991年)　274
マーストリヒト条約(EU条約)(1993年発効)　137, 274, 275
マルクス=レーニン主義　118
マルヌの戦い　63
マンハッタン計画　91
ミュンスター　13
ミュンヘン会談(1938年)　75, 76
ミラノ欧州理事会(1985年)　273
民主制度・人権事務所　266
民族浄化　263
無制限潜水艦攻撃作戦(1917年)　63
無憂宮(サンスーシ)　28
メッシーナ会議(1955年6月)　143, 144
モスクワ遠征(1812年)　35
モスクワ外相会談(1945年)　91
モスクワ外相理事会　96, 100

モスクワ条約(1970年)　192
モネ・プラン　138
モルダヴィア・ワラキアの自治権　44

ヤ 行

ヤルタ(首脳)会談(1945年)　79, 86, 87, 149
ヤング案　72
ヤング賠償委員会　72
ユーゴスラヴィア　261
ユトランド沖海戦(1916年)　63
ユトレヒト条約(1713年)　22
ユーロ＝アラブ対話　281
ユーロペシミズム　241
ヨーロッパ安全保障条約(＝イーデン・プラン)　114
ヨーロッパ会議(1948年)　135, 136
ヨーロッパ合衆国　85, 135, 136
ヨーロッパ議会　136, 138
ヨーロッパ講和条約　91, 96
ヨーロッパ講和問題　94
ヨーロッパ市場統合(1992年)　272
ヨーロッパ審議会　85, 138
ヨーロッパ政治機構(EPA)　142
ヨーロッパ政治共同体(EPC)　142, 143, 184, 241, 281
ヨーロッパ統合　47, 85, 136
ヨーロッパの協調(コンサート・オブ・ヨーロップ)　5, 39
ヨーロッパの相対的安定　70
ヨーロッパ防衛共同体(EDC)　109, 143
ヨーロッパ防衛共同体(EDC)条約　108, 109, 142
4大国　36

ラ 行

ライバッハ5国会議(1821年)　43
ライプチッヒ　35
ライン川自然国境　67
ラインラント非武装地帯　74
ラーケン欧州理事会(2001年)　281
ラッパロ条約(1922年)　71, 113
ラッパロの再現　113
ラテン貨幣同盟(1865年)　49
「ラ・マルセイエーズ」　34
リトヴィノフ外交　73
リベラリズム(自由主義)　41, 47
リュッツェンの戦い(1631年)　11
臨時混成委員会(1920年)　69
ルイ14世の戦争　19
ルクセンブルクの妥協　150
ルクセンブルク報告　184
冷　戦　85, 98
歴史の見直し　240
レーゲンスブルク休戦条約(1684年)　21
連合国共同宣言(1942年)　79
「連帯」　217-220, 223, 239, 240, 242, 243
ロカルノ条約(1925年10月)　69, 73, 74
ロシア革命(1917年)　64
ロシア革命干渉戦争(1918年)　66
ロシア＝プロシア軍事同盟　29
露土戦争(1877-78年)　53
露仏同盟　60
ローマ条約　137, 274
ローマ＝ベルリン枢軸　74
ロンドン会議　72
ロンドン外相理事会(1945年)　91
ロンドン外相理事会(1947年)　135
ロンドン軍縮会議(1930年)　68
ロンドン条約(1829年)　45
ロンドン世界経済会議(1933年)　73
ロンドン宣言(1990年)　267
ロンドン報告(1981年)　281

ワ 行

ワイセンブルクの戦い(1620年)　10
ワイマール体制　75
ワシントン会議(1921-22年)　68
ワシントン体制　68

ワーテルローの戦い　36
ワルシャワ条約(1970年)　193
ワルシャワ条約機構(1955年)　115, 239, 285
湾岸危機／戦争(1990-91年)　289

C

CFE→欧州通常戦力
CSCE→欧州安保協力会議
　——の機構整備　265
CSCE 安全保障協力フォーラム(FSC)　266
CSCE 事務局(プラハ)　265
CSCE 自由選挙事務所(ワルシャワ)　265
CSCE 紛争防止センター(ウィーン)　265, 266
CSCE ヘルシンキ(最終)議定書／文書　200, 218, 244

E

EC→欧州共同体
　——の第1次拡大　174
　——の第2次拡大　279
　——の第3次拡大　279
ECU→欧州通貨単位
EDC→ヨーロッパ防衛共同体
EDC 条約→ヨーロッパ防衛共同体条約
EEC→欧州経済共同体
EPC→ヨーロッパ政治共同体
ERM(為替相場メカニズム)　183, 276
EU→欧州連合
EU 条約→マーストリヒト条約
EU 統合　14

I

IFOR→平和実施部隊
INF→中距離核戦力

M

MBFR(相互均衡兵力削減)　198, 199
MLF(多角的核戦力)構想　156-158

N

NATO→北大西洋条約機構
　——の二重決定(1979年)　214, 227
　——のヨーロッパの柱　271
NATO 50周年記念首脳会議　269
NATO 首脳会議(ローマ)(1991年)　268
NATO＝ロシア常設合同評議会　294, 296
NPT→核拡散防止条約
　——の無期限・無条件延長　266

P

PfP→平和のためのパートナーシップ

S

SDI→戦略防衛構想
SS(親衛隊)　77

W

WEU→西欧同盟

●人名索引●

ア 行

アイゼンハワー(Dwight David Eisenhower) 108, 112, 113, 115, 120, 133, 151, 153, 157
アウグスト2世(August II) 31
アウグスト3世(August II) 31
アタリ(Jacques Attali) 276
アッシュ(Timothy Garton Ash) 190, 192
アデナウアー(Konrad Adenauer) 106, 115, 125, 152, 155, 156, 159, 172, 186, 188, 189
アトリー(Clement Richard Attlee) 90, 175
アルバートフ(Georgiy Arbatov) 235
アレクサンドル1世(Aleksandr I) 37, 40, 43
アンドロポフ(Yuri Andropov) 220, 225, 231
イーデン(Sir Robert Anthony Eden) 109, 113, 115, 120, 132, 134, 147
ヴァイツゼッカー(Richard von Weizsäcker) 261
ヴァッテル(Emmerich de Vattel) 26
ウィルソン, H. (Harold Wilson) 174, 175
ウィルソン, W. (Thomas Woodrow Wilson) 9, 63, 64, 66, 68
ウィルヘルム1世(Wilhelm I) 52
ウィルヘルム2世(Wilhelm II) 56-60, 62, 64
ウィレム(Willem I) 17
ウィレム3世(William III) 19
ウォーラーステイン(Immanuel Wallerstein) 16, 17
ヴォルテール(François Marie Arouet Voltaire) 28
ウルフ(Leonard Woolf) 59
ウルブリヒト(Walter Ulbricht) 196, 201
エアハルト(Ludwig Erhard) 156, 159
エディソン(Thomas Alva Edison) 55
エリザベータ(Elizaveta) 29
エリツィン(Boris Nikolajevich Yeltsin) 248-250, 287
エルンスト(Graf von Ernst) 12
オガルコフ(Nikolai V. Ogarkov) 234
オルテガ(Daniel Ortega) 210
オルランド(Vittorio Emanuele Orlando) 9, 66

カ 行

カウニッツ(Wenzel Anton von Kaunitz) 29
カースルレイ(Robert Stewart Castlereagh) 39, 40, 44
カーゾン(George Nathaniel Curzon) 77
カーター(James Earl Carter, Jr.) 210, 211, 216, 221
カーダール(János Kádár) 239
カニング(George Canning) 44
カプリヴィ(Georg von Caprivi) 57
カール1世(Karl I, 大帝。シャルルマーニュ) 4, 20, 136
カール6世(Karl VI) 28
カール12世(Karl XII) 24
カルマル(Babrak Karmal) 211

325

カルロス1世(Juan Carlos I) 286
カルロス2世(Carlos II) 20, 21
ギェレク(Edward Gierek) 217
キージンガー(Kurt Georg Kiesinger) 189
ギチャルディーニ(Velikii Francesco Guicciardini)
キッシンジャー(Henry Alfred Kissinger) 181, 185-187, 189, 191, 200
グィチャルディーニ(Francesco Guicciardini) 25
グスタフ・アドルフ(Gustav Adolf) 11
クーデンホーフ=カレルギー(Coudenhove-Kalergi) 70, 136
クライブ(Robert Clive) 30
グリシン(Viktor Grishin) 231
クリスティアン4世(Christian IV) 10
クリスティアン(Christian von Braunschweig) 12
クリストファー(Warren M. Christopher) 293
クリントン(William J. Clinton) 271, 294
グレイ(Sir Edward Grey) 62
クレマンソー(Georges Clemenceau) 9, 66
グロティウス(Hugo de Groot Grotius) 15
グロムイコ(Andrei Andreyevich Gromyko) 192, 231, 235
クン(Bera Kun) 67
クンデラ(Milan Kundera) 229
ケナン(George F. Kennan) 97
ケネディ(John Fitzgerald Kennedy) 119, 156-159, 178
ケロッグ(Frank Billings Kellog) 69
コシューシコ(Tadeusz Kościuszko) 32

ゴムウカ(Wladyslaw Gomulka) 117
コール(Helmut Kohl) 225, 256, 258-261
ゴルバチョフ(Mikhail S. Gorbachov) 6, 199, 216, 217, 220, 226, 231-240, 243, 247, 248, 250, 259, 260
コーン=バンディット(Daniel Cohn-Bendit) 170
コンラッド(Gyorgy Konrad) 229

サ 行

サッチャー(Margaret Hilda Thatcher) 176
サン=シモン(Claude-Henri de Rouvroy Saint-Simon) 41, 42
シェール(Walter Scheel) 192
シェワルナゼ(Eduard Shevardnadze) 235, 247
ジスカール=デスタン(Valéry Giscard d'Estaing) 176, 182, 183, 281
シーハン(Michael Sheehan) 25
ジフコフ(Todor Zivkov) 246
ジーメンス(Werner von Siemens) 55
シャボフスキ(Gunter Schabowski) 244, 245
シャルル10世(Charles X) 45
シャルルマーニュ(Charlemagne)→カール1世
シュピーレンブルク(Dirk Spirenburg) 140
シュペングラー(Oswald Spengler) 70
シューマン(Robert Schuman) 13, 137, 138
シュミット(Helmut Schmidt) 182, 183, 225
シュリーフェン(Alfred von Schlieffen) 63
シュレーダー(Gerhard Schröder) 189, 264, 272

シュンペーター(Joseph Alois Schumpeter) 59
ジョゼフ(Joseph Napoléon Bonaparte) 34
ジョンソン(Lyndon Baines Johnson) 166
シラク(Jacques René Chirac) 272, 296
ジロー(René Girault) 2, 47
スターリン(Iosif Vissarionovich Stalin) 77, 79, 83, 84, 86, 89-91, 96-99, 102, 111-114, 120, 167, 233, 235
スパーク(Paul-Henri Spaak) 144, 146

タ 行

ダイムラー(Gottlieb Wilhelm Daimler) 55
ダラディエ(Edouard Daladier) 75
ダレス(John Foster Dulles) 108, 116, 133
タレーラン(Charles Maurice de Talleyrand-Périgord) 37, 40
チェルネンコ(Konstantin Chernenko) 220, 231
チェンバレン(Arthur Neville Chamberlain) 75, 76
チャウシェスク(Nikolai Chauşescu) 228, 246
チャーチル(Sir Winston Leonard Spencer Churchill) 79, 83-86, 89, 90, 97, 99, 112, 115, 135, 136, 172
チャールズ2世(Charles II) 19
チャールズ・マルテル(Charles Martell) 4
ツキディデス(Thoukydides) 25
ディズレーリ(Benjamin Disraeli) 53
ティリー(Johann Tserclaes von Tilly) 10, 12
ティルピッツ(Alfred von Tirpitz) 59

ディーンストビェル(Jiri Dienstbier) 230
デ=ウィット(Jan de Witt) 18-20
デメジエール(Lothar de Maizierère) 257
デ=ロイテル(Michel Adriaanszoon de Ruyter) 18, 19
ドゥッチケ(Rudolf Dutschke) 169
トウピク(Andrzeg Towpik) 287
ド=ゴール(Charles André Joseph Marie de Gaulle) 78, 125, 143, 147-160, 170-175, 179, 185, 191
ドーズ(Charles Gates Dawes) 72
ドプチェク(Alexander Dubček) 168
ド=ミュルビル(Maurice Couve de Murville) 172
トルーマン(Harry S Truman) 88-91, 98, 99, 105
ドロール(Jacques Delors) 241, 272

ナ 行

ナジ(Imre Nagi) 117, 118
ナセル(Gamāl Abdu'l Nasser) 131-133
ナポレオン(Napoléon Bonaparte) 34-36, 38, 43
ナポレオン3世(Napoléon III, ルイ=ナポレオン) 50-52
ニクソン(Richard Milhous Nixon) 167, 173, 181, 183, 185-187, 198, 199
ニコライ1世(Nikolai I) 44, 45
ニコライ2世(Nikolai II) 60
ニコルソン(Harold Nicolson) 94, 95
ノエル(Emilé Noël) 145
ノースタッド(Lauris Norstad) 157
ノボトニー(Antonín Novotný) 167, 168

ハ 行

ハヴェル(Vaclav Havel) 229, 230, 246

人名索引 327

バオ=ダイ(Bao-Dai) 130
ハーディング(Warren Gamaliel Harding) 68
パパンドレウ(Andreas Papandreaou) 228
パーマストン(Henry John Temple Palmerston) 46, 50
バール(Egon Bahr) 189, 191, 195
バルーク(Bernard Mannes Baruch) 99
ハルシュタイン(Walter Hallstein) 150, 159
バルトゥー(Jean Louis Barthou) 73
バーンズ(James Byrnes) 95, 97
ヒース(Edward Richard George Heath) 175-177
ビスマルク(Otto Fürst von Bismarck) 53, 57, 58
ピット(William Pitt, 大) 30
ピット(William Pitt, 小) 34
ビドー(Georges Bidault) 136-138
ヒトラー(Adolf Hitler) 56, 73-78, 88, 133, 193
ビートルズ(The Beatles) 166
ピノー(Christian Pineau) 146
ヒューム(David Hume) 26
ビューロー(Bernhard von Bülow) 59
ピョートル1世(Pyotr I, 大帝) 23, 24
ピョートル3世(Pyotr III) 29
ヒルファーディング(Rudolf Hilferding) 58
フィッシャー(Fritz Fischer) 57
フィッシャー(Fischer) 264
フィヒテ(Johann Gottlieb Fichte) 35
フーヴァー(Herbert Clark Hoover) 72
フェヌロン(François Fénelon) 26
フェリペ4世(Felipe IV) 20

フェリペ5世(Felipe V) 21, 22
フェルディナント2世(Ferdinand II) 10, 11
フォード(Henry Ford) 55
フォレスタル(James Vincent Forrestal) 97
フォール(Edgar Faure) 115
フサーク(Gustav Husák) 239
ブッシュ(George Herbert Walker Bush) 216
ブラウン(Harold Brown) 216
フランコ(Francisco Franco) 68, 77, 286
フランツ・フェルディナント(Franz Ferdinand) 62
ブラント(Willy Brandt) 163, 175, 185, 186, 188, 189, 193, 194, 196, 205, 223, 225, 226, 255
ブリアン(Aristide Briand) 70, 71, 84, 136
フリードリヒ2世(Friedrich II, 大王) 28, 29
フリードリヒ・ウィルヘルム4世(Friedrich Wilhelm IV) 51
ブルガーニン(Nikolai A. Bulganin) 115
フルシチョフ(Nikita S. Khrushchov) 114-120, 194, 201
フルーリー(André Hercule de Fleury) 27, 28
プレヴァン(René Pleven) 108
ブレジネフ(Leonid Ilich Brezhnev) 200, 201, 211, 220, 231
ブレジンスキー(Zbigniew K. Brzezinski) 210
ベヴィン(Ernest Bevin) 93, 100, 101, 105, 135
ヘシオドス(Hēsiodos) 3
ペタン(Henri Philippe Pétain) 78
ベートマン=ホルヴェーク(Theobald von Bethmann-Hollweg) 62

ベネシュ(Edvard Beneš)　103
ホーア(Samuel Hoare)　74
ホーエンローエ(Chlodwig Hohenlohe)　57
ホー・チ=ミン(Ho Chi Minh)　130
ホーネッカー(Erich Honecker)　196, 201, 225, 226, 228, 239
ホブソン(John Atkinson Hobson)　58
ボーリングブロック(Henry St. John Bolingbroke)　23
ボール(George Ball)　158
ホルシュタイン(Friedrich von Holstein)　57
ポンパドゥール(Jeanne Antoinette Poisson Pompadour)　29
ポンピドー(Georges Jean Raymond Pompidou)　175, 176

マ 行

マキャヴェリ(Niccolò Bernardo Machiavelli)　25
マクミラン(Maurice Harold Macmillan)　134, 147, 148, 153, 156, 158
マサリーク(Jan Masaryk)　103
マーシャル(George Catlett Marshall)　99, 101
マシュ(Jacques Massu)　171
マゾヴィエツキ(Tadeusz Mazowiecki)　243
マッツィーニ(Giuseppe Mazzini)　46
マリア=テレジア(Maria-Theresia)　27, 28
マルコーニ(Guglielmo Marconi)　55
マレンコフ(Malenkov)　112
マンデス=フランス(Pierre Mendès-France)　130, 171
ミコワイチク(Stanislaw Mikolajczyk)　102
ミッテラン(François M. Mitterrand)　171, 265, 276
ムッソリーニ(Benito Mussolini)　67, 74-76
メアリ2世(Mary II)　19
メッテルニヒ(Klemens Wenzel Lothar von Metternich)　36, 39, 44, 46
モイセーエフ(Mikhail Moiseyev)　234
毛沢東　119
モーゲンソー(Hans Joachim Morgenthau)　26
モデルスキー(George Modelski)　15, 16
モドロウ(Hans Modrow)　255, 256
モネ(Jean Monnet)　71, 108, 137, 139-142, 145, 149, 158
モルトケ(Helmuth von Moltke, 小)　63
モレ(Guy Mollet)　145, 146
モロトフ(Vyacheslav Mikhailovichi Molotov)　77, 91, 93, 100, 102, 197

ヤ 行

ヤコブレフ(Aleksandr N. Yakovlev)　235
ヤルゼルスキ(Wojciech Jaruzelski)　219, 222, 238-240, 242
ヤング(Owen D. Young)　72
ヨーゼフ1世(Joseph I)

ラ 行

ライト兄弟(Wilbur & Orville Wright)　55
ラヴァル(Pierre Laval)　74
ラムファルシー(Alexandre Lamfalussy)　276
リシュリュー(Armand Jean du Plessis Richelieu)　11, 12
リップマン(Walter Lippmann)　99
リッベントロープ(Joachim von Ribbentrop)　77
リトヴィノフ(Maksim Maksimovich

Litvinov) 73, 77
ルイ13世(Louis XIII) 12
ルイ14世(Louis XIV) 19-21
ルイ15世(Louis XV) 29
ルイ18世(Louis XVIII) 36
ルイ=フィリップ(Louis-Philippe) 45
ルクセンブルク(Rosa Luxemburg) 67
ルチェレ(Rucellai) 25
ルヌーバン(Pierre Renouvin) 3
レイノー(Paul Reynaud) 77
レオポルド1世(Leopold I) 21, 22
レーガン(Ronald Wilson Reagan) 214-217, 220, 222, 227, 234, 236, 237
レシチニスキー(Stanislaw I. Leszczyński) 31
レーニン(Vladimir Iliich Lenin) 58, 232, 233
ロイド=ジョージ(David Lloyd George) 9
ローズヴェルト(Franklin Delano Roosevelt) 79, 83, 86, 88, 89
ロバーツ(Frank Roberts) 97

ワ 行

ワイト(MartinWight) 26
ワシントン(George Washington) 106
ワレサ(Lech Wałęsa) 218, 219, 239
ワレンシュタイン(Albrecht von Wallenstein) 11, 12

ヨーロッパ国際関係史

History of International Relations in Europe

有斐閣アルマ ARMA

2002年4月30日	初版第1刷発行
2005年3月10日	初版第4刷発行〔補訂〕
2006年2月20日	初版第6刷発行

編　者	渡邊　啓貴
発行者	江草　忠敬
発行所	株式会社 有斐閣

東京都千代田区神田神保町2-17
電話（03）3264-1315〔編集〕
　　　3265-6811〔営業〕
郵便番号101-0051
http://www.yuhikaku.co.jp/

印刷　共同印刷工業株式会社・製本　吉田三誠堂製本所
© 2002, Hirotaka Watanabe. Printed in Japan
落丁・乱丁本はお取替えいたします。
★定価はカバーに表示してあります。

ISBN 4-641-12147-8

Ⓡ本書の全部または一部を無断で複写複製（コピー）することは、著作権法上での例外を除き、禁じられています。本書からの複写を希望される場合は、日本複写権センター（03-3401-2382）にご連絡ください。